Karin Feuerstein-Praßer
Sophie Dorothea von Preußen

PIPER

Zu diesem Buch

Königin Sophie Dorothea (1687–1757) heiratete als Zwanzigjährige Preußenkönig Friedrich Wilhelm I. und war später engste Beraterin ihres Sohnes, Friedrich dem Großen. Doch was bedeutete diese Machtposition für eine Frau im 18. Jahrhundert? Um ihre Ziele zu erreichen, bediente sich Sophie Dorothea nicht selten der Intrige, aber ihrem Sohn, dem Preußischen Herrscher, war sie stets eine treusorgende Beraterin. Sophie Dorothea gehört zu jenen starken Frauen der Geschichte, die nicht an den Widrigkeiten des Lebens zerbrachen, sondern daraus scheinbar immer wieder neue Kraft schöpften und ihre Zeit bedeutend prägten.

Karin Feuerstein-Praßer, geboren 1956, lebt als freie Historikerin und Autorin in Köln und veröffentlichte zahlreiche Biografien. Im Piper Verlag erschien zuletzt »Augusta. Kaiserin und Preußin«.

Karin Feuerstein-Praßer

Sophie Dorothea von Preußen

Das Leben der Mutter Friedrichs des Großen

Piper München Zürich

Mehr über unsere Autoren und Bücher:
www.piper.de

Von Karin Feuerstein-Praßer liegen bei Piper vor:
Frauen, die aufs Ganze gingen
Die preußischen Königinnen
Die deutschen Kaiserinnen
Augusta
Sophie Dorothea von Preußen

Originalausgabe
Mai 2014
© 2014 Piper Verlag GmbH, München
Umschlaggestaltung: semper smile, München
Umschlagabbildung: bpk Bildagentur für Kunst, Kultur und Geschichte
Satz: Kösel Media GmbH, Krugzell
Gesetzt aus der Adobe Garamond
Papier: Munken Print von Arctic Paper Munkedals AB, Schweden
Druck und Bindung: CPI books GmbH, Leck
Printed in Germany   978-3-492-30541-9

Inhalt

Vorwort

Sie macht es ihren Biografen wirklich nicht leicht. Gewiss, Königin Sophie Dorothea (1687–1757) aus dem Hause Hannover war Tochter, Schwester, Ehefrau und Mutter teils bedeutender europäischer Monarchen. Doch wer war sie selbst? Was steckte hinter der Fassade aus Hermelin und Goldbrokat, die sie so sehr liebte?

Leider hat uns Sophie Dorothea keine schriftlichen Zeugnisse hinterlassen, die einen Blick in ihr Innerstes ermöglicht hätten. Die noch vorhandenen Briefe verraten nur wenig von den wahren Gefühlen der Königin, denn es ging ihr hauptsächlich um die Durchsetzung ihrer ehrgeizigen Interessen. Und dabei war sie keineswegs zimperlich. Um ihre Ziele zu erreichen, bediente sich Sophie Dorothea nämlich einer etwas zwielichtigen Methode: Intrige und Verstellung. Doch kann man das einer Frau wirklich verdenken, die schon mit Lug und Trug aufgewachsen ist?

Bereits die Ehe ihrer Großeltern Ernst August und Sophie von Hannover kam unter äußerst dubiosen Umständen zustande. Sophie Dorotheas gleichnamige Mutter wiederum hinterging ihren Gemahl mit dem smarten Grafen Königsmarck und wollte für den Geliebten sogar die beiden Kinder im Stich lassen. Selbst Sophie Dorotheas eigene Ehe mit ihrem preußischen Cousin Friedrich Wilhelm (1688–1740) wurde von Großmutter Sophie und Tante Sophie Charlotte, Preußens erster Königin, auf hinterhältige Weise eingefädelt.

So hatte die 19-jährige Sophie Dorothea ihre erste Lektion

bereits gelernt, als sie mit dem preußischen Kronprinzen vor den Traualtar trat: Um ans Ziel zu kommen, waren Offenheit und Ehrlichkeit eher hinderlich. Das galt auch für ihre eigene Ehe. Um sich gegenüber Friedrich Wilhelm behaupten zu können, der mitunter zu Anfällen rasender Eifersucht neigte, heuchelte sie ihm Liebe und Zuneigung vor, die sie in Wirklichkeit überhaupt nicht verspürte.

So wurde Sophie Dorothea hart gegen sich selbst und gegen andere. Nur für ihre (ältesten) Kinder wollte sie – wie wohl jede Mutter – »das Beste«, und das waren in diesem Fall die richtigen Ehepartner. Nachdem ihr Vater Georg Ludwig durch eine Laune der Geschichte 1714 englischer König geworden war, plante Sophie Dorothea die Verbindung von Kronprinz Friedrich (1712–1786) mit seiner Cousine, der englischen Prinzessin Amalie, während ihre älteste Tochter Wilhelmine (1709–1758) den nachmaligen Prinzen von Wales heiraten sollte.

Viele Jahre lang sah es so aus, als würde Sophie Dorotheas Wunschtraum tatsächlich in Erfüllung gehen. Als Preußenkönig Friedrich Wilhelm I. jedoch aus politischen Gründen von England abrückte, war das ehrgeizige Projekt zum Scheitern verurteilt. Das aber wollte Sophie Dorothea nicht hinnehmen. Und so versuchte sie heimlich und hinter dem Rücken ihres Gemahls die englische Doppelhochzeit doch noch zu realisieren – mit katastrophalen Folgen …

Für die traurige Jugend des Kronprinzen Friedrich wird gemeinhin der strenge und cholerische Vater verantwortlich gemacht, »Soldatenkönig« Friedrich Wilhelm I. Doch auch Sophie Dorothea trifft ein Teil der Schuld, selbst wenn sie den Sohn nicht mit dem Rohrstock und üblen Beleidigungen traktiert hat. Aber sie trug durch ihre Heimlichkeiten maßgeblich dazu bei, dass sich der Vater-Sohn-Konflikt am

Hohenzollernhof erheblich zuspitzte – bis hin zum missglückten Fluchtversuch des Kronprinzen im Sommer 1730.

Die bittere Enttäuschung darüber, dass sich ihre Lebens-
träume nicht erfüllten, hat sich Sophie Dorothea nie anmerken lassen. Sie wahrte stets »Contenance« und präsentierte
sich als stolze und Ehrfurcht gebietende Königin. Wie es in
ihrem Innersten aussah, wie sehr sie tatsächlich darunter
gelitten haben mag, hat sie niemandem offenbart. Allem
Anschein nach gehört Sophie Dorothea zu jenen »starken
Frauen« der Geschichte, die nicht an den Widrigkeiten des
Lebens zerbrachen, sondern daraus scheinbar immer wieder
neue Kraft schöpften. Wie ihr das gelang, bleibt ein Geheimnis. Es muss daher wohl bei dem Versuch bleiben, sich
Königin Sophie Dorothea vorsichtig anzunähern.

Sophie Dorothea und die liebe Verwandtschaft – frühe Jahre in Hannover

Aus »Fiekchen« wird »Olympia« oder: Der Mensch wächst mit seiner Aufgabe

Als die 19-jährige Sophie Dorothea (1687–1757) von Hannover mit ihrem Cousin, dem preußischen Kronprinzen Friedrich Wilhelm (1688–1740), verheiratet wurde, hatte sie nicht gerade das »große Los« gezogen. Der junge Hohenzollernspross, im Umgang mit der Damenwelt ohnehin höchst unsicher, war mit der neuen Rolle als Ehemann völlig überfordert. Dementsprechend verfolgte er sein »Fiekchen«, wie er Sophie Dorothea nannte, jahrelang mit Misstrauen, Jähzorn und grundloser Eifersucht. Die einzige Möglichkeit, sich gegenüber ihrem schwierigen Gemahl zu behaupten, sah die Hannoveranerin in einem fatalen Gemisch aus Verstellung, Heuchelei und Intrigen, um hinter dem Rücken Friedrich Wilhelms zielstrebig ihren eigenen Weg gehen zu können. So aber wurde aus der verunsicherten Prinzessin, die 1706 an den Berliner Hohenzollernhof gekommen war, im Laufe der Zeit eine selbstbewusste, ja geradezu Ehrfurcht gebietende Fürstin, der – außer dem König – niemand zu widersprechen wagte. Sophie Dorotheas älteste Tochter, Markgräfin Wilhelmine von Bayreuth, beschrieb ihre Mutter später durchaus ambivalent: »Die Königin ist niemals schön gewesen, sie ist pockennarbig, und ihre Züge sind keineswegs klassisch. Ihre Haut ist weiß, ihre Haare dunkelbraun, ihre

Figur ist eine der schönsten, die es je gab. Ihre edle und majestätische Haltung flößt allen, die sie sehen, Ehrerbietung ein; ihre große Weltgewandtheit und ihr großer Geist deuten auf mehr Gründlichkeit, als ihr eigen ist. Sie hat ein gutes, großmütiges und mildreiches Herz, sie liebt die schönen Künste und die Wissenschaften, ohne sich allzu sehr mit ihnen befasst zu haben. Jeder hat seine Fehler, sie ist nicht frei davon. Sie verkörpert allen Stolz und Hochmut ihres hannoveranischen Hauses. Ihr Ehrgeiz ist maßlos, sie ist grenzenlos eifersüchtig, argwöhnisch und rachsüchtigen Gemütes und verzeiht nie, wenn man sie beleidigt hat.« Am Berliner Hof wurde es üblich, hinter dem Rücken Sophie Dorotheas von »Olympia« zu sprechen, was der imposanten Erscheinung und dem Respekt einflößenden Wesen der Königin schon sehr nahe kam.

Diese ungewöhnliche Entwicklung von der eingeschüchterten Welfenprinzessin zur herrischen »Olympia« lässt sich wohl nur mit einer enormen inneren Stärke erklären, gepaart mit jenem dynastischen Stolz, der für das Welfengeschlecht so typisch war. Deshalb ist es zwingend erforderlich, zunächst einmal die Geschichte(n) der Familie kennenzulernen. Sophie Dorothea stammte schließlich nicht nur aus einem der ältesten und vornehmsten Adelsgeschlechter Deutschlands, ihre Wurzeln reichten auch bis zu den englischen Stuarts zurück, was ihr Leben als preußische Königin maßgeblich bestimmt hat. Widmen wir uns also als Erstes der »lieben Verwandtschaft«.

STAMMTAFEL Sophie Dorothea

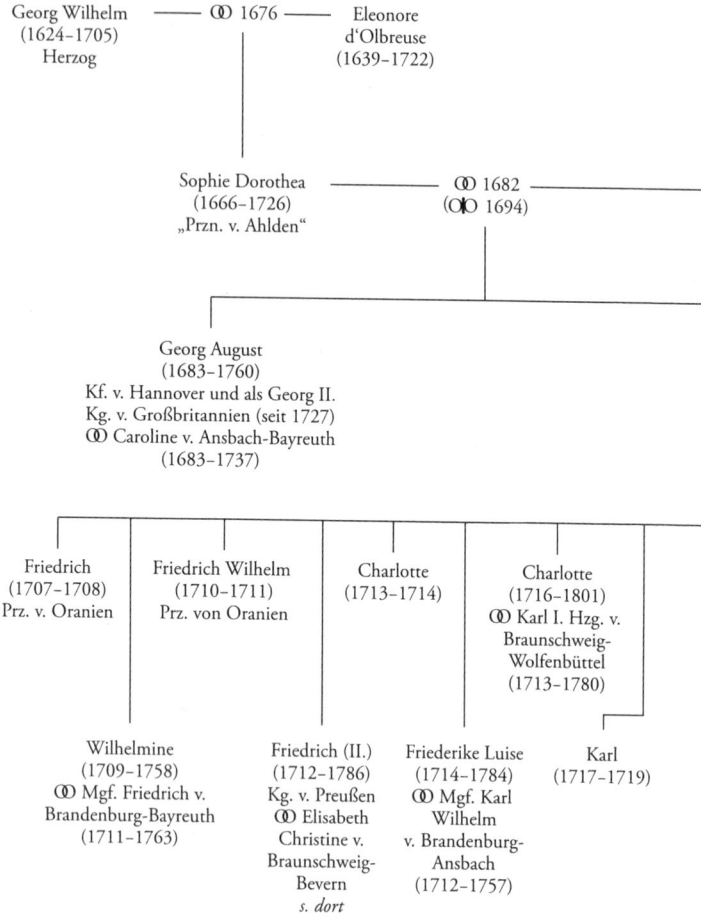

Georg Wilhelm
(1624–1705)
Herzog
⚭ 1676
Eleonore
d'Olbreuse
(1639–1722)

Sophie Dorothea
(1666–1726)
„Przn. v. Ahlden"
⚭ 1682
(⚭ 1694)

Georg August
(1683–1760)
Kf. v. Hannover und als Georg II.
Kg. v. Großbritannien (seit 1727)
⚭ Caroline v. Ansbach-Bayreuth
(1683–1737)

Friedrich
(1707–1708)
Prz. v. Oranien

Friedrich Wilhelm
(1710–1711)
Prz. von Oranien

Charlotte
(1713–1714)

Charlotte
(1716–1801)
⚭ Karl I. Hzg. v.
Braunschweig-
Wolfenbüttel
(1713–1780)

Wilhelmine
(1709–1758)
⚭ Mgf. Friedrich v.
Brandenburg-Bayreuth
(1711–1763)

Friedrich (II.)
(1712–1786)
Kg. v. Preußen
⚭ Elisabeth
Christine v.
Braunschweig-
Bevern
s. dort

Friederike Luise
(1714–1784)
⚭ Mgf. Karl
Wilhelm
v. Brandenburg-
Ansbach
(1712–1757)

Karl
(1717–1719)

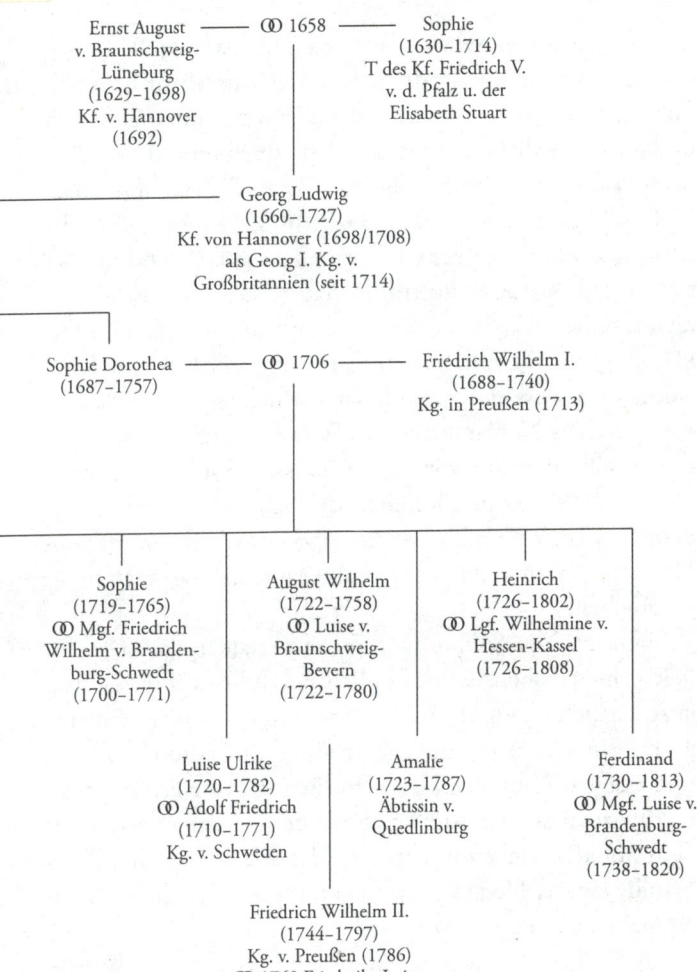

Ernst August ——— ⚭ 1658 ——— Sophie
v. Braunschweig-   (1630–1714)
Lüneburg   T des Kf. Friedrich V.
(1629–1698)   v. d. Pfalz u. der
Kf. v. Hannover   Elisabeth Stuart
(1692)

Georg Ludwig
(1660–1727)
Kf. von Hannover (1698/1708)
als Georg I. Kg. v.
Großbritannien (seit 1714)

Sophie Dorothea ——— ⚭ 1706 ——— Friedrich Wilhelm I.
(1687–1757)   (1688–1740)
                                   Kg. in Preußen (1713)

Sophie   August Wilhelm   Heinrich
(1719–1765)   (1722–1758)   (1726–1802)
⚭ Mgf. Friedrich   ⚭ Luise v.   ⚭ Lgf. Wilhelmine v.
Wilhelm v. Branden-   Braunschweig-   Hessen-Kassel
burg-Schwedt   Bevern   (1726–1808)
(1700–1771)   (1722–1780)

Luise Ulrike   Amalie   Ferdinand
(1720–1782)   (1723–1787)   (1730–1813)
⚭ Adolf Friedrich   Äbtissin v.   ⚭ Mgf. Luise v.
(1710–1771)   Quedlinburg   Brandenburg-
Kg. v. Schweden   Schwedt
                                                  (1738–1820)

Friedrich Wilhelm II.
(1744–1797)
Kg. v. Preußen (1786)
⚭ 1769 Friederike Luise
s. dort

Trügerische Idylle

Das alte Leineschloss in Hannover, im Zweiten Weltkrieg zerstört und anschließend wieder aufgebaut, dient heute als Sitz des niedersächsischen Landtags und macht einen durch und durch friedlichen Eindruck. Und doch birgt dieser Bau, in dem Sophie Dorothea am 26. März 1687 das Licht der Welt erblickte, ein dunkles Geheimnis. In ihrer Familie wurde natürlich nie über das gesprochen, was sich hinter diesen dicken Mauern zugetragen haben soll, damals, als die kleine Prinzessin erst sieben Jahre alt war. Aber üblen Hofklatsch gab es natürlich auch in Hannover. Ahnte das Kind womöglich, dass er etwas mit ihrer Mutter zu tun hatte, die den gleichen Namen trug wie sie selbst? Im Januar 1695 waren alle Porträts von Kurprinzessin Sophie Dorothea (1666–1726) aus den Räumen des Schlosses entfernt worden, und auch sie selbst verschwand damals für immer aus Hannover. Niemand in der Familie hat jemals wieder von ihr gesprochen.

Sollte Tochter Sophie Dorothea trotz allem die Gelegenheit gehabt haben, sich heimlich ein Bildnis ihrer Mutter anzuschauen, dann blickte ihr eine hübsche junge Frau entgegen, eine etwas pummelige Schönheit mit dunklem Haar und rosigem Teint, den Blick sehnsüchtig in die Ferne gerichtet. Hatte diese unbestimmte Sehnsucht vielleicht etwas mit dem dunklen Geheimnis zu tun, das wie ein Fluch auf der Familie lastete? Doch schauen wir uns diese Familie zunächst einmal näher an.

Als Sophie Dorothea geboren wurde, schien die Welt in Hannover noch in Ordnung zu sein. Die jungen Eltern, Erbprinz Georg Ludwig von Braunschweig-Lüneburg (1660–1727) und seine Gemahlin, freuten sich sicher, dass der vierjährige Sohn Georg August nun ein gesundes Schwesterchen bekommen hatte, auch wenn ihnen ein zweiter Knabe gewiss lieber gewesen wäre. Ähnlich erging es wohl auch den Großeltern väterlicherseits, Herzog Ernst August (1629 – 1698) und Herzogin Sophie (1630 – 1714), einer geborenen Prinzessin von der Pfalz. Die beiden hatten sieben Kinder – sechs Söhne und eine Tochter –, und doch war Sophie Dorothea erst das zweite Enkelkind. Ein Mädchen, nun ja. Noch ahnte niemand, dass beide Kinder später einmal eine Krone tragen würden: der 1683 geborene Georg August als Georg II. von England und Sophie Dorothea an der Seite ihres Berliner Cousins Friedrich Wilhelm I. als preußische Königin. Aber bis dahin sollten noch viele Jahre vergehen.

Die Idylle im alten Leineschloss war trügerisch. Tatsächlich präsentierte sich die herzogliche Familie, die sich an der Wiege der neugeborenen Prinzessin versammelt hatte, keineswegs so einträchtig, wie es den Anschein hatte. Die jungen Eltern gingen sich nach Möglichkeit aus dem Weg, und auch zwischen den beiden Großelternpaaren herrschte eine angespannte Stimmung. Das lag vor allem an Herzogin Sophie, die nämlich mit der Mutter ihrer Schwiegertochter auf Kriegsfuß stand. Wie und warum – das ist eine lange Geschichte, die mit einem seltsamen Brauttausch angefangen hatte, viele Jahre vor der Geburt von Sophie Dorothea. Hauptakteur war damals der zweite Großvater der Prinzessin gewesen, Georg Wilhelm von Braunschweig-Lüneburg (1624 – 1705).

Georg Wilhelm von Braunschweig-Lüneburg – ein lebenslustiger Welfenherzog

Die beiden Großväter von Sophie Dorothea waren Brüder. Herzog Georg Wilhelm, der ältere von beiden, war einst ein ausgesprochen lebenslustiger junger Mann gewesen, der viel lieber die Welt kennenlernen wollte, als sich in der norddeutschen Provinz mit den Niederungen der Politik zu befassen. Vorzugsweise amüsierte er sich im sonnigen Italien, das ihm neben den zahlreichen kulturellen Reizen wie der Oper auch jede Menge schöner Frauen bot. In die kalte deutsche Heimat kehrte er nur sporadisch und eher widerwillig zurück. Das ging eine Weile ganz gut, und selbst seine Berater hatten Verständnis dafür, dass sich ihr vitaler Herzog erst einmal »die Hörner abstoßen« musste, bevor er in Hannover vom Ernst des Lebens eingeholt werden würde. Auf Dauer jedoch war ein solcher Zustand untragbar, schließlich hatte Georg Wilhelm inzwischen schon seinen 33. Geburtstag gefeiert. Die Landstände* setzten dem reisefreudigen Fürsten daher die Pistole auf die Brust: Entweder besann sich der Herr Herzog auf seine Pflichten, regierte sein Land, heiratete und sorgte für standesgemäßen Nachwuchs – oder man würde ihm den Geldhahn zudrehen. So musste Georg Wilhelm wohl oder übel einsehen, dass die Zeiten des *dolce vita* in *bella Italia* unwiderruflich zu Ende gingen. Jetzt rief die Pflicht.

Jedoch war Georg Wilhelm nur einer der zahllosen deutschen Duodezfürsten und keineswegs eine besonders »gute

---

* Vertreter der verschiedenen gesellschaftlichen Gruppen, der Stände. Im Zeitalter des Absolutismus war die Steuerbewilligung ihr wichtigstes Privileg.

Partie«. Immerhin entstammte er dem Welfenhaus, das noch immer vom Ruhm der alten Zeiten zehrte. Nach ihren Anfängen in der Karolingerzeit hatten die Welfen unter Heinrich dem Löwen (wohl 1129 – 1195) den Höhepunkt ihrer Macht erreicht. Danach war es merklich stiller um sie geworden, zumal das Haus durch zahlreiche Erbteilungen zersplitterte. Erst im 17. Jahrhundert gab es dann nur noch zwei Hauptlinien, die verschiedene Teilfürstentümer des Herzogtums Braunschweig-Wolfenbüttel regierten. Georg Wilhelm beispielsweise regierte als Fürst von Calenberg 1648 – 1665 in Hannover, während sein älterer Bruder Christian Ludwig (1622 – 1665) ab 1648 als Fürst von Lüneburg im reicheren Celle zu Hause war.

Christian Ludwig wollte das Lotterleben seines lebensfrohen Bruders nicht länger mitansehen, zumal seine eigene Ehe kinderlos geblieben war und der Jüngere nun dafür sorgen sollte, dass die Thronfolge sichergestellt wurde. Diesem Druck, der von allen Seiten auf ihn ausgeübt wurde, konnte sich Georg Wilhelm nicht entziehen. Er fügte sich seinem Schicksal und plante nur noch eine letzte Reise, gleichsam einen »Junggesellenabschied« in Italien, auf den ihn sein jüngerer Bruder Ernst August begleiten sollte. Davor aber, im Herbst 1657, machte sich Georg Wilhelm pflichtbewusst auf die Suche nach einer standesgemäßen Braut, die wie er selbst protestantisch sein sollte.

Brautschau in Heidelberg

Der Weg führte den Georg Wilhelm auf Freiersfüßen von Hannover nach Heidelberg, in die Residenz des Kurfürsten Karl Ludwig von der Pfalz, der nach den Wirren des Dreißigjährigen Krieges (1618–1648) sein geschundenes Land wieder neu aufbauen musste. Bei ihm im Heidelberger Schloss lebte auch seine jüngste Schwester, die 1630 geborene Sophie, die mit ihren 27 Jahren allmählich eine »alte Jungfer« zu werden drohte. Interessenten gab es kaum, denn eine reiche Mitgift hatte sie nicht zu erwarten. Und doch bekundete Georg Wilhelm ein ernsthaftes Interesse an der zierlichen Prinzessin, Tochter des glücklosen »Winterkönigs« Friedrich V. von der Pfalz und seiner englischen Gemahlin Elisabeth Stuart. Als Schönheit konnte man Sophie allerdings nicht gerade bezeichnen. Weil im Barockzeitalter eher üppige Formen gefragt waren, entsprach die junge Pfälzerin, klein und mager, wie sie war, nicht unbedingt dem damaligen Frauenideal. Ihr Gesicht zierte eine etwas zu lange Nase, die sie dann später ihren preußischen Urenkeln vererbte – Friedrich dem Großen und einigen seiner Geschwister. Georg Wilhelm hatte auf seinen Reisen nach Italien gewiss attraktivere Frauen kennengelernt. Trotzdem fand er Sophie mit ihrem etwas sarkastischen Humor und der »spitzen Zunge« wohl nicht ganz unattraktiv. Zudem schwebte die unmissverständliche Drohung der Landstände wie ein Damoklesschwert über ihm, sodass er sich letztlich dazu entschloss, bei Kurfürst Karl Ludwig um die Hand seiner Schwester anzuhalten.

Zunächst einmal aber reiste Georg Wilhelm gemeinsam mit Ernst August nach Italien weiter. Anders als der Herzog selbst war sein jüngerer Bruder als Geistlicher vorgesehen und völlig unbelastet von irgendwelchen Regierungspflichten. Er verfügte somit über unendlich viel Zeit. Das Geld freilich war etwas knapp, denn Ernst August musste mit einer Apanage auskommen, zumindest so lange, bis er das Amt des Fürstbischofs von Osnabrück übernehmen konnte.* Der Himmel wusste, wann es so weit sein würde, denn der aktuelle Amtsinhaber, Kardinal Reichsgraf Franz Wilhelm von Wartenberg (1593–1661), erfreute sich trotz seines fortgeschrittenen Alters noch bester Gesundheit. Besonders rosig waren die Zukunftsaussichten scheinbar nicht. Es sah so aus, als würde Ernst August, der jüngste von insgesamt vier welfischen Brüdern, wohl niemals ein eigenes Land regieren und nur als unbedeutende Randfigur in die Annalen des Herzogtums eingehen. Doch es kam ganz anders.

Ein ungewöhnlicher Brauttausch

Die Wintermonate verbrachten die beiden Welfenbrüder in gewohnt vergnüglicher Weise im sonnigen Italien. Und hier, fern der Heimat, verspürte Georg Wilhelm plötzlich nicht mehr die geringste Lust, Sophie von der Pfalz zu heiraten, so wie es nach seiner Rückkehr eigentlich vorgesehen war. Doch konnte er wirklich einen Rückzieher machen? Er hatte nicht nur seine feste Zusage gegeben, auch die Vorbereitungen für die Hochzeit waren längst in vollem Gange, Verträge wurden aufgesetzt, Gästelisten vervollständigt und vieles mehr. Georg Wilhelm war ratlos. Unmöglich konnte er die Verlobung lösen, ohne seinen guten Ruf als Gentleman ein für alle Mal zu ruinieren und obendrein auch noch die sitzen gelassene Braut zu kompromittieren. Dann aber hatte er die rettende Idee! Vielleicht konnte ihm Ernst August aus der Patsche

---

* Nach den Bestimmungen des Westfälischen Friedens 1648 wurde dieses kirchliche und weltliche Amt im Wechsel von einem Katholiken und einem Protestanten übernommen.

helfen – und hatte möglicherweise Lust, Sophie von der Pfalz zu übernehmen!

Das war zweifellos eine tollkühne Idee, und als Ernst August davon hörte, wird er wohl zunächst gedacht haben, sein Bruder habe sich ein wenig zu lange in der südlichen Sonne aufgehalten. Warum um alles in der Welt sollte ausgerechnet er diese Sophie heiraten? Doch Georg Wilhelm dachte bereits weiter und wusste genau, wie er dem verdutzten Bruder den seltsamen »Brauttausch« schmackhaft machen konnte. Mit seinen persönlichen Zukunftsaussichten war Ernst August nämlich alles andere als zufrieden. So, wie es aussah, würde er sich zeitlebens mit dem kleinen Fürstbistum Osnabrück begnügen müssen. Und genau an diesem Punkt setzte sein Bruder den Hebel an und machte folgenden Vorschlag: Sollte Ernst August Prinzessin Sophie tatsächlich »übernehmen«, dann würde er, Georg Wilhelm, hoch und heilig versprechen, selbst niemals zu heiraten und somit auch keine legitimen Kinder in die Welt zu setzen. So würde nach seinem Tod Ernst August das Fürstentum Calenberg mit der Residenz Hannover erben und könne es wiederum seinen Nachkommen sichern – alles bliebe in der Familie. Gegen diese Lösung konnten wohl auch die Landstände nichts einzuwenden haben.

Es ist anzunehmen, dass sich Ernst August den Vorschlag seines Bruders gründlich überlegte, bevor er tatsächlich in den abenteuerlichen »Brauttausch« einwilligte. Aber irgendwann würde schließlich auch er heiraten müssen, und Sophie war eigentlich gar nicht so übel: witzig und klug, hervorragend erzogen und vielseitig interessiert – keine schlechten Voraussetzungen für eine Ehe. Und abgesehen davon: Ernst August wusste, selbst wenn er verheiratet sein würde, gab es noch immer genügend hübsche junge Frauen, die bereit sein würden, auch ohne Trauschein das Bett mit ihm zu teilen. Der Preis für das in Aussicht gestellte Fürstentum erschien ihm vergleichsweise gering.

Als die zwei Welfenbrüder im Frühjahr 1658 aus Italien zurückkehrten und erneut in Heidelberg Station machten, mussten sie die Karten auf den Tisch legen. Wir wissen leider nicht, wie man im kurfürstlichen Schloss auf die seltsame Offerte reagierte, aber von einem größeren Eklat ist zumindest nichts bekannt. Karl Ludwig wird gewiss froh gewesen sein, seine jüngste Schwester überhaupt unter die Haube zu bekommen – da war ihm ein Bräutigam so recht wie der andere. Und Sophie selbst? Sie hatte eigentlich keine andere Wahl, als gute Miene zum bösen Spiel zu machen. Was wäre die Alternative gewesen? Hätte sie Ernst Augusts Antrag abgelehnt, dann wäre sie als sitzen gelassene Braut tatsächlich kompromittiert gewesen. Und so erklärte sie sich erhobenen Hauptes bereit, mit Georg Wilhelms jüngerem Bruder vor den Traualtar zu treten. Wie verletzt sie in Wirklichkeit war, hat die burschikose Pfälzerin niemandem verraten.

Das Problem mit dem »Zölibat«

Und so kehrten die Brüder schließlich zurück nach Hannover. Georg Wilhelm bekräftigte sein Versprechen und ließ sogar einen Vertrag aufsetzen, in dem er den Verzicht auf eine künftige Heirat noch einmal schriftlich bestätigte und versicherte, er werde bis zu seinem Tod »im Zölibat« leben – was immer der fidele Herzog auch darunter verstehen mochte.

Nachdem Ernst August und Sophie am 30. Oktober 1658 in Heidelberg geheiratet hatten, zogen sie zu Georg Wilhelm ins alte Leineschloss, wo sie in den nächsten drei Jahren zu

Hause waren. Trotz der außergewöhnlichen Umstände wurde die Ehe recht glücklich. Am 7. Juni 1660 kam das erste Kind zur Welt, Georg Ludwig, Sophie Dorotheas Vater. Der kleine Erbprinz bekam in den nächsten Jahren noch sechs Geschwister, darunter seine einzige Schwester Sophie Charlotte, die spätere preußische Königin.

Nach dem Tod Franz Wilhelms von Wartenberg 1661 zog die Familie wie geplant nach (Bad) Iburg, die idyllisch am Rande des Teutoburger Walds gelegene Residenz des Fürstbistums Osnabrück. Hier erreichte Ernst August vier Jahre später die traurige Nachricht, dass sein ältester Bruder Christian Ludwig, der von Celle aus das Fürstentum Lüneburg regiert hatte, überraschend verstorben war. Das bedeutete, dass nun Georg Wilhelm als Nächstgeborener nach Celle wechselte, während Johann Friedrich (1625 – 1679), der dritte der welfischen Brüder, die Herrschaft über das Fürstentum Calenberg in Hannover antrat. Für Ernst August ergab sich damit die erfreuliche Aussicht, eines Tages das reichere Celle zu erben.

Doch dann verbreiteten sich in Bad Iburg beunruhigende Gerüchte, die das beschauliche Leben des Fürstbischofs und seiner Gemahlin Sophie nicht unerheblich störten: Georg Wilhelm, der frischgebackene Fürst, der bekanntlich geschworen hatte, den Rest seines Lebens im »Zölibat« zu verbringen, war den Reizen einer jungen Frau erlegen. Sie hieß Eleonore d'Olbreuse und war eine Hofdame des Landgrafen von Hessen-Kassel. Als solche galt sie zwar nicht als standesgemäße Partie, trotzdem klingelten bei Sophie und Ernst August die Alarmglocken. Zunächst freilich beruhigte man sich damit, dass Georg Wilhelm schon viele schöne Gefährtinnen gehabt habe, an denen er aber stets irgendwann das Interesse wieder verloren hatte. Doch diesmal war es anders.

Die 24-jährige Eleonore, eine Hugenottin mit französischen Wurzeln, hatte das Herz Georg Wilhelms im Sturm erobert, als sich die beiden im Winter 1663/64 zum ersten Mal begegnet waren. Mit seinen knapp 40 Jahren war Georg Wilhelm auch kein junger Mann mehr, er hatte reichlich Erfahrungen gesammelt und wollte sein Leben nun in ruhigere Bahnen bringen. Und so stand für ihn fest: Eleonore d'Olbreuse war die Frau, mit der er dauerhaft zusammenbleiben wollte. Leider hatte die Sache einen kleinen Haken. Die schöne Hofdame war alles andere als ein leichtlebiges Flittchen und weigerte sich strikt, die Mätresse des Herzogs zu werden. Nur mit gültigem Trauschein wollte sie in Georg Wilhelms Schlafgemach einziehen. Damit befand sich der Fürst in einer unangenehmen Zwickmühle. Schließlich wollte er weder Eleonore verlieren noch seinen Bruder verprellen, dem er vertraglich zugesichert hatte, niemals zu heiraten. Was tun? Georg Wilhelm hatte auch diesmal wieder einen rettenden Einfall: Er bot seiner Eleonore eine sogenannte Gewissensehe an. Das heißt, man würde wie Mann und Frau zusammenleben und einander die Treue halten, ohne offiziell verheiratet zu sein. Damit verbunden war eine finanzielle Absicherung Eleonores, auch für den Fall seines vorzeitigen Todes. Nach langem Hin und Her und trotz vieler moralischer Bedenken ließ sich Eleonore schließlich darauf ein und kam im November 1665 nach Schloss Celle, einen etwas in die Jahre gekommenen Renaissancebau, den Georg Wilhelm aber gründlich modernisieren ließ.

Geburt einer Tochter

In Bad Iburg wurde die Nachricht von der »Gewissensehe« Georg Wilhelms verständlicherweise mit großem Unbehagen aufgenommen, auch wenn der Vertrag von 1658 dadurch unangetastet blieb. Doch konnte man sich wirklich auf ein Blatt Papier verlassen? Und was würde geschehen, wenn Eleonore ein Kind zur Welt brachte, womöglich sogar einen Sohn? In diesem Fall, so fürchteten Sophie und Ernst August, wäre der Vertrag wohl nur noch Makulatur.

Es kam, wie es kommen musste. Nur zehn Monate später, am 16. September 1666, schenkte Eleonore einem kleinen Mädchen das Leben, das man Sophie Dorothea nannte, die Mutter der gleichnamigen späteren preußischen Königin. Unmittelbar danach sorgte Georg Wilhelm dafür, dass seine Lebensgefährtin vom Kaiser zur Reichsgräfin erhoben und die neugeborene Tochter als ebenbürtig anerkannt wurde. Nur so durfte sie eines Tages auch in ein regierendes Fürstenhaus einheiraten. In Bad Iburg fürchtete man das Schlimmste.

Doch Sophie und Ernst August konnten schließlich wieder ein wenig aufatmen. Eleonore erlitt in den nächsten Jahren mehrere Fehlgeburten und brachte kein weiteres Kind mehr zur Welt. Dadurch wurde die kleine Sophie Dorothea zum Dreh- und Angelpunkt im Leben ihrer stolzen Eltern, reichlich bedacht mit Aufmerksamkeit und Liebe. Weil Eleonore keine repräsentativen Pflichten zu erfüllen hatte, konnte sie ihre Aufmerksamkeit uneingeschränkt der einzigen Tochter widmen und sie rundherum verwöhnen. Doch auch Georg Wilhelm, der Vater, las seinem geliebten Kind jeden Wunsch von den Augen ab, sodass sich die Kleine rasch daran gewöhnte, immer das zu bekommen, was sie gerade wollte. So etwas wie Verzicht hat Sophie Dorothea niemals lernen müssen.

Im Jahr 1675 brach Georg Wilhelm dann auch ganz offiziell das Versprechen, für immer »im Zölibat« zu leben, und trat mit Eleonore vor den Traualtar. Die beiden heirateten in der wunderschönen Kapelle im Südostturm von Schloss Celle, die heute auch für Besucher geöffnet ist.

Die Versicherung, dass Ernst August bzw. seine Nachfahren den Fürsten von Lüneburg eines Tages beerben sollten, änderte sich durch die Hochzeit nicht. Trotzdem blieben innerfamiliäre Spannungen nicht aus. Vor allem Herzogin Sophie, die von Georg Wilhelm verschmähte Braut, konnte ihre »Rivalin« Eleonore nicht ausstehen und ließ kein gutes Haar an der ehemaligen Hofdame. Der Stachel, der ihr seinerzeit durch den »Brauttausch« zugefügt worden war, saß tief und tat immer noch weh. Ebenso wenig Sympathie konnte Sophie für ihre kleine Nichte aufbringen. Zum Glück ahnte sie damals noch nicht, dass Sophie Dorothea später einmal ihre Schwiegertochter werden würde.

Herzog Ernst August von Hannover

Mit den Jahren wuchs Sophie Dorothea zu einer bildhübschen Prinzessin heran, der großen Freude ihrer stolzen Eltern. Es sah ganz so aus, als würde sie sich später einmal vor Bewerbern kaum retten können. Wer würde wohl eines Tages der glückliche Bräutigam sein?

Dann veränderte ein weiterer Todesfall erneut die Machtkonstellationen in der Familie. 1679 starb Herzog Johann Friedrich von Hannover, der zweitjüngste der welfischen Brüder, ganz plötzlich im Alter von 54 Jahren. Und damit geschah das Unerwartete: Ernst August konnte jetzt als regierender Herzog des Fürstentums Calenberg ins alte Leineschloss einziehen – und anfangen, an weiteren Karriereplänen zu »basteln«. Die neue Aufgabe verwandelte den früheren Lebemann nämlich in einen ambitionierten Barockfürsten, der nach noch Höherem strebte. Als Erstes setzte er die Renovierungsarbeiten am alten Leineschloss fort, die noch sein verstorbener Bruder in Auftrag gegeben hatte. Gleichzeitig ließ er einen Theaterflügel angliedern, um die dargebotene Kunst künftig auch in einer repräsentativen Umgebung genießen zu können. Bis zur Fertigstellung des Theaters fanden musikalische Darbietungen, Konzerte und Theateraufführungen im nahe gelegenen Ballhof statt, einem größeren Gebäude, das Mitte des 17. Jahrhunderts errichtet worden war, um sich beim Federballspiel zu vergnügen. Auch das bei Hannover gelegene Lustschloss Herrenhausen wurde während der Regierungszeit Ernst Augusts ausgebaut, zur ganz besonderen Freude von Herzogin Sophie. Sie ließ hier ihren berühmten Barockgarten anlegen, der noch heute zum Flanieren einlädt.

Trotz aller Bemühungen blieb Hannover jedoch eine Provinzstadt. Die englische Reisende Lady Montague, die 1716 vorübergehend an der Leine Station machte, schrieb damals an eine Freundin: »Hannover ist weder groß noch schön; allein das Schloss könnte einen weit zahlreicheren Hof fassen als der St. James Palast.«

Jetzt begann Ernst August, auch politischen Ehrgeiz zu entwickeln. »Nur« der regierende Herzog von Hannover zu sein genügte ihm plötzlich nicht mehr. Sein Ziel war es, die Würde eines Kurfürsten zu erlangen und damit in den Kreis der mächtigsten Männer des Heiligen Römischen Reiches aufzusteigen. Um dem illustren Zirkel anzugehören, mussten freilich bestimmte Bedingungen erfüllt werden. Das betraf vor allem die Primogenitur, also das ausschließliche Erbrecht des Erstgeborenen und die damit verbundene Unteilbarkeit des Landes. Das bedeutete in diesem Fall, dass nach dem Tod Ernst Augusts sein ältester Sohn, der 1660 geborene Georg Ludwig, den Thron besteigen würde. Noch aber war es längst nicht so weit. Lange und zähe Verhandlungen mit dem Kaiserhof waren nötig, um den Traum von der Kurwürde irgendwann einmal realisieren zu können.

Erbprinz Georg Ludwig war inzwischen zu einem jungen Mann im heiratsfähigen Alter herangewachsen, und es wurde allmählich Zeit, sich nach einer passenden Gemahlin umzusehen. Leider war Ernst Augusts Sohn ganz anders geartet als sein charmanter Vater. Nach dem Urteil der berühmten Liselotte von der Pfalz, einer Nichte von Herzogin Sophie, soll er eher »trocken und kalt wie Eis« gewesen sein. Aber das war natürlich kein Hinderungsgrund für eine vorteilhafte Heirat – und das bedeutete: Diese Ehe sollte vor allem Macht und Prestige des Herzogtums mehren. Lange brauchte man nicht nach einer passenden Partnerin zu suchen, zumal diese bereits zur Familie gehörte: Es war keine andere als die 1666 geborene Sophie Dorothea, Georg Ludwigs Cousine und Erbin des Fürstentums Lüneburg. Zwar war ohnehin ausgemacht, dass Ernst August und seine Nachfahren Georg Wilhelm einmal beerben sollten, aber man konnte ja nie wissen. Was würde zum Beispiel geschehen, sollte Sophie Dorothea in ein anderes Fürstenhaus einheiraten? Da wollte man doch lieber gleich den sicheren Weg gehen.

Vermutlich hatte Georg Wilhelm noch immer ein schlechtes Gewissen, weil er sein Versprechen gebrochen hatte, dauerhaft »im Zölibat« zu leben. Jedenfalls willigte er prompt in die Hochzeit seiner einzigen Tochter ein, obwohl er genau wusste, dass sie und ihr künftiger Ehemann grundverschieden waren: auf der einen Seite Sophie Dorothea, verwöhnt und kapriziös, stets gewohnt, von allen angebetet zu werden. Auf der anderen Seite Georg Ludwig, ein junger Mann, der kaum zur Liebe fähig schien, für den Frauen in erster Linie der sexuellen Befriedigung dienten. So war er auch schon früh Vater eines nicht ehelichen Kindes geworden. Doch das persönliche Glück der beiden musste hinter den politischen Zwängen zurücktreten. Am 2. Dezember 1682 heiratete das ungleiche Paar nur aus dem einzigen Grund: Georg Ludwig würde als künftiger Herzog eines Tages über Hannover und Celle herrschen und damit Macht und Ansehen seines Hauses vermehren. In Hannover brachte Erbprinzessin Sophie Dorothea ihre beiden Kinder zur Welt: 1683 zunächst den Sohn Georg August, vier Jahre später schließlich die Tochter, die den gleichen Namen erhielt wie ihre Mutter. Glücklich wurde die Ehe trotzdem nicht. Die junge Erbprinzessin sehnte sich nach Liebe und Leidenschaft, die ihr der Gemahl nicht zu geben vermochte.

Sophie Dorotheas Kinderjahre

Zusammen mit ihrem Bruder wuchs die 1687 geborene Sophie Dorothea überwiegend in den Gemächern des alten Leineschlosses auf, nur die Sommermonate verbrachte die herzogliche Familie im idyllischen Herrenhausen. So gewöhnte sich das Kind schon früh an eine prachtvolle Umgebung, ein luxuriöses Leben, aufwendige Feste und herausragende kulturelle Veranstaltungen. Als Sophie Dorothea zwei Jahre alt war, wurde 1689 das kurfürstliche Theater mit der pompösen Oper »Enrico Leone« eingeweiht, einer einzi-

gen Verherrlichung des Welfenhauses in Erinnerung an den
großen Vorfahren Heinrich den Löwen.

Doch Glanz und Glamour konnten nicht darüber hin-
wegtäuschen, dass die Ehe des Erbprinzenpaares immer unglücklicher wurde. Georg Ludwig war seiner hübschen jungen Frau schon bald überdrüssig geworden und hatte eine
andere Lebenspartnerin gefunden, mit der er offensichtlich
besser harmonierte. Es handelte sich um die 1667 geborene
Melusine von der Schulenburg, die ihn später auch nach
England begleitete und drei gemeinsame Töchter zur Welt
brachte.

Vermutlich haben sich damals im alten Leineschloss heftige Szenen einer Ehe abgespielt. Was Sophie Dorothea vom
Streit ihrer Eltern mitbekommen hat, ist leider nicht bekannt,
doch die frostige Atmosphäre wird der kleinen Prinzessin
nicht entgangen sein. Es ist durchaus möglich, dass Georg
Ludwig auch des Öfteren handgreiflich wurde. Körperliche
Gewalt war damals selbst in Fürstenhäusern keine Seltenheit.
Erst mit der Rokokozeit zogen allmählich verfeinerte Sitten
in die Schlösser Europas ein.

Erfreuliches ereignete sich hingegen auf dem politischen
Parkett Hannovers. Herzog Ernst Augusts langjährige Bemühungen um die Kurwürde wurden im Dezember 1692 doch
noch von Erfolg gekrönt. Jetzt endlich war er Kurfürst von
Hannover (diese Bezeichnung setzte sich rasch statt Braunschweig-Lüneburg durch), und Georg Ludwig würde ihm
eines Tages im Amt folgen, während die jüngeren Söhne das
Nachsehen hatten und sich mit einer Apanage begnügen
mussten. Für die unglückliche Kurprinzessin Sophie Dorothea war die Rangerhöhung ihres Schwiegervaters freilich
kein Anlass zur besonderen Freude. Sie versank zunehmend
in tiefer Melancholie, sehnte sich nach Wärme, Liebe und

Zuwendung, so wie sie sie einst bei ihren Eltern erfahren hatte. Selbst die beiden kleinen Kinder boten ihr keinen Trost, weil sie dadurch immer wieder an ihren ungeliebten Ehemann erinnert wurde. Anders als die Kurprinzessin selbst in ihrer Kindheit haben Sohn Georg August und Tochter Sophie Dorothea so etwas wie Geborgenheit und Nestwärme wohl niemals kennengelernt.

Skandal in Hannover

Anlässlich der neu erworbenen Kurwürde Hannovers wurde der traditionelle Karneval im alten Leineschloss zu Beginn des Jahres 1693 besonders ausgelassen gefeiert. Obwohl oder gerade weil sie vor den Trümmern ihrer Ehe stand, beschloss Kurprinzessin Sophie Dorothea, sich endlich wieder einmal richtig zu amüsieren. Während ihr Gemahl demonstrativ Zärtlichkeiten mit Melusine von der Schulenburg austauschte, flirtete Sophie Dorothea ihrerseits mit einem gut aussehenden jungen Mann namens Philipp Christoph von Königsmarck, den sie schon seit geraumer Zeit kannte. Der 1665 geborene Königsmarck war nach einem längeren Auslandsaufenthalt im Mai 1689 nach Deutschland zurückgekehrt und als Obrist in den Dienst Ernst Augusts von Hannover getreten. Sophie Dorothea verstand sich auf Anhieb ganz wunderbar mit dem smarten Grafen, und so wurde aus gegenseitiger Sympathie bald eine leidenschaftliche Affäre. Beide wussten natürlich, dass ihre verbotene Liebe niemals ans Licht der Öffentlichkeit kommen durfte, und bemühten sich um entsprechende Vorsicht. Sooft es ging, trafen sie sich heimlich, und wenn Königsmarck in den Sommermonaten zu seinem Regiment musste, schrieben sie sich zahllose

Briefe, die sie durch ein Codesystem zu verschlüsseln suchten. Anhand dieser Korrespondenz lässt sich unschwer verfolgen, wie sich die beiden schon bald immer näherkamen. Spätestens ab März 1693 kann man nachlesen, dass ihr Verhältnis ganz ohne Zweifel eine erotische Komponente hatte, auch wenn Sophie Dorothea das später abgestritten hat. Vorerst konnte sich das verliebte Pärchen in Sicherheit wähnen. Enge Vertraute der beiden wie Eleonore von der Knesebeck, die treue Hofdame der Kurprinzessin, oder Königsmarcks ältere Schwester Maria Aurora fungierten als *Postillons d' Amour* und versuchten, die verbotene Liebe zu vertuschen. Eine Zeit lang funktionierte das Versteckspiel ganz gut, doch Königsmarck fühlte sich nicht so recht wohl in seiner Haut. Immerhin riskierte er Kopf und Kragen. Dass er mit der Kurprinzessin die Ehe brach, war schließlich keine Privatsache, sondern ein gewaltiger Affront gegen seinen Dienstherrn und damit alles andere als ein Kavaliersdelikt. Das war natürlich auch Sophie Dorothea ganz klar bewusst. Weil ihnen in Hannover allmählich der Boden zu heiß wurde, planten sie, die Stadt zu verlassen und nach Dresden zu gehen. Dort regierte damals der Wettiner Friedrich August, genannt August der Starke, der mit Königsmarck seit Jugendjahren befreundet war und inzwischen auch dessen Schwester Maria Aurora zu seiner Mätresse gemacht hatte. Nachdem Sachsens Kurfürst seinem Freund Königsmarck einen lukrativen Posten in der Armee angeboten hatte, trafen der Graf und Sophie Dorothea unverzüglich die Vorbereitungen für eine heimliche Abreise aus Hannover. Die Kurprinzessin wusste, dass sie ihre beiden Kinder würde zurücklassen müssen, aber dieses Opfer scheint ihr die große Liebe zu Königsmarck offenbar wert gewesen zu sein. Die endgültige Trennung von Tochter und Sohn war für sie wohl kein allzu hoher

Preis. Sophie Dorothea war jedenfalls bereit, ihn zu zahlen. In den vielen Briefen, die sie an den Geliebten geschrieben hat, ist nie von ihren Kindern die Rede gewesen. Nur ein einziges Mal erwähnt sie beiläufig, man habe ihr mitgeteilt, dass Königsmarck bei einem geselligen Abend mit der »kleinen Prinzessin« Kartenhäuser gebaut habe.

Unterdessen wurde in Hannover immer lauter über die heimliche Liebschaft getuschelt, denn trotz aller Vorsichtsmaßnahmen muss es irgendwo eine undichte Stelle gegeben haben. Briefe wurden abgefangen und von Leuten gelesen, für deren Augen sie ganz und gar nicht bestimmt waren. Das Codesystem konnte nämlich leicht entschlüsselt werden. Noch herrschte im alten Leineschloss angespannte Ruhe, doch hinter den Kulissen wurde bereits fieberhaft überlegt, was nun getan werden musste. Kurfürst Ernst August war nämlich ausgesprochen nervös geworden. Seine Schwiegertochter hatte ganz eindeutig einen Liebhaber! Wer weiß, wie lange sich die beiden schon kannten? Offenbar hatten sie sich schon getroffen, bevor Königsmarck in den Dienst Hannovers getreten war. Was also würde geschehen, sollte sich herausstellen, dass nicht Georg Ludwig, sondern dieser Königsmarck Vater von Sophie Dorotheas Kindern war? Für diesen Fall fürchtete Ernst August um die noch junge Kurwürde. Wie viel Kraft und Mühe hatte es ihn gekostet, in seinem Haus die Primogenitur durchzusetzen und den ältesten Sohn zum Alleinerben zu machen! Das alles würde womöglich wie ein Kartenhaus zusammenbrechen, wenn Georg Ludwig überhaupt nicht der leibliche Vater seiner Kinder war. Ein solcher Verdacht durfte gar nicht erst aufkommen! Es gab daher nur einen Ausweg …

Die Fluchtpläne des Liebespaares wurden indes allmählich konkret. In der Nacht vom 1. zum 2. Juli 1694 kam Königsmarck noch einmal unter einem fadenscheinigen Vorwand ins alte Leineschloss, um heimlich Sophie Dorothea aufzusuchen und die Einzelheiten ihres Plans zu besprechen. Das war das letzte Lebenszeichen des Grafen. Seit dieser Nacht verliert sich von Philipp Christoph von Königsmarck jede Spur. Was war geschehen? Bis heute ist sein Verbleib ungeklärt, vermutlich aber wurde er von Vertrauten des Kurfürsten überwältigt, ermordet und anschließend in einem mit Steinen beschwerten Sack in die Leine geworfen, die gleich neben dem Schloss entlangfließt.

Noch am gleichen Tag verhaftete man Kurprinzessin Sophie Dorothea. Sie ahnte, dass man ihr auf die Schliche gekommen war, betonte immer wieder verzweifelt, sie sei unschuldig und habe mit Königsmarck kein intimes Verhältnis gehabt. Dass sie mit dieser Behauptung ihrem Gemahl und Schwiegervater in die Hände spielte, war ihr überhaupt nicht bewusst. Ernst August und sein betrogener Sohn dachten nämlich überhaupt nicht daran, Sophie Dorothea des Ehebruchs zu bezichtigen – schließlich hätte genau das ja den Verdacht geschürt, die beiden Kinder des Kurprinzen seien tatsächlich »Bastarde« des Grafen Königsmarck. Die Anklage bezog sich daher ausschließlich auf den geplanten Fluchtversuch, also auf böswilliges Verlassen. Das ließ sich eindeutig durch versteckte Briefe beweisen, die man bei der Durchsuchung von Sophie Dorotheas Gemächern entdeckt hatte. Die Kurprinzessin war entweder zu naiv oder zu sentimental gewesen, um die verräterischen Papiere rechtzeitig zu vernichten.

Während Hannover noch weiter über den Verbleib des Grafen Königsmarck rätselte, wurde Sophie Dorothea bereits der Prozess gemacht und die Ehe am 7. Januar 1695 geschieden – wegen böswilligen Verlassens. Um die Schwere des Falles zu dokumentieren, stellte man die 28-jährige Kurprinzessin auf der Wasserburg Ahlden an der Alten Leine unter Hausarrest. Dort lebte sie bis zu ihrem Tod 1726 und bekam nur hin und wieder Besuch von ihrer Mutter Eleonore. Die beiden Kinder aber durfte sie niemals wiedersehen.

In der kurfürstlichen Familie galt die »Prinzessin von Ahlden« künftig als *persona non grata*, über die kein einziges Wort mehr verloren wurde. Georg Ludwig und seine Schwester Sophie Dorothea mussten mit dem plötzlichen Verschwinden ihrer Mutter ebenso alleine fertig werden wie mit dem dunklen Geheimnis des alten Leineschlosses, das ihnen durch den Hofklatsch zugetragen wurde.

Unter der Obhut von Großmutter Sophie

Auch wenn ihre Mutter durchaus noch lebte, wuchs die junge Sophie Dorothea praktisch als Halbwaise auf. Georg Ludwig, der »alleinerziehende Vater«, hatte aber nur wenig Zeit und Lust, sich um das Befinden seiner kleinen Tochter zu kümmern, erst recht, nachdem er 1698 nach Ernst Augusts Tod selbst Kurfürst von Hannover geworden war.

Mit seinen diffusen Erinnerungen und quälenden Fragen zum Verbleib der Mutter musste das Kind alleine zurechtkommen. Es lässt sich nur darüber spekulieren, ob es nicht vielleicht einfacher gewesen wäre, den Tod der Mutter zu verarbeiten als ihr plötzliches Verschwinden vom Hof. Dann hätte Sophie Dorothea mit der Familie zumindest alte Erinnerungen austauschen und der Verstorbenen in Liebe gedenken können. So aber war es, als hätte die Mutter nie existiert. Stattdessen musste sich die kleine Prinzessin den Kopf darüber zerbrechen, welches schwere Vergehen die Mutter wohl auf sich geladen hatte, um so radikal vom Hof entfernt zu werden. Und bei jedem Blick in die Fluten der Leine wurde Sophie Dorothea wieder an das dunkle Geheimnis erinnert. Denn es ist kaum anzunehmen, dass die Prinzessin von den Gruselgeschichten verschont blieb, die bald nach Königsmarcks spurlosem Verschwinden im alten Leineschloss kursierten. Lag der Leichnam des Grafen tatsächlich an einer besonders tiefen Stelle auf dem Grund des Flusses? Oder hatte man den Toten womöglich eingemauert, vielleicht auch unter den dicken Holzdielen des großen Saales versteckt? Ob sich Sophie Dorothea wohl fürchtete, Königsmarcks Geist könne in der Nacht durchs Schloss spuken? Wenn ja, dann konnte sie auch über ihre heimlichen Ängste mit niemandem sprechen. Doch das junge Mädchen besaß offenbar eine innere Stärke, die es verhinderte, dass sie an den widrigen Ereignissen, die ihre Kindheit belasteten, zerbrach. Es sollten in ihrem Leben auch nicht die letzten sein.

Zusammen mit ihrem Bruder Georg August kam Sophie Dorothea nun in die Obhut ihrer Großmutter Sophie von Hannover, seit 1698 verwitwete Kurfürstin. Unterstützt von der bewährten Kinderfrau Anna Katharina von Harling (geb. von Offeln), kümmerte sie sich in robust-praktischer Manier um die beiden Enkel. Sie sorgte dafür, dass auch Sophie Dorothea eine standesgemäße Erziehung bekam und in höfischer Etikette ebenso unterrichtet wurde wie in Geschichte, Geografie, Religion und Fremdsprachen. Der lutherische Religionsunterricht hat die Prinzessin – wie die anderen Fächer auch – aber weder besonders interessiert noch inspiriert. Gelehrsamkeit war ihre Sache nicht.

Doch Großmutter Sophie sorgte auch für Abwechslung vom höfischen Alltag. Als 1697 Russlands junger Zar Peter der Große (1672–1725) während seiner Reise durch Europa

auch in Deutschland weilte und im nahe gelegenen Coppenbrügge Quartier nahm, einem kleinen Ort zwischen Hameln
und Hannover, beschloss die Kurfürstin, den Zaren um eine
Audienz zu bitten. Dabei sollte es sich freilich um keinen
Höflichkeitsbesuch handeln, vielmehr wollte Sophie ihre
pure Neugier befriedigen und den Mann kennenlernen, der
seit 1689 über das riesige Russische Reich herrschte. Russland – das war damals noch ein weitgehend unbekanntes
Land, zumal es sich lange vom Westen abgegrenzt hatte. Für
die meisten Westeuropäer waren die »Moskowiter« mehr
oder weniger unzivilisierte Barbaren mit entsprechenden
Manieren. Auch von dem jungen Zaren kursierten Schauer-
geschichten über seinen maßlosen Alkoholkonsum, sein un-
gepflegtes Äußeres, Abneigung gegen Messer und Gabel und
andere Anekdoten, die in der höfischen Gesellschaft mit
wohligem Schauer diskutiert und weitergetratscht wurden.
Schließlich gelang es Sophie, auch ihre Familie zu einem
Zusammentreffen mit Peter dem Großen zu überreden. Man
wollte ihn in Coppenbrügge zum Essen einladen. Der junge
Herrscher, der von der scheinbar freundlichen Geste völlig
überrumpelt worden war, zögerte mit einer Zusage. Vielleicht ahnte er, dass er nur zur Schau gestellt werden sollte.
Zum Schluss aber sagte er das Treffen doch noch zu, freilich
nur unter der Bedingung, dass es »im kleinen Kreis« stattfinden sollte. Dieser »kleine Kreis« bestand aus Sophie, ihrer
Tochter Sophie Charlotte, den Söhnen und Enkelkindern.
Die zehnjährige Sophie Dorothea aber schien dem Zaren
besonders gut zu gefallen. Jedenfalls küsste er sie zur Begrü-
ßung herzhaft auf beide Wangen. Großmutter Sophie vergaß
nicht, davon ihrer Verwandtschaft in Heidelberg zu berichten: Der Zar, schrieb sie, »nahm unsere kleine Prinzessin bei
beiden Ohren und küsste sie zweimal; die Rüschenhaube litt

große Not …« Dennoch waren die Hannoveraner voll des Lobes über den etwas ungehobelten Zaren. Erfreut erwähnte Sophie, dass er sich noch nicht einmal betrunken habe, »aber kaum waren wir aufgebrochen, als die Leute aus seinem Gefolge dies jedenfalls für sich nachholten«.

Zwanzig Jahre später sollte Sophie Dorothea als preußische Königin erneut die Gelegenheit haben, mit Peter dem Großen zusammenzutreffen, dann allerdings mit etwas unschönen Nebenwirkungen.

Zurück im alten Leineschloss, nahm der höfische Alltag seinen Lauf. Sophie tat gewiss ihr Bestes für die Enkelkinder, und doch konnte sie nicht vergessen, dass Georg August und Sophie Dorothea Nachkommen ihrer alten Rivalin Eleonore d'Olbreuse waren. Auch wenn inzwischen viele Jahre ins Land gegangen waren, so standen die beiden älteren Damen doch noch immer miteinander »auf Kriegsfuß«. Der Kontakt Sophie Dorotheas zu »Großmutter Celle« blieb daher auf wenige Besuche beschränkt. Fatalerweise konnte Sophie die Kinder ihres Sohnes auch nicht so lieben wie ihren preußischen Enkel Friedrich Wilhelm, den ihre Tochter Sophie Charlotte 1688 zur Welt gebracht hatte.

HAUS HANNOVER und
die Verbindung zum preußischen Königshaus

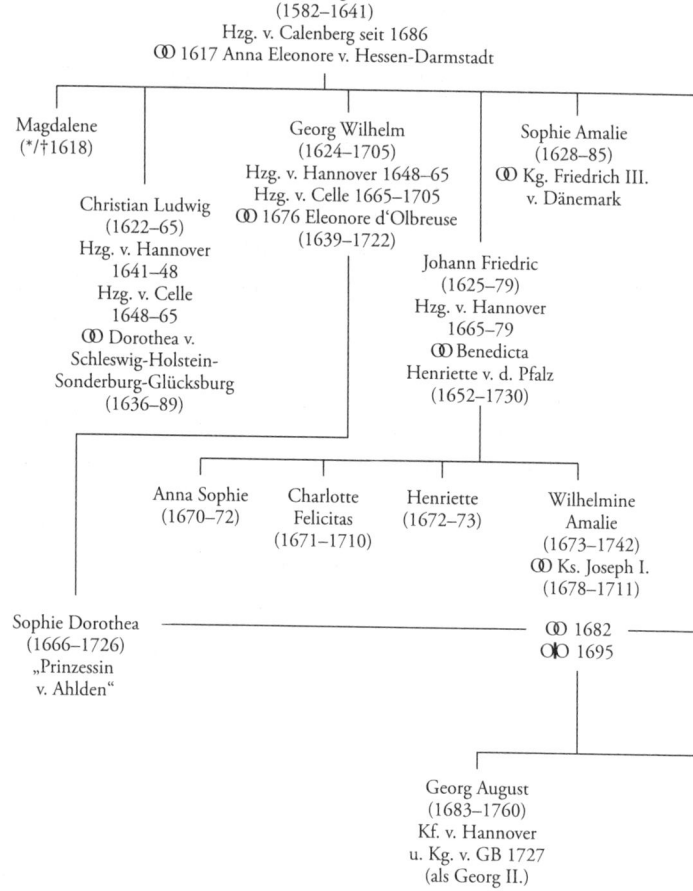

Georg
(1582–1641)
Hzg. v. Calenberg seit 1686
⚭ 1617 Anna Eleonore v. Hessen-Darmstadt

Magdalene
(*/†1618)

Christian Ludwig
(1622–65)
Hzg. v. Hannover
1641–48
Hzg. v. Celle
1648–65
⚭ Dorothea v.
Schleswig-Holstein-
Sonderburg-Glücksburg
(1636–89)

Georg Wilhelm
(1624–1705)
Hzg. v. Hannover 1648–65
Hzg. v. Celle 1665–1705
⚭ 1676 Eleonore d'Olbreuse
(1639–1722)

Sophie Amalie
(1628–85)
⚭ Kg. Friedrich III.
v. Dänemark

Johann Friedric
(1625–79)
Hzg. v. Hannover
1665–79
⚭ Benedicta
Henriette v. d. Pfalz
(1652–1730)

Anna Sophie
(1670–72)

Charlotte
Felicitas
(1671–1710)

Henriette
(1672–73)

Wilhelmine
Amalie
(1673–1742)
⚭ Ks. Joseph I.
(1678–1711)

Sophie Dorothea
(1666–1726)
„Prinzessin
v. Ahlden"

⚭ 1682
⚮ 1695

Georg August
(1683–1760)
Kf. v. Hannover
u. Kg. v. GB 1727
(als Georg II.)

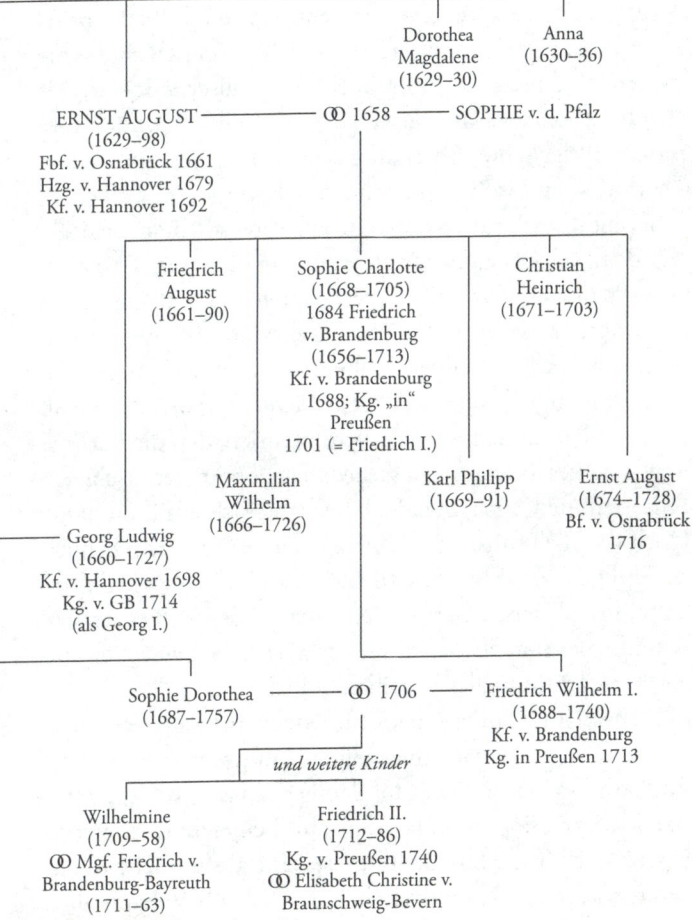

Dorothea Magdalene (1629–30) · Anna (1630–36)

ERNST AUGUST (1629–98) Fbf. v. Osnabrück 1661 Hzg. v. Hannover 1679 Kf. v. Hannover 1692 ⚭ 1658 SOPHIE v. d. Pfalz

Friedrich August (1661–90)

Sophie Charlotte (1668–1705) 1684 Friedrich v. Brandenburg (1656–1713) Kf. v. Brandenburg 1688; Kg. „in" Preußen 1701 (= Friedrich I.)

Christian Heinrich (1671–1703)

Maximilian Wilhelm (1666–1726)

Karl Philipp (1669–91)

Ernst August (1674–1728) Bf. v. Osnabrück 1716

Georg Ludwig (1660–1727) Kf. v. Hannover 1698 Kg. v. GB 1714 (als Georg I.)

Sophie Dorothea (1687–1757) ⚭ 1706 Friedrich Wilhelm I. (1688–1740) Kf. v. Brandenburg Kg. in Preußen 1713

und weitere Kinder

Wilhelmine (1709–58) ⚭ Mgf. Friedrich v. Brandenburg-Bayreuth (1711–63)

Friedrich II. (1712–86) Kg. v. Preußen 1740 ⚭ Elisabeth Christine v. Braunschweig-Bevern

Tante Sophie Charlotte, die preußische Königin

Die 1668 geborene Sophie Charlotte war der ganze Stolz der kurfürstlichen Familie. Schon bei dem kleinen Mädchen mit dem schwarzen Lockenkopf hatte sich ein beachtliches intellektuelles Potenzial gezeigt. Spielend lernte die Welfenprinzessin Fremdsprachen, interessierte sich für Geschichte, Philosophie und bewies obendrein ein musikalisches Talent, mit dem sie später sogar im verwöhnten Versailles Bewunderung erntete. Ihr geliebtes Cembalo können Besucher von Schloss Charlottenburg in Berlin noch heute bewundern.

Sophie Charlotte war erst 16 Jahre alt, als man sie 1684 mit dem verwitweten Kurprinzen Friedrich von Brandenburg-Preußen (1657–1713) verheiratete. Es war eine politisch motivierte Verbindung des altehrwürdigen Welfenhauses mit den aufstrebenden Hohenzollern, zudem die Union zweier wichtiger protestantischer Mächte. Für die junge Frau war die Ehe mit dem kränklichen Friedrich, den die Berliner wegen seines Buckels mit liebevollem Spott den »schiefen Fritz« nannten, nicht gerade das, was sie sich erträumt hatte. Doch wie alle Prinzessinnen hatte auch sie sich ihrem Schicksal zu fügen. Zwar war Friedrich eher an höfischem Prunk als an philosophischen Gesprächen interessiert, doch er war ein freundlicher und zuvorkommender Gemahl, der seiner jungen Frau größtmögliche Freiheiten ließ.

Preußin ist Sophie Charlotte jedoch niemals geworden. Sie blieb ein Leben lang überzeugte Hannoveranerin und hat ihre Position am Berliner Hof fleißig dazu genutzt, alle wichtigen Informationen prompt ins alte Leineschloss weiterzuleiten. Mit Mutter Sophie führte sie eine ausführliche Korrespondenz, sodass Hannover nach der Thronbesteigung ihres

Gemahls – 1688 wurde er Kurfürst von Brandenburg-Preußen, 1701 König in Preußen – über die Geschehnisse an der
Spree stets auf dem Laufenden blieb.

Ihre wichtigste Pflicht erfüllte Sophie Charlotte am 15. August 1688 mit der Geburt ihres einzigen Kindes, des preußischen Kronprinzen Friedrich Wilhelm, der dann später als
»Soldatenkönig« in die Geschichte eingegangen ist. So oft
wie möglich fuhr sie mit dem kleinen Sohn nach Hannover
zu ihren Eltern. Großmutter Sophie, die zu Georg August
und Sophie Dorothea stets eine gewisse Distanz wahrte,
liebte den preußischen Enkel über alles. Dabei war der hübsche pummelige Knabe mit den blauen Augen und den blon-
den Locken ein ausgesprochen schwieriges Kind, das es seiner geplagten Umgebung nicht immer leicht machte. Der
kleine Friedrich Wilhelm gebärdete sich wild und tempera-
mentvoll und neigte schon bei geringsten Anlässen zu heftigen Wutausbrüchen. Im Mai 1692 musste ein Besuch bei
den Großeltern vorzeitig beendet werden, weil er seinen fünf
Jahre älteren Cousin Georg August mehrmals mit den Fäus-
ten traktiert hatte. Man konnte den kleinen Wildfang keine
Sekunde aus den Augen lassen. Doch das tat Sophies Liebe
keinen Abbruch, im Gegenteil. Je älter Friedrich Wilhelm
wurde, desto mehr schien sie in ihn »vernarrt« zu sein: »Sollte
ich diesen Prinzen recht beschreiben«, schrieb sie im Sommer 1700 stolz an eine Vertraute, »wäre dieses Papier nicht
groß genug, seinen Ruhm darauf zu setzen; er sieht aus, wie
man die Engelchen malt, ist nun zwölf Jahre alt und spricht
von allem, als ob er 30 wäre …«

Für Sophie Dorothea hatte die Kurfürstinwitwe nicht
annähernd so viel Lob übrig. Wahrscheinlich verglich sie die
Enkelin stets heimlich mit der brillanten Tochter in Berlin,
die als Freundin des Universalgelehrten Leibniz später

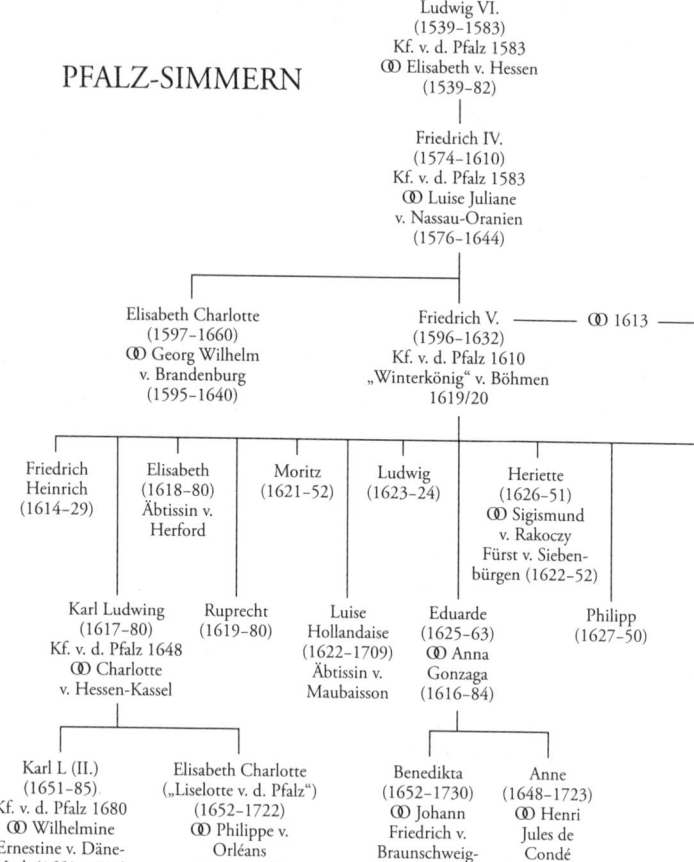

PFALZ-SIMMERN

Ludwig VI.
(1539–1583)
Kf. v. d. Pfalz 1583
⚭ Elisabeth v. Hessen
(1539–82)

Friedrich IV.
(1574–1610)
Kf. v. d. Pfalz 1583
⚭ Luise Juliane
v. Nassau-Oranien
(1576–1644)

Elisabeth Charlotte
(1597–1660)
⚭ Georg Wilhelm
v. Brandenburg
(1595–1640)

Friedrich V. ———— ⚭ 1613 ————
(1596–1632)
Kf. v. d. Pfalz 1610
„Winterkönig" v. Böhmen
1619/20

Friedrich
Heinrich
(1614–29)

Elisabeth
(1618–80)
Äbtissin v.
Herford

Moritz
(1621–52)

Ludwig
(1623–24)

Heriette
(1626–51)
⚭ Sigismund
v. Rakoczy
Fürst v. Sieben-
bürgen (1622–52)

Karl Ludwing
(1617–80)
Kf. v. d. Pfalz 1648
⚭ Charlotte
v. Hessen-Kassel

Ruprecht
(1619–80)

Luise
Hollandaise
(1622–1709)
Äbtissin v.
Maubaisson

Eduarde
(1625–63)
⚭ Anna
Gonzaga
(1616–84)

Philipp
(1627–50)

Karl L (II.)
(1651–85)
Kf. v. d. Pfalz 1680
⚭ Wilhelmine
Ernestine v. Däne-
Mark (1650–1701)

Elisabeth Charlotte
(„Liselotte v. d. Pfalz")
(1652–1722)
⚭ Philippe v.
Orléans
(1640–1701)

Benedikta
(1652–1730)
⚭ Johann
Friedrich v.
Braunschweig-
Lüneburg

Anne
(1648–1723)
⚭ Henri
Jules de
Condé
(1643–1709)

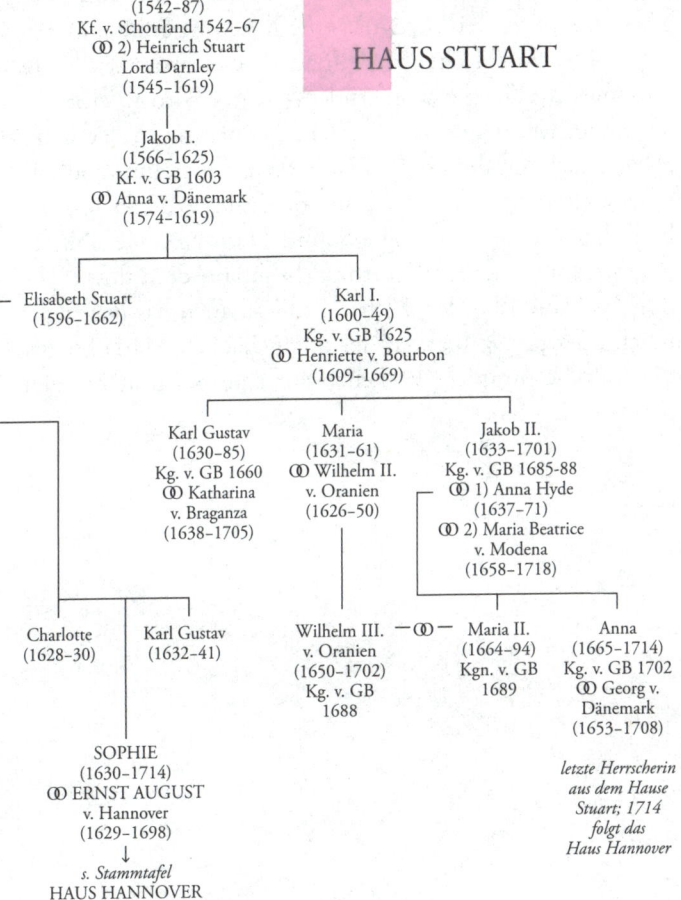

HAUS STUART

Maria Stuart
(1542–87)
Kf. v. Schottland 1542–67
⚭ 2) Heinrich Stuart
Lord Darnley
(1545–1619)

Jakob I.
(1566–1625)
Kf. v. GB 1603
⚭ Anna v. Dänemark
(1574–1619)

Elisabeth Stuart
(1596–1662)

Karl I.
(1600–49)
Kg. v. GB 1625
⚭ Henriette v. Bourbon
(1609–1669)

Karl Gustav
(1630–85)
Kg. v. GB 1660
⚭ Katharina
v. Braganza
(1638–1705)

Maria
(1631–61)
⚭ Wilhelm II.
v. Oranien
(1626–50)

Jakob II.
(1633–1701)
Kg. v. GB 1685-88
⚭ 1) Anna Hyde
(1637–71)
⚭ 2) Maria Beatrice
v. Modena
(1658–1718)

Charlotte
(1628–30)

Karl Gustav
(1632–41)

Wilhelm III. —⚭—
v. Oranien
(1650–1702)
Kg. v. GB
1688

Maria II.
(1664–94)
Kgn. v. GB
1689

Anna
(1665–1714)
Kg. v. GB 1702
⚭ Georg v.
Dänemark
(1653–1708)

SOPHIE
(1630–1714)
⚭ ERNST AUGUST
v. Hannover
(1629–1698)
↓
s. Stammtafel
HAUS HANNOVER

*letzte Herrscherin
aus dem Hause
Stuart; 1714
folgt das
Haus Hannover*

schmeichelhaft die »Philosophin auf dem Fürstenthron« genannt wurde. Bei diesem Vergleich schnitt Sophie Dorothea natürlich schlecht ab. Mehr als die Gelehrsamkeit liebte die junge Welfin die schillernde Welt des Barock, elegante Kleidung, Kunst und musikalische Darbietungen. Sie hatte gelernt, sich auf dem höfischen Parkett mit traumwandlerischer Sicherheit zu bewegen und die Etikette perfekt zu beherrschen. Schon früh zeigte Sophie Dorothea, wie stolz sie auf ihre vornehme Herkunft war. In ihren Adern floss nicht nur das blaue Blut der Welfen, sondern auch das der englischen Stuarts, Nachfahren der unglücklichen Maria Stuart, die 1587 bekanntlich ihr Leben auf dem Schafott beendet hatte.

Die englischen Wurzeln

Doch zunächst einmal blickte Hannover neidisch nach Berlin, nachdem sich Sophie Charlottes Gemahl, Kurfürst Friedrich III., im Januar 1701 selbst zum König »in« Preußen gekrönt hatte. (Weil Westpreußen damals noch zu Polen gehörte, durfte er sich nicht König »von« Preußen nennen.) Für die stolzen Welfen waren die Hohenzollern, die praktisch erst im 17. Jahrhundert die große Bühne der Geschichte betreten hatten, noch immer so etwas wie Parvenüs, denen man diese Rangerhöhung einfach nicht gönnte. Doch nur wenige Monate später ereignete sich dann jenseits des Ärmelkanals etwas Großartiges: Das englische Parlament erließ mit dem *Act of Settlement* ein Gesetz, das Kurfürstinwitwe Sophie von Hannover zur Erbin des englischen Throns bestimmte! Das gab der jungen Sophie Dorothea natürlich Anlass, ihre Nase noch ein wenig höher zu tragen, motivierte sie aber auch, sich näher mit ihren englischen Wurzeln zu beschäftigen, die bis ins Schottland des 16. Jahrhunderts zurückreichten.

Nach dem Tod der schottischen Königin Maria Stuart 1587, die auf Befehl ihrer englischen Cousine Elisabeth I. (1533 – 1603) wegen Hochverrats hingerichtet worden war, bestieg ihr einziger Sohn als Jakob I. den Königsthron. Jakob Stuart, ein Spross aus Marias unglücklicher Verbindung mit einem entfernten Cousin, dem eingebildeten Lord Darnley, war schon früh von seiner katholischen Mutter getrennt und in protestantischem Glauben zum englischen Thronfolger erzogen worden. Elisabeth I., als »jungfräuliche Königin« unverheiratet und kinderlos, hatte das so bestimmt, um religiöse Auseinandersetzungen im Herrscherhaus künftig zu vermeiden. Nach ihrem Tod 1603 wurden England und Schottland unter einer Krone vereint.

Jakob I. hatte unterdessen die dänische Prinzessin Anna geheiratet, die zwar vielen Kindern das Leben schenkte, von denen jedoch nur zwei das Erwachsenenalter erreichten: der 1600 geborene spätere König Karl I. und seine vier Jahre ältere Schwester Elisabeth Stuart, die Mutter der Sophie von Hannover.

Aus konfessionspolitischen Gründen wurde Elisabeth 1613 mit dem gleichaltrigen deutschen Kurfürsten Friedrich V. von der Pfalz verheiratet und lebte mit ihm zunächst in dessen Residenzstadt Heidelberg. Aus der vergleichsweise glücklichen Ehe gingen 13 Kinder hervor, als Vorletztes die Tochter Sophie, die am 14. Oktober 1630 in Den Haag das Licht der Welt erblickte. Damals hatte die kurfürstliche Familie bereits eine aufregende Odyssee hinter sich und war schließlich im niederländischen Exil gestrandet, wo die Mutter des Kurfürsten beheimatet war. Genauer gesagt, war es der ehemalige Kurfürst, denn Friedrich V. von der Pfalz hatte sich als Führer der protestantischen Union trotz seiner Unerfahrenheit überreden lassen, 1619 die böhmische Krone anzunehmen. Mit diesem Schritt wollte er die Protestanten des Landes gegen den katholischen Kaiser unterstützen, der ebenfalls Machtansprüche geltend machte. Die wohlmeinenden Berater, die Friedrich V. damals vor dem »böhmischen Abenteuer« gewarnt hatten, behielten ebenso recht wie die Feinde des Kurfürsten, die ihm prophezeiten, der Pfälzer werde sich nur einen Winter auf dem Thron halten. Im voraussehbaren Krieg gegen den übermächtigen Kaiser verlor Friedrich V. nicht nur die böhmische Krone, sondern auch sein Heimatland, das pfälzische Kurfürstentum.* Er konnte lediglich sein

---

* Friedrich V. bekam sein Kurfürstentum nicht zurück, denn er starb bereits 1632. Erst nach dem Westfälischen Frieden 1648 konnte sein ältester Sohn Karl Ludwig als Kurfürst nach Heidelberg zurückkehren,

nacktes Leben retten und im November 1620 mit seiner Familie Hals über Kopf seine Residenz, den Prager Hradschin, mit unbekanntem Ziel verlassen. Und da Kaiser Ferdinand II. nach diesem Erfolg fest entschlossen war, dem Katholizismus in seinem ganzen Reich zum Sieg zu verhelfen, wurde aus dem regionalen Konflikt in Böhmen schließlich der Dreißigjährige Krieg.

Nun also saß der »Winterkönig«, wie der frühere Kurfürst spöttisch genannt wurde, mit seiner großen Familie in Den Haag und blickte in eine ungewisse Zukunft. Würde er wohl sein Heidelberg, das jetzt von den kaisertreuen Bayern beherrscht wurde, jemals wiedersehen?

Aber auch in England, das seit dem Tod Jakobs I. von seinem Sohn Karl I. regiert wurde, sah es finster aus. Hier tobte ein blutiger Bürgerkrieg, ein Kampf des Parlaments gegen das absolutistische Königtum, aus dem schließlich der streng puritanisch gesinnte Oliver Cromwell als Sieger hervorging. Auf Betreiben Cromwells, der fest entschlossen war, am König ein Exempel zu statuieren, wurde Karl I. durch ein außerordentliches Gericht zum Tode verurteilt und am 30. Januar 1649 in London öffentlich hingerichtet. Damit war die englische Monarchie abgeschafft, um vorübergehend einer Militärdiktatur Cromwells Platz zu machen. Sie dauerte neun Jahre, danach kam vorübergehend Cromwells Sohn an die Macht, der jedoch keinen Rückhalt in der Bevölkerung hatte, sodass 1660 schließlich die Stuarts wieder aus ihrem niederländischen Exil zurückkehren konnten. Jetzt zeigte sich jedoch, dass auch der neue König Karl II.

---

musste sich jedoch mit der Nordpfalz begnügen, während Maximilian von Bayern die Südpfalz erhielt und die Kurfürstenwürde behalten durfte.

nicht minder absolutistisch gesinnt war als sein Vater und
Vorgänger – und obendrein sympathisierte er auch noch mit
den Katholiken! Nachdem Karl II. mit dem Parlament in
Konflikt geraten war, sah er sich 1673 gezwungen, der Tes-
tatsakte zuzustimmen, die die Katholiken fortan sowohl vom
Parlament als auch von allen Staatsämtern ausschloss. Doch
damit war die Situation noch keineswegs bereinigt. Als
Karl II. 1685 ohne legitime Erben starb, kam sein jüngerer
Bruder als Jakob II. auf den Thron – und der war katholisch!
Als dieser sich obendrein auch noch anschickte, die Macht
des Parlaments zu beschneiden und den Absolutismus wieder einzuführen, kam es 1688 zur *Glorious Revolution*. Glor-
reich war diese Revolution nicht nur, weil kein einziger Trop-
fen Blut vergossen wurde, sondern vor allem, weil sie den
Sieg der Parlamentsherrschaft brachte, die Versöhnung von
Monarchie und Parlament. Jakob II. verließ England, ging
mit seiner Familie ins französische Exil und überließ den
Thron seiner ältesten Tochter Maria II. Stuart, einer Protestantin. So ging die kurze Herrschaft der katholischen Stuarts
unblutig zu Ende.

Doch damit war die Zukunft der protestantischen Stuarts
noch keineswegs gesichert, zumal Maria II. kinderlos starb.
Seit 1694 regierte deshalb ihre Schwester Anna das Inselreich. Auf ihr ruhten nun alle Hoffnungen der englischen
Protestanten. Sie musste unbedingt einem gesunden Thronfolger – ganz gleich, ob männlich oder weiblich – das Leben
schenken, anderenfalls drohte möglicherweise ein neuer Bürgerkrieg! Doch nur eines von Annas Kindern lebte längere
Zeit, der 1689 geborene Wilhelm. Als aber auch der kleine
Prinz mit nur elf Jahren starb, stand endgültig fest, dass es
keinen direkten Thronfolger mehr geben würde. Die Linie
Karls I. würde über kurz oder lang aussterben! Jetzt kamen

als Prätendenten nur noch die Nachkommen von dessen Schwester infrage, der 1596 geborenen Elisabeth Stuart. Inzwischen jedoch waren fast alle ihre Kinder längst tot – und so blieb zum Schluss nur noch ihre jüngste Tochter Sophie als künftige Königin übrig: die mittlerweile 71-jährige Kurfürstinwitwe von Hannover, Sophie Dorotheas Großmutter. Auch wenn sie bescheiden meinte, in ihrem Alter sei ihr wohl das Himmelreich näher als ein Königreich, bestimmte das englische Parlament 1701 Sophie mit dem *Act of Settlement* zur rechtmäßigen »Erbin Englands«. Und damit stand ebenfalls fest: Sollte die greise Kurfürstin vor Anna das Zeitliche segnen, dann würde eben ihr ältester Sohn Georg Ludwig über das mächtige Inselreich herrschen, Sophie Dorotheas Vater!

Traum und Wirklichkeit

Sophie Dorothea, gerade 14 Jahre alt geworden, war ungemein stolz auf die künftige Standeserhöhung ihrer Familie. Wer weiß, vielleicht würde sie selbst eines Tages in London leben? Das waren großartige Aussichten, mochte es sich auch nur um eine parlamentarische Monarchie handeln. Aber England war eine Weltmacht mit Handelsniederlassungen in Indien und einer Kolonie in Nordamerika! Trotz der schweren innenpolitischen Auseinandersetzungen im 17. Jahrhundert war England zur führenden See- und Handelsmacht aufgestiegen. Was hatte dagegen schon das kleine Kurfürstentum Hannover zu bieten?

Während Sophie Dorothea noch von einer glanzvollen Zukunft träumte, wurden hinter ihrem Rücken bereits die ersten Pläne für eine spätere Heirat ausgetüftelt. Und dabei sah es keineswegs so aus, als würde die Prinzessin den Kontinent jemals verlassen. Die ambitionierte Großmutter und die preußische Tante Sophie Charlotte hatten nämlich bereits genaue Vorstellungen von einer idealen dynastischen Verbindung: Um auch in Zukunft eine verlässliche »Außenstelle« Hannovers in Berlin zu haben – entsprechende Einflussmöglichkeiten eingeschlossen –, sollte Sophie Dorothea in absehbarer Zeit mit ihrem Cousin vermählt werden, Kronprinz Friedrich Wilhelm von Preußen. Die beiden Damen waren sich ganz sicher, dass es ihnen gelingen würde, auch Friedrich I. von diesem Heiratsprojekt zu überzeugen. Warum sollten die »guten verwandtschaftlichen Beziehungen« nicht auf diese Weise fortgesetzt werden?

Sophie Dorothea ahnte glücklicherweise nichts von alledem, konnte also noch ein paar unbeschwerte Jahre im alten Leineschloss genießen und ihren Jungmädchenträumen freien Lauf lassen. Im Januar 1705 freute sie sich wieder einmal auf die Festlichkeiten des Karnevals, der in Hannover traditionell groß gefeiert wurde. Erwartet wurde auch der Besuch von Königin Sophie Charlotte, die ohnehin so oft wie möglich bei ihrer Mutter zu Gast war. Doch die ausgelassene Stimmung am Hof wich schon bald einer tiefen Trauer. Die Preußenkönigin, die sich während der winterlichen Kutschfahrt von Berlin nach Hannover offenbar eine schwere Lungenentzündung zugezogen hatte, starb in der Nacht zum 1. Februar 1705 im Alter von nur 35 Jahren. Anders als Großmutter Sophie, die, wie sie schrieb, »die größte Freude in dieser Welt verloren« hatte, scheint Sophie Dorothea den Tod ihrer Tante nicht allzu schwer genommen zu haben. Die vielseitig begabte Preußenkönigin war für die junge Prinzessin stets wie ein übermächtiger Schatten gewesen, aus dem sie jetzt endlich heraustreten konnte. Es

wurde Zeit, dass die höfische Welt nunmehr auf Sophie
Dorothea blickte.

Hochzeitspläne an der Spree

Unmittelbar nach der feierlichen Beisetzung der Preußenkönigin, die in der Hohenzollerngruft des Berliner Doms
ihre letzte Ruhestätte fand, begann Großmutter Sophie das
heimliche Heiratsprojekt mit Nachdruck voranzutreiben.
Das Leben musste schließlich weitergehen.

Am 26. März 1705 feierte Sophie Dorothea ihren 18. Geburtstag, da wurde es langsam Zeit, dass sie »unter die
Haube« kam. Bereits jetzt war die Welfenprinzessin eine
stattliche Erscheinung, groß und kräftig, aber offenbar wohl-
geformt. Zumindest in höfischen Kreisen schwärmte man
davon, sie habe »die schönste Taille Europas«. Urteilt man
freilich nach den Porträts, die damals von Sophie Dorothea
angefertigt wurden, dann war sie – im Gegensatz zu ihrer
attraktiven Mutter – nicht gerade eine Schönheit. Das freilich sollte für die anvisierte Verbindung mit dem preußischen
Kronprinzen gewiss kein Hinderungsgrund sein.

Doch am Berliner Hof stieß Sophie auf unerwarteten
Widerstand. Sie und ihre Tochter hatten irrtümlicherweise
geglaubt, den freundlichen Preußenkönig schon irgendwie
um den Finger wickeln zu können. Doch Friedrich I. war
keineswegs so naiv, wie die beiden Welfinnen angenommen
hatten. Seit seiner Hochzeit mit Sophie Charlotte war er das
Gefühl nicht losgeworden, dass er aus Hannover »fernge-
steuert« werden sollte. Deshalb hatte er für seinen inzwischen 17-jährigen Sohn eine andere Braut im Visier, die ihm
auch politisch besser ins Konzept passte. Dabei handelte es

sich um Caroline von Ansbach (1683–1737), eine hübsche junge Frau, die auch der Kronprinz favorisierte, wenngleich sie fünf Jahre älter war als er selbst. Aber er kannte sie schon seit Längerem und fand sie ausgesprochen sympathisch.

Carolines Eltern, entfernte Verwandte der Berliner Hohenzollern, waren beide früh verstorben, und so hatte das (spätere) preußische Königspaar 1696 die Vormundschaft für die damals dreizehnjährige Waise übernommen. Deshalb kam die kleine Ansbacherin an die Spree, wurde so etwas wie die »große Schwester« des Kronprinzen und entwickelte sich unter der Obhut von Sophie Charlotte zu einer klugen und vielseitig interessierten Prinzessin – ernsthaft, sittenstreng und ohne jegliche Allüren. Nach dem Tod der Preußenkönigin war Caroline nach Ansbach zurückgekehrt, wo sie im Schloss bei ihrem Bruder Wilhelm Friedrich (1686–1723) lebte, seit 1703 Markgraf von Brandenburg-Ansbach*.

Dass Friedrich I. und sein Sohn Prinzessin Caroline ins Auge fassten, hatte nicht nur persönliche Gründe. Diese Verbindung sollte auch die Erbansprüche Preußens auf die kleine Markgrafschaft festigen, die seit dem 15. Jahrhundert von den Hohenzollern regiert wurde. Werfen wir daher einen Blick zurück in die Geschichte.

Ursprünglich kamen die Hohenzollern aus dem Schwäbischen, ihre Besitzungen befanden sich zwischen oberem Neckar und oberer Donau. Nachdem Graf Friedrich III. von Zollern kurz vor 1192 das Nürnberger Burggrafenamt erhalten hatte, teilte sich das Haus um 1214 in eine schwäbische und eine fränkische Linie. Dem fränkischen Zweig der Fami-

---

* Wilhelm Friedrichs Sohn Carl Wilhelm Friedrich heiratete später die preußische Prinzessin Friederike, die zweitälteste Tochter von Sophie Dorothea.

lie gelang es noch im 13. Jahrhundert, seinen Besitz in Ober-
und Mittelfranken (Kulmbach, Bayreuth und Ansbach) zu
erweitern, sodass Burggraf Friedrich VI. bereits der größte
Territorialherr in Franken war, als er 1417 mit der Mark
Brandenburg belehnt wurde. Kurfürst Albrecht Achilles (reg.
1470–1486) legte schließlich mit dem Hausgesetz »Disposi-
tio Achillea« fest, dass die Mark Brandenburg zusammen
mit der Kurwürde ungeteilt dem erstgeborenen Sohn vorbehalten blieb, während die fränkischen Lande als Sekundogenitur unter den jüngeren Söhnen aufgeteilt werden sollten.
So entstanden die Markgrafschaften Ansbach und Bayreuth.
Ihre Herrscher waren demnach entfernte Verwandte des preußischen Königshauses, auch wenn es sich nur um die »arme
Verwandtschaft« handelte. Und sollte es eines Tages keinen
männlichen Erben geben, dann würden die kleinen Fürsten-
tümer an Brandenburg-Preußen fallen.

Weibliche Intrigenspiele

Eigentlich waren sich Preußenkönig und Kronprinz Friedrich Wilhelm einig, dass Caroline die in jeder Hinsicht geeignete Braut sein würde. Doch dann machte ihnen ausgerechnet Kurfürstinwitwe Sophie einen Strich durch die
Rechnung, um gleichsam das »Testament« ihrer verstorbenen Tochter zu vollstrecken.

Während ihrer häufigen Besuche in Berlin hatte Sophie
das »Adoptivkind« von Sophie Charlotte kennen- und schätzen gelernt. Caroline war nicht nur ausgesprochen hübsch,
sie konnte auch mit dem Philosophen Leibniz über die
schwierigsten Themen diskutieren. Eine solche Prinzessin
war der Schmuck eines jeden Fürstenhauses! Sophie und ihre

Tochter hatten daher beschlossen, dass die junge Ansbacherin »in der Familie« bleiben sollte, allerdings nicht in der preußischen. Caroline erschien als glänzende Partie für den Kurprinzen von Hannover, den gleichaltrigen Georg August, Bruder von Sophie Dorothea. Das musste vorerst jedoch geheim bleiben, damit es in Berlin nicht möglicherweise doch noch zu einer überstürzten Hochzeit des Kronprinzen mit der Ansbacherin kam. Und Sophie wusste auch schon genau, wie sie vorzugehen hatte. Am 1. Juli 1705 schrieb sie ihrem verwitweten Schwiegersohn Friedrich I.: »Ich alte Frau kann mich seit dem Verlust an nichts mehr freuen und kann Ihrer Majestät versichern, dass ich nicht weiß, wohin mein Enkel (Georg August) zielt noch wo er gewesen ist, sonst würde ich es Eurer Majestät, vor denen ich nichts verschweigen kann, als Erstes schreiben. Er ist nun in Pyrmont mit meinen Söhnen, bei mir habe ich meine Enkelin, die ein gut Kind und nun groß und vernünftig geworden ist – aber, mein lieber König, wenn man keine Falken hat, muss man mit Eulen auf die Beize gehen, sagt ein Sprichwort.«

Es sah also nicht so aus, als würde Sophie ihre Enkelin für eine geeignete Heiratskandidatin halten, die sie Friedrich und seinem Sohn »aufschwatzen« wollte. Sollte der Preußenkönig ruhig denken, Caroline sei nach wie vor auf dem fürstlichen Heiratsmarkt zu haben.

Tatsächlich aber war inzwischen Folgendes geschehen: Von Pyrmont aus war Sophies Enkel Georg August weiter nach Ansbach gereist und dort »zufällig« mit der schönen Caroline zusammengetroffen. Die Begegnung verlief offenbar so zufriedenstellend, dass Sophie endlich die Katze aus dem Sack lassen konnte, als sie am 27. Juli 1705 an Friedrich I. schrieb, »dass mein Enkel, der Kurprinz, das Glück haben soll, die liebe Prinzessin von Ansbach aus Eurer Majestät Hause zu heiraten.

Man muss das wohl für ein Werk der Vorsehung halten, denn vor einem Jahr hatten wir beide noch ganz andere Gedanken im Kopf. Mein Sohn, der Kurfürst, hatte seinem Sohn zwar anheimgestellt, eine Prinzessin zu wählen, wo er wolle, aber seine Neigung hat ihn ganz inkognito nach Ansbach geführt, wo er eine Stunde unerkannt unter dem Namen Busche mit der Prinzessin gesprochen hat und sich so sehr in sie verliebte, dass er sich nach keiner anderen mehr umsehen wollte. Anscheinend hatte sie ihn wegen seines guten Rufs schon von vornherein im Sinn. Die Prinzessin sollte, scheint's, einen meiner Enkel haben, denn meinem Kronprinzen gefiel sie auch, ich glaube indessen, dass Eure Majestät sie für den lieben Prinzen zu alt gefunden haben, sonst hätten Sie sie sich wohl nicht entgehen lassen. Gott wolle den lieben Kronprinzen auch so nach Wunsch versorgen, auf dass Eure Majestät und wir alle Freude daran haben mögen.«

Sophies hinterhältige Aktion kam in Berlin natürlich überhaupt nicht gut an. Friedrich Wilhelm war wütend auf seine Großmutter und musste sich enorm beherrschen, als er ihr scheinbar höflich nach Herrenhausen schrieb: »Inzwischen bitte ich Eure Kurfürstliche Durchlaucht, sich nicht die Zeit lang werden zu lassen, bis Sie Urgroßmutter werden, was mich angeht, so überlasse ich dies jetzt den Bemühungen des Kronprinzen, sich zu verheiraten, aber ich werde, wenn ich so alt bin wie er, ihm nacheifern und meine Schuldigkeit tun. Dann werden Eure Kurfürstliche Durchlaucht von Neuem eine Freude erleben, während jetzt diese Freude mit der über den Kurprinzen zusammenfallen würde.«

Auch Friedrich I. ließ sich nicht hinters Licht führen und machte seinem Ärger über Sophies Intrigen am 7. August 1705 ganz offen Luft: »Sie sagen wohl mit Recht, dass sie zu alt für meinen Sohn gewesen wäre; dass es aber eine Prädestination sei, kann ich nicht finden, und die Lutheraner kehren sich auch nicht an die Prädestinationen*. Eure Kurfürstliche Hoheit täten besser zu sagen, dass die Heirat wohl schon zu Charlottenburg eingefädelt worden sei, und ich bitte doch auch gar zu sehr, mich nicht für einen Tölpel zu halten, sondern zu glauben, dass ich über vieles hinweggehe, obwohl ich es schon sehe. Damit Gott befohlen!«

Damit schien das Tischtuch zwischen Hannover und Berlin zerschnitten, und Sophies Hochzeitspläne gerieten mächtig ins Wanken. Ob Sophie Dorothea in das Intrigenspiel ihrer Großmutter eingeweiht war, ist nicht bekannt, aber doch unwahrscheinlich. In den Fürstenhäusern war es allgemein üblich, dass man die Prinzessinnen erst vor vollendete Tatsachen stellte, wenn der Bräutigam unwiderruflich feststand. So wird man es auch bei Sophie Dorothea gehalten haben. Trotzdem ist nicht auszuschließen, dass ihr die Heimlichkeiten der Großmutter nicht ganz verborgen blieben. Wenn das der Fall war, dann lernte sie wohl schon früh, auf welchen Wegen man am besten zum Ziel kam. Offenheit und Ehrlichkeit gehörten nicht dazu, Scheinheiligkeit aber sehr wohl. Denn Sophies Plan ging tatsächlich auf: Am 2. September 1705 heiratete Kurprinz Georg August die anmutige Caroline von Ansbach, die damit zum neuen »Juwel« der Welfenfamilie aufstieg. Am 6. Januar 1707 kam das erste Kind des Paares zur Welt. Es war ihr Sohn Friedrich, der spätere Prinz von Wales, der im Leben Sophie Dorotheas noch eine maßgebliche Rolle spielen sollte. Aber das konnte zu diesem Zeitpunkt noch niemand ahnen.

---

* calvinistische Lehre von der Auserwählung

Verlobung mit dem preußischen Kronprinzen

Die atmosphärischen Störungen, die das Verhältnis zwischen Berlin und Hannover schwer belastet hatten, waren nicht von Dauer. Und so konnte sich Sophie nach einem Jahr anschicken, ihr zweites Projekt zu beenden, das seinerzeit ebenfalls »in Charlottenburg« beschlossen worden war, dem Lustschloss und Refugium ihrer verstorbenen Tochter. Es ist anzunehmen, dass die alte Dame auch in der Zwischenzeit nicht untätig war. Sie wird gewiss dafür gesorgt haben, dass Friedrichs Beratern die Ehe seines Sohnes mit Sophie Dorothea schmackhaft gemacht wurde, und auch Leibniz wird sein Bestes getan haben, zumal er als Präsident der Preußischen Akademie der Wissenschaften ja ohnehin in Berlin engagiert war. Auf jeden Fall stand Friedrich I. einer Verbindung seines einzigen Sohnes mit Sophie Dorothea nun doch recht wohlwollend gegenüber. Und so schrieb er am 16. Juni 1706 versöhnlich an Sophie: »Meine Base. Da ich in der Ehe zwischen mir und der seligen Königin, meiner liebsten, unvergesslichen Gemahlin, so gut gefahren bin, habe ich gedacht, eine ähnliche Verbindung zwischen dem Kronprinzen, meinem Sohne, und der Tochter meines Bruders, des Kurfürsten von Braunschweig, zustande zu bringen. Meine Ankunft an diesem Ort (Hannover) gab mir Gelegenheit, die Vorzüge und Verdienste dieser Prinzessin zu sehen und kennenzulernen, was mich in dieser Absicht völlig bestärkt hat. Da indessen Eure Durchlaucht als Großmutter ebenfalls einwilligen müssen, bitte ich darum und zweifele nicht daran, dass Sie es gerne tun …«

Sophie hatte ihr Ziel erreicht. Vermutlich aber ist es Friedrich I. keineswegs leichtgefallen, die Einwilligung in diese Ehe zu geben. Doch er musste auch politisch denken, und als

König eines aufstrebenden, aber noch ungefestigten Landes konnte er es sich nicht erlauben, sich von persönlichen Befindlichkeiten leiten zu lassen. Der erneute Zusammenschluss der beiden größten protestantischen Höfe Deutschlands war immer noch ein Gegengewicht zur katholischen kaiserlichen Übermacht. Und nicht zuletzt die Aussicht, in absehbarer Zeit mit dem englischen Königshaus verwandtschaftlich verbunden zu sein, mag eine gewisse Rolle gespielt haben. Letztlich aber war es Kronprinz Friedrich Wilhelm gewesen, der den Wunsch geäußert hatte, seine Cousine zu heiraten. Es war jedoch keineswegs so, dass er zärtliche Gefühle für Sophie Dorothea empfunden hätte. Am liebsten wäre er noch länger ledig geblieben, denn Frauen waren dem jungen Hohenzollernspross irgendwie unheimlich. Am Charlottenburger Hof seiner Mutter war er mit allerlei kokettem und frivolem Verhalten der Damen konfrontiert worden, war errötet, hatte verschämt beiseitgeschaut und pampige Kommentare abgegeben. Der inzwischen 18-jährige Kronprinz wurde von den zur Schau gestellten Reizen des weiblichen Geschlechts noch immer verunsichert und wusste sich nicht anders zu helfen, als in schlechtes Benehmen zu flüchten.

Doch Friedrich Wilhelm war auch ein gehorsamer Sohn. Er spürte, dass der stets kränkelnde Vater gerne noch die Hochzeit des Kronprinzen und nach Möglichkeit auch die Geburt eines gesunden Thronfolgers erleben wollte. Es lag Friedrich freilich fern, seinem Sohn eine bestimmte Braut aufzuzwingen. Infrage kam auch die gleichaltrige Ulrika Eleonore, jüngste Tochter des schwedischen Königs Karl XI. und ebenfalls Protestantin. Aber Friedrich Wilhelm wollte auf keinen Fall eine Unbekannte zur Frau nehmen. Wenn es schon sein musste, dann wollte er ein vertrautes Gesicht zum Traualtar führen. Und so fiel die Wahl zwangsläufig auf seine

Cousine Sophie Dorothea, Spielgefährtin von Kindesbeinen an. Damit war unwiderruflich der Zeitpunkt gekommen, auch die Welfenprinzessin über die bevorstehende Hochzeit mit dem preußischen Kronprinzen zu informieren. Sollte sie irgendwelche Einwände gehabt haben, dann hat sie diese für sich behalten. Jeder Protest wäre auch von vornherein sinnlos gewesen. Sophie Dorothea wusste, dass sie als Prinzessin zunächst einmal nichts anderes war als eine Figur auf dem Schachbrett der Politik. Wo sie zu stehen hatte, das bestimmten andere.

Schon am 18. Juni 1706 feierte man in Hannover die Verlobung, 40 Kanonenschüsse vor dem alten Leineschloss verkündeten das wichtige Ereignis auch den Untertanen, »sodass unter solch starkem Krachen und Jauchzen jedermann zur Freude bewegt wurde«, wie es in einem zeitgenössischen Hofbericht heißt. Pikanterweise fand die Verlobungsfeier ausgerechnet im Rittersaal des Leineschlosses statt, genau dort, wo im Juli 1694 vermutlich Graf Königsmarck ermordet worden war. Ein schlechtes Omen?

»Nie sah ich einen seltsameren Prinzen« –
Friedrich Wilhelm, der Bräutigam

Ob tatsächlich »jedermann zur Freude bewegt wurde«, ist allerdings äußerst zweifelhaft. Das muss selbst Großmutter Sophie bewusst gewesen sein. Unterschiedlicher als die beiden Verlobten hätten zwei junge Menschen kaum sein können. Sophie Dorothea war dem Leben zugewandt, liebte die äußere Pracht und konnte sich auf den opulenten Hoffesten prächtig amüsieren. Ihr Bräutigam war das genaue Gegenteil. Schon als Kind hatte Friedrich Wilhelm es gehasst, jene elegante Kleidung zu tragen, die seine Mutter so liebte: französische Spitzen, Samt und Seide. Wann immer es möglich war, lief der Kronprinz wie ein einfacher Bauer herum, trug keine Perücke, dafür aber grobe Stiefel und ließ sich das Gesicht von der Sonne bräunen – ein geradezu skandalöser Kontrast zur vornehmen Blässe, die die höfische Szenerie bestimmte. Ein »Traumprinz« war Friedrich Wilhelm mit Sicherheit nicht. Bei einer Größe von etwa 1,65 m wog er schon in jungen Jahren rund zwei Zentner und legte mit der Zeit noch erheblich an Gewicht zu. Ein englischer Besucher, der damals vorübergehend am Hohenzollernhof weilte, schrieb nach Hause: »Nie sah ich einen liebenswerteren, aber auch nie einen seltsameren Prinzen.« Diese liebenswerte Seite des jungen Friedrich Wilhelm hatte ja bereits seine Großmutter so entzückt, und tatsächlich konnte er, wenn er wollte, ausgesprochen leutselig, humorvoll und unterhaltsam sein. Wenn er wollte. Und auch das nur im kleinen Kreis von Vertrauten und Gleichgesinnten.

Die weniger liebenswerte Seite des Prinzen war sein fürchterlicher Jähzorn, mit dem er seine Umgebung mitunter in Angst und Schrecken versetzte. Es war schon vorgekommen, dass er im Zorn seinen Lehrer verprügelt hatte – um nur wenig später von tiefer Reue und Zerknirschung ergriffen zu werden. Dass Friedrich Wilhelm oft so aufbrausend reagierte, hat ihn selbst schwer belastet. Denn er war ein tiefgläubiger Mensch, der die calvinistische Konfession sehr ernst nahm.

Schon 1613 waren die Kurfürsten von Brandenburg zum reformierten Bekenntnis übergetreten. Nach dem Ausbruch eines Religionskonflikts hatte sich Johann Sigismund damals aus politischen Gründen entschlossen, die Position des orthodoxen Luthertums zugunsten des Calvinismus aufzugeben. Als Zentraldogma der Reformierten galt die Lehre von der Prädestination (Erwählung), wonach das Schicksal des Menschen bereits von Gott vorherbestimmt ist.

Auf Wunsch des königlichen Vaters wurde Friedrich Wilhelm von seinen Lehrern mit der ganzen Schwere der Prädestinationslehre erzogen und hörte immer wieder, dass ein Mensch mit solchen Unarten – von solch störrischem und jähzornigem Wesen – zur ewigen Verdammnis bestimmt sei. Das traf ihn bis ins Innerste. Mitunter verbrachte er Tage und Nächte in inbrünstigem Gebet, Reue und Verzweiflung darüber, dass sein aufbrausendes Temperament durch nichts zu zügeln war und immer wieder mit ihm durchging.

Mochten die Hohenzollern im Berliner Schloss auch strenge Calvinisten sein, so galt das nicht für die Untertanen. Seit 1615 bestand der Grundsatz uneingeschränkter Bekenntnis- und Gewissensfreiheit. Niemand sollte wegen seines Glaubens »gehetzt, angefeindet oder verfolgt werden«. So musste die Lutheranerin Sophie Dorothea vor ihrer Hochzeit nicht zum reformierten Glauben konvertieren. Aber auch die Katholiken in Brandenburg-Preußen wurden toleriert, in gewisser Weise selbst die Juden, die aber nur eine kleine Minderheit darstellten.

Misstrauen und Missverständnisse

In den wenigen Tagen, die Friedrich Wilhelm nach den Verlobungsfeierlichkeiten noch in Hannover verbrachte, kam sich das junge Paar kaum näher. Die Situation war auch gewiss nicht einfach: Bislang waren Braut und Bräutigam so etwas wie Spielkameraden gewesen, Cousin und Cousine, die zum Teil miteinander aufgewachsen waren. Nun sollten sie plötzlich als künftiges Ehepaar auftreten und nach Möglichkeit zärtliche Gefühle füreinander entwickeln. Wie aber sollte das funktionieren? Friedrich Wilhelm soll sich nach Angaben seiner Großmutter die meiste Zeit in seinen Gemächern verkrochen haben, um »französische Komödien« zu lesen. Sophie Dorothea war nicht minder verunsichert. Wie sollte sie sich ihrem Bräutigam gegenüber geben? An Ratschlägen aus der Verwandtschaft hat es gewiss nicht gemangelt, aber die waren nicht unbedingt hilfreich. Großmutter Sophies Nichte, die in Versailles lebende Liselotte von der Pfalz, mahnte zu sittsamem Verhalten und dezenter Zurückhaltung. Ihre Halbschwester, die Raugräfin Luise (1661 – 1733), riet sogar dringend, dem künftigen Gemahl gegenüber ganz kühl aufzutreten, keine Gefühle zu zeigen und bloß nicht zuzugeben, wenn man möglicherweise sogar verliebt war. All das, so die Meinung der Raugräfin, sei äußerst unschicklich.

Für Sophie Dorothea war die Situation umso schwieriger, da sie ja durch die Hypothek ihrer Mutter von vornherein schwer belastet war. Hielt Friedrich Wilhelm sie vielleicht für ein ähnlich kokettes Frauenzimmer wie die »Prinzessin von Ahlden«? Stand womöglich zu befürchten, dass das »mütterliche Erbe« eines Tages bei ihr durchbrach? Auf jeden Fall scheint sich die junge Braut entschlossen zu haben, den Ratschlag der Raugräfin zu beherzigen. Besonders schwer dürfte ihr das nicht gefallen sein, denn so etwas wie Liebe zu ihrem künftigen Gemahl war ohnehin nicht im Spiel. Sophie Dorothea würde dem Wunsch ihrer Familie nachkommen, Friedrich Wilhelm heiraten und ihre (ehelichen) Pflichten erfüllen, das musste genügen.

Normalerweise funktionierten solche arrangierten fürstlichen Ehen auf dieser Basis auch ganz gut. Kronprinz Friedrich Wilhelm aber hatte seine eigenen Vorstellungen. Er wollte von »seiner Frau« geliebt werden, denn er hatte große Angst, ebenso verächtlich behandelt zu werden, wie es die verstorbene Mutter einst mit seinem Vater getan hatte. Nun konnte man der Preußenkönigin nicht zum Vorwurf machen, dass sie ihren Gemahl, mit dem sie als 16-Jährige verheiratet worden war, nicht wirklich lieben konnte. Beide lebten auch räumlich in völlig verschiedenen Welten: Sophie Charlotte auf Schloss Lützenburg, das nach ihrem Tod in Charlottenburg umbenannt wurde, Treffpunkt von Musikern, Künstlern und Philosophen, Friedrich I. im Berliner Stadtschloss, wo er sich mit allem Prunk als Barockfürst feiern ließ. Zwar förderte auch er aus Prestigegründen Kunst und Wissenschaft, ohne jedoch selbst eine wirkliche Beziehung dazu zu haben.

Das alles wäre für den Kronprinzen noch hinnehmbar gewesen. Doch Friedrich Wilhelm hatte als Heranwachsender oft genug mitanhören müssen, wie sich seine Mutter gegenüber ihren Hofdamen über den Gemahl lustig machte und sogar offen zugab, wie unangenehm ihr das intime Beisammensein mit dem König war. Für Friedrich Wilhelm, der neben Gott einzig und allein seinen Vater als Autorität anerkannte, war das unerträglich gewesen. Waren womöglich alle Frauen so? Spitzzüngig und frivol, geschwätzig und kokett? Caroline von Ansbach war eine Ausnahme gewesen. Und Sophie Dorothea?

Noch etwas anderes lastete auf dem Kronprinzen. Seine Mutter war niemals Preußin geworden, sondern im Herzen stets Hannoveranerin geblieben, was keineswegs nur ihre geheime Passion war. Auf einer Reise in die Niederlande, die Friedrich Wilhelm im Sommer 1700 zusammen mit Mutter und Großmutter unternahm, war ihm nicht verborgen geblieben, was die beiden Damen von der bevorstehenden Krönung Friedrichs zum König »in« Preußen hielten: nämlich gar nichts. Sie dachten sogar über Möglichkeiten nach, die Standeserhöhung irgendwie zu verhindern. Zum einen »aus Eifersucht«, wie der junge Kronprinz damals an seinen Erzieher schrieb, zum anderen, weil Sophie Charlotte fürchtete, bei den enormen Unkosten würde für sie und ihren Hof nicht mehr viel übrig bleiben. Und nun würde wieder eine Hannoveranerin in die Hohenzollernfamilie einheiraten. Von Sophie Dorothea aber erwartete Friedrich Wilhelm zwei Dinge: ihre Liebe und unbedingte Loyalität, zu ihm und zu Brandenburg-Preußen. Sollten diese Voraussetzungen erfüllt werden, dann konnte er voller Zuversicht in die Zukunft blicken.

»Die Kleider sind wohl gewählt« – Hochzeitsvorbereitungen

Zunächst einmal trennten sich die Wege der Verlobten nochmals. Während Friedrich Wilhelm zusammen mit seinem Vater zurück nach Berlin reiste, wurde Sophie Dorothea zu einem Kuraufenthalt nach Pyrmont geschickt. Hier sollte sie sich von den Strapazen der Verlobungsfeierlichkeiten erholen und frische Kräfte für ihre künftige Aufgabe als preußische Kronprinzessin sammeln. Nichts war schließlich wichtiger als Gesundheit und Gebärfähigkeit.

Pyrmont, ein uraltes Quellheiligtum aus germanischer Zeit, stand seit dem 16. Jahrhundert im Ruf, wundertätiges Wasser zu besitzen, das sämtliche Krankheiten heilen könne und sich gewiss auch auf die Fruchtbarkeit junger Frauen positiv auswirkte. Jedenfalls kamen die vornehmen Herrschaften aus ganz Europa nach Pyrmont, um dort Erholung zu suchen und Linderung zu finden. Der Graf von Pyrmont-Waldeck hatte nach dem Dreißigjährigen Krieg einen Brunnentempel sowie eine lauschige Allee zum Lustwandeln anlegen lassen, die es noch heute gibt. Hier konnten die Kurgäste ihr Brunnenwasser trinken und sich mit anregenden Gesprächen die Zeit vertreiben.

Von Pyrmont aus schrieb Sophie Dorothea am 30. Juni 1706 einen Brief an ihren preußischen Verlobten, den man ihr gewiss in die Feder diktiert hat: »Sie, mein Herr, müssen von der vollkommenen Hochachtung und, wenn ich so sagen darf, auch von der zärtlichen Freundschaft überzeugt sein, die ich für Sie hege und an der Eure Königliche Hoheit nicht zweifeln können, ohne mir Unrecht zu tun. Unter diesen Umständen, mein Herr, erwarte ich mit Ungeduld weitere Nachrichten von Ihnen … und ich werde nicht ruhig sein, bis ich Eure Königliche Hoheit beim König weiß. Ich bitte Sie aufrichtigst, Seiner Majestät den Ausdruck meiner Verehrung zu vermitteln, da ich erst nach Beendigung der begonnenen und mir so gut bekommenen Kur die Ehre haben werde, dem König zu schreiben. Meine Gesundheit ist mir im Augenblick nur deshalb so bedeutungsvoll, weil Eure Königliche Hoheit mir die Gnade erweist, sich dafür zu interessieren, und so bin ich freilich selbst um ihre Erhaltung besorgt. Ich bitte Sie jedenfalls um die Gewogenheit, hiervon überzeugt zu sein und dass ich mein Lebtag sein werde Ihre willfährige und gehorsame Dienerin Sophie Dorothea.«

Unterdessen begannen schon die Vorbereitungen für die Hochzeit, die am 28. November 1706 im Weißen Saal des Berliner Stadtschlosses gefeiert werden sollte. Kurfürst Georg Ludwig hatte es sich nicht nehmen lassen, die Brautausstattung für seine einzige Tochter eigens in Paris zu bestellen, denn die französische Hauptstadt war schon seit dem Mittelalter das angesagte Modezentrum Europas. Nicht ohne Stolz schrieb Großmutter Sophie am 6. November 1706 an den Preußenkönig Friedrich I.: »Hoffentlich werden Eure Majestät mit den Kleidern aus Frankreich zufrieden sein. Es sind 4 Roben, 3 Mäntel, 1 Landérienne, 2 Nachtröcke, ohne das, was hier angefertigt worden ist. Aber bei jedem Stück sind Zubehör, Kopfputz, Schuhe, Handschuhe, Pantoffeln, Hosenbänder und Fächer, bis auf Zungenschrapper und Elfenbeinmesser, womit man den Puder vom Gesicht abtut. Die Kleider sind, deucht mich, wohl gewählt, die Mantelschleppe 12 Ellen lang. Die Kronprinzessin hat alles anprobiert und sagt, sie könne darin wohl fortkommen, wenn vier Fräuleins sie tragen. Eure Majestät werden ihr wohl eine schönere Krone machen lassen als die hiesige …«

Friedrich zeigte sich von der Haute Couture für Sophie Dorothea völlig unbeeindruckt und antwortete, die Braut würde ihm genauso lieb und willkommen sein, wenn sie anstatt in den französischen Kleidern im bloßen Hemd nach Berlin käme.

Doch natürlich war eine solche Ausstattung unabdingbar. Dass »Zungenschrapper und Elfenbeinmesser« dazugehörten, macht deutlich, dass wir uns noch mitten im wasserfeindlichen Barockzeitalter befinden. Mit Ausnahme des preußischen Kronprinzen, der peinlich genau auf Sauberkeit achtete und seinen Körper täglich mit kaltem Wasser wusch, beschränkten sich die hohen Herrschaften bei ihrer Toilette im Wesentlichen auf Puder und Parfum. Während der Gebrauch von Wasser für die Reinigung noch bis ins 16. Jahrhundert hinein üblich gewesen war, geriet es danach in den Verdacht, Krankheiten hervorzurufen. Das hatte mehrere Gründe. Die Badehäuser, die im Mittelalter nicht nur der

Körperhygiene, sondern auch dem (sinnlichen) Vergnügen dienten, gerieten in den schlechten Ruf, Brutstätten von Geschlechtskrankheiten zu sein. Die Schuld daran schrieb man nicht dem Sex zu, sondern dem Wasser. Man glaubte nämlich, Wasser sei in der Lage, durch die Poren in den Körper einzudringen, ihn gleichsam aufzuweichen und so für die vielfältigen Gefahren anfällig zu machen, die in Luft und Wasser lauerten. In Zeiten immer wiederkehrender Pestepidemien schien diese Vorstellung besonders bedrohlich. Trotzdem wollten natürlich auch die Menschen in Barock und Rokoko sauber sein, selbst wenn sie den Gebrauch von Wasser tunlichst vermieden. Man rieb sich das Gesicht und zum Teil auch den Körper mit parfümierten Tüchern ab, wechselte häufiger die Wäsche und puderte die Haare. Übler Geruch galt als unsauber und schädlich, aber solange er sich mit Parfum überdecken hieß, hielt man ihn für neutralisiert. Besonders geruchsempfindlich durfte die höfische Gesellschaft ohnehin nicht sein. Zwar war es in den europäischen Schlössern des 18. Jahrhunderts durchaus üblich, Nachtstühle zu benutzen, aber der Inhalt musste schließlich irgendwie entsorgt werden. Daneben existierte eine Art »Plumpsklo«-Erker, in dem man sich auf ein Brett setzte, das eine kreisförmige Öffnung besaß. Die Fäkalien gelangten in beiden Fällen vermutlich auf eine Art Misthaufen, der auch die Abfälle und Abwässer der Küche aufnahm. In Herbst- und Wintermonaten, wenn geheizt werden musste, war die Luft durch den Holzrauch noch zusätzlich verpestet. Auch Friedrich der Große hat später über die Berliner »Stickluft« geklagt.

Neue Heimat Brandenburg-Preußen

Berlin, die Residenz der Hohenzollernherrscher seit dem 15. Jahrhundert, wartete unterdessen gespannt auf die Ankunft der künftigen Kronprinzessin. Endlich würde es nach dem Tod von Sophie Charlotte wieder eine »First Lady« geben. Ob ihr die neue Heimat wohl gefiel?

Noch war von der späteren repräsentativen Pracht der Spreemetropole wenig zu sehen. Das Zentrum bildete das Berliner Stadtschloss, das während der Regierungszeit Friedrichs I. unter der Leitung des genialen Baumeisters Andreas Schlüter (1659–1714) massiv umgebaut und modernisiert wurde und nun zur großartigsten Barockresidenz in ganz Deutschland avancierte. Zumindest hinsichtlich des Herrschersitzes konnte Brandenburg-Preußen mit Großmächten wie Frankreich und Österreich Schritt halten. Während zur Spreeseite hin die alte Bebauung erhalten blieb, errichtete Schlüter zum späteren Schlossplatz und zum Lustgarten hin je eine Gebäudefront und gestaltete die Architektur des Schlosshofs (»Schlüterhofs«) im typisch »preußischen Barockstil«.

Zwischen 1695 und 1705 hatte Schlüter bereits einen ersten Berliner Repräsentationsbau errichtet, das Zeughaus, Arsenal für die Armee. Bis heute können die Masken der sterbenden Krieger bewundert werden, die den Innenhof des Gebäudes zieren.

Vor den Toren Berlins lag Schloss Charlottenburg, das Lustschloss der verstorbenen Preußenkönigin, das sich allerdings noch nicht in seiner heutigen Form präsentierte. Der erste Bau (noch ohne die krönende Kuppel), im Wesentlichen unter der Leitung von Eosander von Göthe (um

1670–1728) geplant und 1699 fertiggestellt, entsprach ganz der damaligen Mode eines zu allen Seiten frei in die Landschaft gebauten Palais, wie man es damals gerne an der Bannmeile einer Residenzstadt anlegte. Verbunden wurden Charlottenburg und Berlin durch den Tiergarten, der schon im 16. Jahrhundert als kurfürstliches Jagdrevier entstanden war.

Noch aber bestand Berlin aus mehreren Teilstädten. Erst 1709 wurden Berlin und Cölln, später auch Friedrichstadt, Friedrichswerder sowie Dorotheenstadt, durch einen königlichen Verwaltungsakt zu einer einzigen Haupt- und Residenzstadt zusammengefasst.

Allmählich wuchs auch die Einwohnerzahl. Hatten in Berlin nach den Verwüstungen des Dreißigjährigen Krieges 1648 nur noch 6000 Menschen gelebt, so war die Zahl seither kontinuierlich angestiegen, bis 1712 hatte sie sich auf 60 000 Bewohner verzehnfacht. Rund ein Viertel von ihnen waren aus Frankreich eingewanderte Hugenotten, etwa 1000 jüdischen Glaubens.

1685 widerrief Frankreichs König Ludwig XIV. das Edikt von Nantes, mit dem sein Vorgänger Heinrich IV. 1598 den Hugenotten, also den französischen Protestanten, Religionsfreiheit gewährt hatte. Daraufhin erließ der Große Kurfürst im November 1685 umgehend das Toleranzedikt von Potsdam, eine Aufforderung an die französischen Glaubensgenossen, nach Brandenburg-Preußen zu kommen und sich dort niederzulassen. Er nutzte damit die große Chance, nicht nur seinen reformierten Glaubensgenossen zu helfen, sondern auch tüchtige Neubürger ins Land zu holen. Die Hugenotten kamen in Scharen, insgesamt rund 20 000 Menschen, die erheblich dazu beitrugen, dass das vom Dreißigjährigen Krieg zerstörte Land wirtschaftlich wieder auf die Beine kam.

Zwar waren es meist die Ärmeren, die sich auf den Weg nach Brandenburg machten, während die Reicheren die wohlhabenden Niederlande ansteuerten, die ebenfalls Asyl anboten. Aber auch sie brachten nützliche Kenntnisse und Fertigkeiten mit, die dem Land bislang gefehlt hatten oder zu schwach entwickelt gewesen waren. Die Hugenotten gründeten Manufakturen zur Herstellung von Tüchern und feinerem Wollzeug, Seidenstoffen, gewirkten Teppichen, Wandteppichen und anderem mehr.

Nicht wenige Hugenotten erhielten auch eine Stellung am Hof, wie zum Beispiel Jean Philippe Rebeur, ein Lehrer des Kronprinzen Friedrich Wilhelm. Schließlich sprach die höfische Gesellschaft damals ausschließlich Französisch, da waren Muttersprachler natürlich sehr willkommen. Auch Eleonore d'Olbreuse, Sophie Dorotheas Großmutter, bekanntlich ebenfalls Hugenottin, hatte Frankreich seinerzeit aus religiösen Gründen verlassen.

Natürlich war die einheimische Bevölkerung von den französischen Flüchtlingen nicht gerade begeistert. Die Brandenburger stießen sich an der fremden Sprache, der Kleidung und den anderen Lebensgewohnheiten. Allmählich aber nahm die abwehrende Haltung ab, und die hoch motivierten und durchaus integrationsbereiten Hugenotten wurden schon bald bereitwillig als Landsleute akzeptiert.

Den Juden hingegen brachte man weitaus weniger Vertrauen entgegen, obwohl sich die vom Großen Kurfürsten verordnete Toleranz auch auf sie erstreckte, »da Wir noch der beständigen Meinung sind, dass die Juden mit ihren Handlungen Uns und dem Lande nicht schädlich, sondern vielmehr nützlich erscheinen«. Die mangelhafte Akzeptanz lag freilich auch daran, dass bis weit ins 17. Jahrhundert hinein überhaupt keine Juden in Brandenburg lebten. Erst 1671 ließ

Kurfürst Friedrich Wilhelm 50 aus Wien vertriebene jüdische Familien einwandern. So entstanden die ersten jüdischen Gemeinden in Berlin, Brandenburg und Frankfurt an der Oder. 1712 durften die Berliner Juden ihre erste Synagoge errichten.

Insgesamt hatte Brandenburg-Preußen nur 1,75 Millionen Einwohner. Doch das Kurfürstentum war kein in sich geschlossenes Land. Die einzelnen Provinzen lagen zum Teil weit auseinander und führten jeweils ein Sonderleben. Als Preußen fühlten sich die Bewohner nicht unbedingt.

Preußen selbst – das spätere Ostpreußen, begrenzt von Ostsee, Memel und Weichsel – war erst 1618 als vorerst polnisches Lehen an Brandenburg, das damals noch völlig bedeutungslose Kurfürstentum, gekommen. Niemand hätte auch nur einen Taler darauf gewettet, dass dieses Land einmal zur gefürchteten Großmacht aufsteigen würde. Der Kern des Kurfürstentums, die Mark Brandenburg, lag abseits der großen Handelsstraßen und war ein dünn besiedeltes Land ohne Bodenschätze. Selbst für die Landwirtschaft war der sandige Boden wenig ergiebig, sodass bestenfalls die Schafe dessen Erträge zu schätzen wussten. »Des Heiligen Römischen Reiches Streusandbüchse« wurde die Mark verächtlich genannt.

Nachdem der Nürnberger Burggraf Friedrich VI. 1417 von König Sigismund die kurfürstlichen Rechte erhalten hatte, regierte das Haus Hohenzollern über Brandenburg, doch die Kurfürsten fristeten ihr Leben fern von den großen Ereignissen der Geschichte. Unter Johann Sigismund (reg. 1608 – 1620) gewannen die Hohenzollern durch Erbschaft 1614 das niederrheinische Herzogtum Kleve sowie die Grafschaften Mark und Ravensberg dazu. Zwar handelte es sich dabei um wohlhabende Gebiete, aber viele Tagesreisen von der Mark

Brandenburg entfernt. Vier Jahre später kam im Osten noch Preußen dazu.

Doch genau in diesem Jahr begann der Dreißigjährige Krieg, der in Brandenburg ab 1626 verheerende Spuren hinterließ. Friedrich Wilhelm, der später den Beinamen »Großer Kurfürst« erhielt, hatte alle Hände voll zu tun, das vom Krieg geschundene Land wieder aufzubauen und in einen absolutistischen Staat umzuwandeln, dessen Institutionen auch die entfernten Landesteile enger an Berlin binden sollten.

Dass bald immer weniger von Brandenburg und schließlich nur noch von Preußen die Rede war, hatte man dem Sohn des Großen Kurfürsten zu verdanken, der sich 1701 in seiner Geburtsstadt Königsberg als Friedrich I. zum ersten König »in« Preußen gekrönt hatte. Mit der Zeit setzte es sich dann durch, von den preußischen Königen zu sprechen, obwohl das »in« erst 1772 nach der ersten polnischen Teilung auch offiziell durch ein »von« Preußen ersetzt wurde.

An den politischen und gesellschaftlichen Zuständen ihrer neuen Heimat zeigte Sophie Dorothea aber kein größeres Interesse. Sie würde künftig fast ausschließlich in der Residenzstadt Berlin leben, die der Pracht liebende Preußenkönig mit der Akademie der Wissenschaften und zahlreichen hier lebenden Künstlern und Gelehrten zu einem »Spree-Athen« gemacht hatte. Die anspruchsvolle Welfenprinzessin hoffte natürlich, dass man ihr hier ein adäquates Ambiente bieten würde.

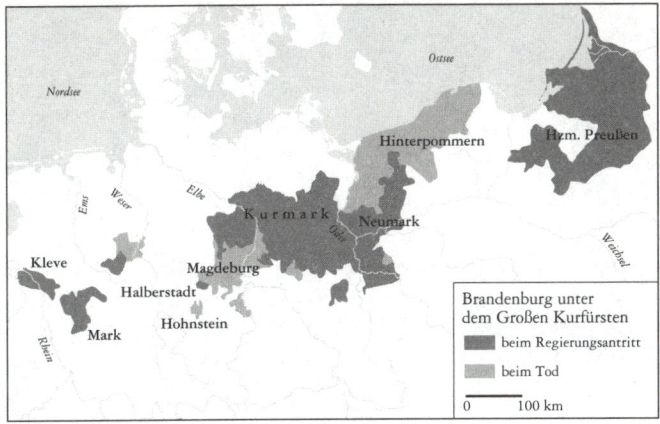

»Wann hören Sie endlich auf, mich zu quälen?« – Hass, Neid und Intrigen am Hohenzollernhof

»Ich glaube wirklich, es kann nichts Schöneres geben« – Hochzeit mit Friedrich Wilhelm

Während Sophie Dorothea noch damit beschäftigt war, ihre neue Garderobe anzuprobieren, die nach langer Wartezeit endlich in Hannover eingetroffen war, rüstete man sich an der Spree ebenfalls für die Hochzeit des Kronprinzen. Wie in jeder bürgerlichen Familie wurde auch im königlichen Berliner Schloss gründlich darüber nachgedacht, was zur Feier des Tages alles auf den Tisch kommen sollte. Es sah nicht so aus, als würde jemand hungrig nach Hause gehen müssen: 640 Kälber, 100 fette Ochsen, 1102 Puten, 650 Enten und je 1000 Gänse und Tauben wurden in der Schlossküche zerlegt, gebraten und tranchiert. Schließlich sollten die Hochzeitsfeierlichkeiten mehrere Wochen dauern.

Am 27. November 1706, dem Tag vor dem großen Fest, kam Sophie Dorothea völlig erschöpft in ihrer neuen Heimat an. Das ungemütliche Herbstwetter hatte die ohnehin schon strapaziöse Reise noch beschwerlicher gemacht, und bei ihrer Ankunft in Berlin regnete es in Strömen. Der Empfang selbst war freilich grandios. Auf Anordnung des Preußenkönigs standen 104 Hofkutschen, zwei Garderegimenter und sogar die Schweizergarde in Spandau bereit, um die künftige Kronprinzessin in die Hohenzollernresidenz zu geleiten.

Am Abend des 28. November 1706 trat Sophie Dorothea

mit Friedrich Wilhelm in der Kapelle des Berliner Stadt-schlosses vor den Traualtar. Während der feierlichen Zere-monie setzte Friedrich I. seiner Schwiegertochter eigenhän-dig die Krone aufs Haupt, eine Krone, die sicherlich eigens zu diesem Anlass angefertigt worden war, so wie es sich Groß-mutter Sophie für ihre Enkelin gewünscht hatte. Unter den geladenen Gästen befand sich auch der große Philosoph Gottfried Wilhelm Leibniz, der dem königlichen Schwieger-vater der Braut schmeichelnd versicherte, mit Sophie Doro-thea werde gewiss etwas von jenem Glanz ins Berliner Schloss einziehen, den einst Königin Sophie Charlotte dort verbrei-tet hatte …

Wie mag sich die frischgebackene Kronprinzessin wohl gefühlt haben? Wahrscheinlich war sie zunächst einmal un-gemein stolz, im Mittelpunkt der Hofgesellschaft zu stehen. Da es keine Königin mehr gab, war sie nun selbst die Erste Dame am Hohenzollernhof – und das mit nur 19 Jahren! Auch die prachtvollen Feierlichkeiten, Maskenbälle und Galavorstellungen, die sich noch bis Weihnachten hinzogen, konnte sie – anders als ihr junger Ehemann – jeden Tag aufs Neue wieder genießen. Sophie Dorothea war ganz in ihrem Element. Mit ein wenig schlechtem Gewissen schrieb sie an die Großmutter nach Hannover: »Ich hätte Eurer Kurfürst-lichen Durchlaucht lange geschrieben ohne das große Feuer-werk, das mich daran hinderte. Ich glaube wirklich, es kann nichts Schöneres geben.« Und am 30. November 1706 heißt es in ihrem Brief. »Ich finde hier alles so schön, dass ich glaube, in prächtige Märchenschlösser versetzt zu sein. Ich habe übrigens alles aufschreiben lassen, was ich an Geschen-ken und Edelsteinen erhielt. Eure Kurfürstliche Durchlaucht werden ein Verzeichnis davon erhalten.« Kein Wort jedoch von ihrem Ehemann Friedrich Wilhelm, der ja künftig in ihrem Leben die Hauptrolle spielen würde. Umso mehr freute sich Sophie Dorothea über die Großzügigkeit ihres königlichen Schwiegervaters, der sie mit Juwelen und anderen Preziosen nur so überhäufte. Sie würde wohl einem »Maultier« gleichen, wenn sie den ganzen Schmuck gleichzeitig anlegen würde, schrieb sie der Großmutter: »Der König erweist mir so viel Gutes, dass ich ganz verwirrt davon bin.«

Für den jungen Kronprinzen, dem die Verschwendungssucht seines königlichen Vaters ohnehin ein Dorn im Auge war, müssen die kostspieligen Hochzeitsfeierlichkeiten eine einzige Tortur gewesen sein. Und noch schlimmer: Sophie Dorothea, die doch »seine Frau«, sein »Fiekchen« sein sollte, ging ganz in diesem luxuriösen Ambiente auf und schenkte ihm, dem Ehemann, keinerlei Aufmerksamkeit. Noch aber musste er sich vor den Hochzeitsgästen zusammenreißen und in heiterer Laune präsentieren.

Das HAUS ORANIEN-NASSAU
in den Niederlanden

Wilhelm der Schweigsame
(1533–1584)
1579 Statthalter der Niederlande

1. OO Anna von Egmont u. Büren   3. OO Charlotte v. Bourbon
2. OO Anna von Sachsen   4. OO Luise von Coligny

1.
Philipp Wilhelm
(1554–1618)

2.
Anna
(1562–1568)

2.
Moritz
(1567–1625)
1587 Statthalter
der Niederlande

3.
Luise Juliane
(1576–1644)
OO Kf Friedrich IV.
von der Pfalz
→
s. Pfalz Simmern

4.
Friedrich Heinrich
(1584–1647)
1625 Statthalter
der Niederlande
OO Amalie von
Solms-Braunfels

Luise Henriette
(1627–1667)
OO Friedrich Wilhelm
Kf von Brandenburg

Henriette
(1637–1708)
OO Johann Georg II.
von Anhalt-Dessau
(1627–1693)

Marie
(1642–1688)

Albertine
(1634–1696)

und weitere Kinder

und weitere Kinder

Friedrich I.
(1656–1713)
1701 Kg in Preußen
OO Sophie Charlotte
von Hannover
(1668–1705)

Leopold I.
(1676–1747)
der „Alte Dessauer"

Wilhelm II.
(1626–1650)
1647 Statthalter der Niederlande
OO Maria Stuart
Tochter Karls I.
von England

Wilhelm III.
(1650–1702)
1672 Statthalter der Niederlande
1689 Kg von England
OO Maria II. Stuart

Der »*Alte Dessauer*«

Vor der prachtvollen Kulisse des festlich geschmückten Berliner Schlosses hatte es zunächst den Anschein, als sei der Start in die junge Ehe tatsächlich gelungen. Aus Hannover schrieb Sophie an den Preußenkönig: »Gott wolle ihn doch recht bald zum Großvater machen, woran in Berlin, wie ich höre, bereits Tag und Nacht gearbeitet wird.« Woher Sophie diese pikanten Informationen hatte oder ob sie nicht vielleicht doch eher ihrem Wunschdenken entsprachen, entzieht sich leider unserer Kenntnis.

Nicht alle Hochzeitsgäste teilten den Jubel um die Ehe des Kronprinzen mit Sophie Dorothea. Unter ihnen war sogar ein enger Freund Friedrich Wilhelms, Leopold von Anhalt-Dessau (1676–1747), den man später den »Alten Dessauer« nannte. Leopold teilte mit dem preußischen Kronprinzen die Vorliebe für alles Militärische. 1693 war der Fürst von Anhalt-Dessau in die Dienste der brandenburgisch-preußischen Armee getreten und hatte schon bald durch die gelungene Einführung einer damals noch unbekannten systematischen Truppenausbildung frühen Ruhm geerntet. Seitdem verband ihn mit Friedrich Wilhelm eine enge »Männerfreundschaft«, die weit über das Militärische hinausreichte. Ihm schenkte der junge Preuße sein volles Vertrauen. Aus diesem Grund hatte Leopold auch fest damit gerechnet, dass der Kronprinz einmal eine seiner Nichten heiraten würde, eine Prinzessin aus dem Hause Oranien. Auch eine solche Ehe wäre »in der Familie« geblieben, denn Friedrichs Wilhelms früh verstorbene Großmutter Luise Henriette (1627–1667), die erste Gemahlin des »Großen Kurfürsten«, war eine Schwester von Leopolds

Mutter gewesen, Henriette Katharina von Nassau-Oranien
(1637 – 1708)*.

1646 hatte Luise Henriette, älteste Tochter des Statthalters
der Vereinigten Niederlande, Friedrich Heinrich von Nassau-Oranien (1584 – 1647), den Kurfürsten von Brandenburg-Preußen, geheiratet, der wie sein späterer Enkel Friedrich Wilhelm hieß. Nahezu zwanzig Jahre lang war sie viel
mehr als nur die » Frau an seiner Seite « gewesen. Mit Rat
und Tat stand sie ihrem Mann in den schwierigen Zeiten
nach dem Dreißigjährigen Krieg zur Seite, unterstützte seine
Peuplierungspolitik, wobei viele unbewohnte Landstriche
mit tüchtigen Einwanderern auch aus ihrem Heimatland
bevölkert wurden. Gleichzeitig holte der Kurfürst niederlän-
dische Experten für Garten-, Landschafts- und Kanalbau ins
Land. An die früh verstorbene Luise Henriette erinnert noch
heute Schloss Oranienburg vor den Toren Berlins, das 1651
in ihrem Auftrag von holländischen Baumeistern errichtet
wurde.

Die Verbindungen zwischen den Niederlanden und Brandenburg-Preußen waren also eng und vielfältig. Insofern
schienen die Hoffnungen des anhaltinischen Fürsten auf
eine Verbindung einer seiner Nichten mit dem Kronprinzen
keineswegs aus der Luft gegriffen. Auf Reisen durch die Niederlande hatte der junge Friedrich Wilhelm die Heimat seiner Großmutter kennengelernt und sich dort gleich » wie zu
Hause « gefühlt. Fleiß, Strebsamkeit und Geschäftstüchtig-
keit der Niederländer imponierten ihm ebenso wie die auf-
fallende Sauberkeit, die überall herrschte. Hier musste niemand durch knöcheltiefen Unrat stapfen! Und Gott – so die

---

* Henriette Katharina heiratete 1659 den Fürsten Johann Georg II. von
  Anhalt-Dessau. Aus dieser Ehe gingen zehn Kinder hervor.

Maxime der Calvinisten – war schließlich mit den Tüchtigen.

Doch es war keine Geringere als die preußische Königin Sophie Charlotte gewesen, die dem Gedanken an eine Ehe ihres Sohnes mit einer niederländischen Prinzessin ein Ende gemacht hatte. Am 27. Dezember 1704, also kurz vor ihrem Tod, schrieb sie in einem Brief an ihren Sohn, dass der Preußenkönig nie mit einer solchen Verbindung einverstanden wäre, weil die Oranier-Familie in sittlicher Hinsicht ein schlechtes Vorbild böte »und sie (die Prinzessin) zu heiraten […] schließlich [bedeute], die ganze Familie zu heiraten«.

Tatsächlich gab es ein paar unschöne Geschichten, die man am niederländischen Hof lieber verschwieg, auch wenn sie schon einige Zeit zurücklagen. Das erste »schwarze Schaf« der Familie war Prinzessin Anna (1544–1577) gewesen, die Tochter des Kurfürsten Moritz von Sachsen. 1561 hatte Anna den Statthalter der Niederlande Wilhelm von Oranien-Nassau (1533–1584) geheiratet, jenen Mann, dem die Vereinigten Niederlande die Unabhängigkeit von Spanien verdankten. Doch Wilhelm trug seinen Beinamen »der Schweigsame« offenbar nicht zu Unrecht. Viel hatten sich die Eheleute wohl nicht zu sagen. Schon nach kurzer Zeit mehrten sich die Gerüchte, dass die Ehe des Statthalters gescheitert sei, auch wenn Anna mehrere Kinder zur Welt gebracht hatte. 1568 trennte sie sich – zunächst informell – von ihrem Gemahl und begann schon bald eine Affäre mit ihrem juristischen Berater, dem Notar Jan Rubens (1530–1587), Vater des berühmten Malers Peter Paul Rubens. Als Anna 1572 ein Kind zur Welt brachte, Tochter Christina, war das Maß voll. Der gehörnte Ehemann Wilhelm ließ Jan Rubens verhaften und einkerkern, woraufhin Anna in schweren Depressionen versank und mit nur 33 Jahren als gebrochene Frau starb.

Diese Geschichte war an den europäischen Höfen vielleicht schon in Vergessenheit geraten, eine andere dafür noch umso präsenter: Marie von Oranien (1642 – 1688), die jüngste Schwester von Luise Henriette und Henriette Katharina, hatte während ihrer Ehe mit dem Pfalzgrafen Ludwig Heinrich Moritz von Simmern ein Liebesverhältnis mit ihrem Oberstallmeister begonnen. Dieser Herr hieß Kasimir Kolbe zu Wartenberg (1643 – 1712) und hatte in der Zwischenzeit eine beachtliche Karriere am Hohenzollernhof gemacht. Von ihm wird später noch ausführlich die Rede sein.

Seitdem Leopold von Anhalt-Dessau wusste, dass Königin Sophie Charlotte ihrem Sohn die Ehe mit einer der Oranier-Prinzessinnen madig gemacht hatte, war er auf die Damen aus Hannover nicht mehr gut zu sprechen. Das bekam auch Kronprinzessin Sophie Dorothea bald schmerzlich zu spüren. Der »Alte Dessauer« wurde einer ihrer schärfsten Kontrahenten am Hohenzollernhof. Als Fürst Leopold 1747 starb, meinte sie nur lakonisch: »Es hätte mich innig erfreut, wenn er mindestens zwanzig Jahre früher gestorben wäre.«

Nicht immer »artig« – die Wutausbrüche des Kronprinzen

Es ist natürlich kaum zu beweisen, es hat aber sehr wohl den Anschein, dass es Leopold von Anhalt-Dessau darauf anlegte, in Friedrich Wilhelm eine heftige Eifersucht auszulösen. Seitdem der Kronprinz mit seinem »Fiekchen« vor den Traualtar getreten war, ärgerte er sich ohnehin maßlos über seine kapriziöse Gemahlin, die nichts als Schmuck und elegante Kleidung im Kopf zu haben schien. Und während sie sich ihm gegenüber äußerst spröde und abweisend gab – vielleicht beherzigte sie ja noch immer den Rat der Raugräfin, vielleicht tat sie es aber auch aus voller Überzeugung –, scherzte und lachte sie mit den anderen männlichen Hochzeitsgästen, ließ sich kleine Komplimente machen und flirtete mit jedem, der ihr ein paar schmeichelhafte Worte zu sagen wusste. Es wird ein Leichtes für Leopold gewesen sein, Misstrauen und Eifersucht seines Freundes weiter anzustacheln. Auf jeden Fall war die Ehe erst wenige Tage alt, als es zu ersten ernsthaften Spannungen und erregten Szenen kam.

Es war typisch für den aufbrausenden Friedrich Wilhelm, dass er mit seiner eifersüchtigen Reaktion gleich übers Ziel hinausschoss. Für den Hofball, der am 6. Dezember 1706 im Berliner Schloss gefeiert wurde, hatte sich Sophie Dorothea ganz besonders hübsch gemacht. Sie trug nicht nur ein elegantes Kleid aus der Pariser Kollektion, sondern hatte sich mit einer »Fontange-Frisur« auch die Haare »auf Französisch« aufgesteckt. Diese Mode kam aus Versailles und war eine Kreation von Marie-Angelique de Fontanges (1661 – 1681), einer der Mätressen Ludwigs XIV., gewesen. Während eines Jagdausflugs war ihre Haarpracht bei stürmischem Wetter zerzaust worden, sodass ihr keine andere Wahl blieb, als das Haar auf dem Kopf hochzubinden. Nachdem der König angedeutet hatte, dass er das ganz reizvoll finde, beeilten sich alle Damen am Hof, die »Fontange-Frisur« zu imitieren. In Frankreich war diese Haartracht zwar schon längst nicht mehr »en vogue«, im fernen Berlin aber immer noch beliebt, auch bei Kronprinzessin Sophie Dorothea.

Offenbar war es gerade dieser kokette Kopfputz, der das sprichwörtliche Fass zum Überlaufen brachte. Kronprinz Friedrich Wilhelm hasste ohnehin alles, was aus Frankreich kam, die Sprache, das gezierte Gehabe, die auffällig zur Schau getragene Pracht und natürlich auch die elegante Mode.

Tagelang hatte er mitansehen müssen, wie sich sein »Fiek-chen« immer mehr in ein frankophiles Luxusweibchen ver-wandelte, jetzt aber verlor er die Beherrschung. Wutentbrannt griff Friedrich Wilhelm zur Schere und schnitt Sophie Doro-thea eigenhändig die schönen kastanienbraunen Haare ab, damit sie sie nicht mehr »auf Französisch« tragen konnte.

Sophie Dorothea selbst hat zu diesem brutalen Übergriff nie ein Wort verloren, dabei muss sie sich doch ungemein gedemütigt gefühlt haben. Schließlich hatte sie nichts ande-res getan als die anderen Hofdamen auch! Auf jeden Fall be-kam die Kronprinzessin einen ersten Eindruck davon, was Friedrich Wilhelm von »seiner Frau« verlangte: Sie sollte ein Geschöpf sein, das in allem so dachte und handelte wie er selbst. Doch Sophie Dorothea hatte nicht die geringste Lust, sich ihrem Gemahl vollkommen zu unterwerfen, das lag nicht in der Natur der stolzen Welfin. Sie musste nur noch einen Weg finden, wie sie möglichst unbehelligt ihren eige-nen Interessen nachgehen konnte.

Während man am Hohenzollernhof allmählich wieder zur Tagesordnung überging, machte die unglaubliche Geschichte von der zerstörten Fontange-Frisur auch in Hannover die Runde. Gottfried Wilhelm Leibniz, Philosoph, Hofbiblio-thekar und Gesandter, der in diplomatischen Diensten zwi-schen Berlin und Hannover hin- und herpendelte, hatte Großmutter Sophie natürlich brühwarm von dem skanda-lösen Verhalten des Kronprinzen berichtet. Doch die Kur-fürstinwitwe sympathisierte ganz klar mit ihrem preußischen Enkel und hatte nur wenig Mitleid mit Sophie Dorothea. In ihrem Brief vom 8. Dezember 1706 heißt es lediglich: »Leib-niz schreibt mir, dass der Kronprinz Ihnen das schöne Haar hat abschneiden lassen; hoffentlich haben Sie noch genug, um sich frisieren zu lassen ...«

Oft glaubt man, dass die Damen zu dieser Zeit ohnehin Perücken getragen hätten, aber das war keineswegs der Fall. So musste Sophie Dorothea sich zumindest vorübergehend mit einer eher schlichten Frisur begnügen – ganz so, wie es dem Kronprinzen gefiel.

Trotzdem kehrte im Berliner Schloss keine Harmonie ein. Als Treskow, der Adjutant Friedrich Wilhelms, wenig später in Hannover zu Gast war und von Sophie zum Tee eingeladen wurde, gab er freimütig zu, der Prinz sei zwar im Allgemeinen »artig gegen seine Prinzessin«, aber keineswegs immer. Leider wissen wir nicht, was sich damals genau am Hohenzollernhof zugetragen hat, doch die Briefe, die Sophie Dorothea in dieser Zeit schrieb, lassen einen dramatischen Ehekrieg erahnen. Offenbar plante Friedrich Wilhelm nach nur wenigen Wochen, sich wieder von Sophie Dorothea zu trennen, er glaubte wohl, berechtigten Anlass zur Eifersucht zu haben, möglicherweise aufgehetzt von seinem Freund Leopold. Anscheinend verkehrte das junge Paar vorübergehend nur noch schriftlich miteinander. In einem undatierten Brief, der ganz offensichtlich aus der ersten Zeit dieser Ehe stammt, schreibt die Kronprinzessin: »Ihr Brief, mein Herr, überrascht mich so sehr, dass ich Sie schon um Aufklärung bitten muss … Ich kann Eurer Königlichen Hoheit versichern, dass ich mir nicht des allergeringsten Vergehens gegen Sie bewusst bin und dass ich, seit ich die Ehre habe, Ihre Gattin zu sein, jedwede Achtung und jedwedes zarte Gefühl für Sie hege, das eine Frau von Anstand für ihren Gatten zu hegen hat. Ich hoffe aufrichtig, dass Eure Königliche Hoheit sich von all dem falschen und so ganz und gar grundlosen Verdacht lossagt, und es geht nicht an, dass Sie sagen, Sie hätten Grund zur Klage, ich muss schon darauf bestehen, dass Sie mir endlich den Gegenstand dieser Klagen mitteilen.

Was den Ehering angeht, den Sie mir vor Gott in seinem Hause und in aller Öffentlichkeit gegeben haben, so muss er schon vor der gleichen Öffentlichkeit zurückgegeben werden, wenn er durchaus zurückgegeben werden soll …«

Und wenig später schreibt sie: »Ich bin erschrocken über das, was Sie von mir denken … ich weiß nicht, ob ich Sie bitten soll, heute Abend zurückzukehren. Denken Sie in Gottes Namen an den Eid, immer zurückzukehren! Ich weiß nicht, ob Bitten noch etwas ausrichten können, glauben Sie mir aber, dass mir an meinem Leben nichts liegt … Sie verbittern es mir allzu sehr, als dass ich ihm nachtrauern sollte. Ich bitte Sie trotzdem, kehren Sie zurück! Sie werden sehen, was der Kummer hat ausrichten können …«

Sophie Dorothea hatte ihre erste Lektion gelernt. Koste es, was es wolle, sie durfte ihren cholerischen Gemahl auf keinen Fall verärgern, sondern musste zumindest den Anschein wahren, als würde sie sich ihm völlig unterwerfen.

Vielleicht hätte eine verständnisvolle Schwiegermutter zwischen den verfeindeten Eheleuten vermitteln können. So aber war Sophie Dorothea ganz auf sich allein gestellt. Was sollte sie bloß tun, wenn Friedrich Wilhelm sie nach einer Szene rasender Eifersucht einfach stehen ließ, anstatt das klärende Gespräch mit ihr zu suchen?

Das kurze Leben des Prinzen von Oranien

Nachdem die wochenlangen Feierlichkeiten endlich beendet waren, fuhr das Kronprinzenpaar in die »Flitterwochen«, wobei das Ziel Sophie Dorothea überhaupt nicht behagte, Friedrich Wilhelm dafür umso mehr: Schloss Wusterhausen. Der Preußenkönig hatte es seinem Sohn geschenkt, als dieser erst zehn Jahre alt war. Schon rein äußerlich handelte es sich um ein eher düsteres, einstöckiges Gebäude, an dessen Vorderfront sich ein dicker Turm befand. Eigentlich glich es eher einem Bauerngut als einem Schloss und war daher für Friedrich Wilhelm eine willkommene Alternative zum höfischen Prunk in Berlin. Hier konnte er seiner Leidenschaft, der Jagd, nachgehen und das Leben ganz nach seinen persönlichen Vorstellungen gestalten. Die Räume waren einfach gehalten, es gab keine überflüssigen Gegenstände, dafür blank gescheuerte Tische und Holzschemel, die sich gut sauber halten ließen – ganz anders als die mit Samt und Seide bezogenen Lehnstühle im Berliner Stadtschloss.

Sophie Dorothea aber, die das glamouröse Ambiente an der Spree so sehr genossen hatte, war tief enttäuscht und fühlte sich schon allein durch den Anblick der kargen Inneneinrichtung beleidigt. Abgesehen davon, langweilte sie sich hier zu Tode. Es gab keine Bälle, keine Empfänge, keine musikalischen Darbietungen, nichts. Während der junge Gemahl zur Jagd ging, blieb Sophie Dorothea nichts anderes übrig, als ein wenig mit ihren Hofdamen zu plaudern. Auch das trübe winterliche Wetter wird ihre Stimmung nicht gerade gebessert haben.

Doch die Kronprinzessin hatte eine weitere Lektion gelernt. Hier auf Wusterhausen musste sie unbedingt gute Miene zum bösen Spiel machen und durfte sich keinesfalls über die »bäuerliche« Atmosphäre, die das Schloss prägte, beschweren. Erneute Wutanfälle von ihrem »Wilcke«, wie sie Friedrich Wilhelm inzwischen nannte, waren das Letzte, was sie ertragen konnte.

Trotz aller ehelichen Dramen fand »Wilcke« aber wohl Gefallen an seinem »Fiekchen«, zumindest in der Intimität des Schlafgemachs. Schon wenige Monate später – das Kronprinzenpaar war unterdessen nach Berlin zurückgekehrt – schrieb Sophie am 2. April 1707 an ihre Enkelin: »Der König schreibt mir, dass Eure Königliche Hoheit eine Krankheit haben, die ich Ihnen immer gewünscht habe und die das Einzige war, was noch an Ihrem Glück fehlte ...« Tatsächlich scheint die Schwangerschaft die Wogen der kronprinzlichen Ehe vorübergehend geglättet zu haben. Am 23. November 1707 brachte Sophie Dorothea einen gesunden Sohn zur Welt, den ersehnten Thronfolger, der nach seinem stolzen und überglücklichen Großvater auf den Namen Friedrich getauft wurde und den Titel »Prinz von Oranien« erhielt. Der Kleine schien sich bestens zu entwickeln. Übermütig schrieb der Preußenkönig am 9. Dezember 1707 an Sophie von Hannover: »Der Prinz von Oranien empfiehlt sich seiner Urgroßmutter und lässt sie wissen, dass er vom Hause Pfalz das Schießen ohne Pulver geerbt hat, namentlich von seiner Frau Urgroßmutter, die beim Spazierengehen einen ... nach dem anderen lässt – doch ich will diesen schönen Diskurs abbrechen ...«

Doch die Freude am Hohenzollernhof währte nur wenige Monate. Der kleine Prinz starb bereits am 13. Mai 1708, als sich Sophie Dorothea und Friedrich Wilhelm gerade zu einem Besuch in Hannover aufhielten. Den Sohn aber hatte das Kronprinzenpaar vertrauensvoll in der Obhut einer Amme in Berlin zurückgelassen. Schließlich gab es keinen Anlass zur Sorge um das Kind, gesundheitliche Komplikationen musste man nicht befürchten. Allerdings war die Kindersterblichkeit damals noch sehr hoch. Bis ins 18. Jahrhundert hinein erreichte nur etwa jedes zweite Kind das Jugendalter.

Der plötzliche Tod ihres Kindes traf das Kronprinzenpaar zutiefst. Sophie Dorothea aber musste mit dem fürchterlichen Schicksalsschlag allein fertig werden, denn ihr »Wilcke«

war selbst so verzweifelt, dass er sich völlig zurückzog. Tagelang versuchte er in inbrünstigem Gebet zu ergründen, warum Gott ihn so gestraft hatte, indem er ihm den Sohn und Thronfolger wieder fortnahm.

Sophie Dorothea jedoch fand keinen Trost im Gebet. Es ist möglich, dass ihr das Korsett der höfischen Etikette half, die erste schreckliche Zeit zu überstehen. Es war damals ohnehin nicht üblich, seine Trauer offen zu zeigen, wenn ein Kind starb, ganz gleich, ob in bäuerlichen, bürgerlichen oder fürstlichen Familien. Schlug der Tod zu, dann herrschte meist Sprachlosigkeit im wahrsten Sinne des Wortes. Das bedeutet keinesfalls, dass Eltern und Großeltern gefühllos reagierten, sie trugen nur ihren Kummer still für sich allein. Es war eben Gottes Wille, dem man sich demütig unterwarf, anstatt mit seinem Schicksal zu hadern. Nur so ist auch Sophies Brief zu verstehen, den sie am 29. Mai 1708 an die Berliner Enkelkinder schrieb, ohne den Tod des kleinen Prinzen auch nur mit einem Wort zu erwähnen: »Doch ist eine Erinnerung angenehmer als die andere: Jetzt, da ich in Herrenhausen bin, denke ich mit Freuden daran, dass ich Eure Königlichen Hoheiten dort gesehen habe und wie der Kronprinz so herzhaft in das rohe Fleisch einhieb …«

»Sie sprechen von Trennung …« – Fortsetzung des Ehedramas

Wie tief der Tod ihres Kindes Sophie Dorothea tatsächlich traf, konnte ihr jeder ansehen. Die Kronprinzessin, die trotz der »schönsten Taille Europas« immer ein wenig zur Korpulenz geneigt hatte, magerte innerhalb der nächsten Monate erschreckend ab. Selbst die robuste Großmutter begann sich

Sorgen um die Berliner Enkelin zu machen, meinte jedoch optimistisch, dem Übel sei mit größeren Mengen Eselsmilch beizukommen.

Unterdessen steuerte die kronprinzliche Ehekrise auf einen neuen Höhepunkt zu. Offenbar war es wieder Fürst Leopold gewesen, der dem Kronprinzen eingeflüstert hatte, Sophie Dorothea nehme es mit der ehelichen Treue nicht so genau. Er kannte Friedrich Wilhelm recht gut und wusste genau, auf welche »Knöpfe« er drücken musste, um die maßlose Eifersucht des Kronprinzen anzustacheln. Offenbar dachte Friedrich Wilhelm wieder einmal an Scheidung. Gleichzeitig kursierte am Hohenzollernhof das Gerücht, die abgemagerte Sophie Dorothea sei nicht mehr in der Lage, ein Kind zu bekommen. In einer Zeit, in der mollige Frauen dem gängigen Schönheitsideal entsprachen, konnte eine »Hopfenstange« tatsächlich leicht in den Ruf geraten, unfruchtbar zu sein. Und Kinderlosigkeit war ein geeigneter Scheidungsgrund. Womöglich hat die Kronprinzessin in ihrem niedergeschlagenen Zustand überhaupt nicht bemerkt, wie sehr sich die Atmosphäre um sie herum veränderte und sie am Hof mehr und mehr isolierte. Völlig fassungslos schrieb sie am 18. November 1708 an Friedrich Wilhelm: »Sie sprechen von Trennung. Wann werden Sie endlich aufhören, mich zu quälen? Weswegen zeigen Sie mir Ihren ganzen Hass, tun mir ein Unrecht an, das zum Himmel schreit?« Doch der Kronprinz, hin- und hergerissen zwischen seinem »Fiekchen« und den Einflüsterungen Leopolds, hüllte sich in Schweigen. Wieder kam es zu keiner klärenden Aussprache, auch wenn Sophie Dorothea immer wieder darum bat. In einem undatierten Brief aus dieser Zeit heißt es: »Ich habe gestern und heute darauf gehofft, mein lieber Wilcke, dass man mir die Tür öffnet, damit ich Sie endlich sehen kann, doch die Tür blieb verschlossen. Ich glaube daher, Sie wollen mich immer noch nicht sehen … Bitte sagen Sie mir doch, mein lieber Wilcke, was ich tun soll, ich liebe Sie doch so sehr und bin ganz Ihre Sophie Dorothea.«

Dabei kann man eigentlich davon ausgehen, dass zwischen beiden ein gewisses Vertrauensverhältnis geherrscht haben muss, ansonsten hätte Sophie Dorothea niemals einen Kosenamen wie »Wilcke« benutzt. Ihre Tante Sophie Charlotte hatte den Gemahl in ihren Briefen stets »mein lieber Kurfürst« oder »mein lieber König« genannt. Doch der Nervenkrieg ging weiter. Friedrich Wilhelm verließ Berlin und begab sich zu seinem Regiment, ohne sich von Sophie Dorothea zu verabschieden, eine üble Angewohnheit, die er auch in späteren Jahren beibehielt, wenn der Haussegen wieder einmal schief hing. Die Kronprinzessin aber konnte das eisige Schweigen, das sie umgab, kaum ertragen: »Wann hören Sie endlich auf, mich zu quälen, mir scheint, Sie sind erst zufrieden, wenn Sie mich umgebracht haben«, appellierte sie zaghaft an Friedrich Wilhelms schlechtes Gewissen.

Im Würgegriff der Wartenberg-Clique

Dutzende von Briefen ähnlichen Inhalts ermöglichen uns einen Einblick in die Seelenqual, die die junge Kronprinzessin im Herbst 1708 durchmachte. Aber Sophie Dorothea war keineswegs das einzige Opfer intriganter Machenschaften am Hohenzollernhof. Es gab eine mächtige Hofclique, die das Gerücht in die Welt gesetzt hatte, die Kronprinzessin könne keine Kinder mehr bekommen. Damit freilich wollte man weniger Sophie Dorothea selbst treffen als vielmehr ihren Gemahl, der diesen Höflingen ein Dorn im Auge war.

Eines stand nämlich fest: Der junge Friedrich Wilhelm war so ganz anders als sein Prunk liebender Vater, nämlich sachlich-nüchtern und äußerst sparsam. Schon als kleiner Junge hatte er ein »Haushaltsbuch« geführt, um den Verbleib seines Taschengeldes zu dokumentieren, das 50 Dukaten pro Monat betrug. Seit seinem achten Lebensjahr notierte der Kronprinz eine »Rechnung über meine Dukaten« – ohne dass ihn jemand dazu angehalten hätte. Im Gegenteil. Die höfische Gesellschaft machte sich über die »Marotte« des kleinen Jungen lustig, gab sich jedoch überzeugt, dass sich der »Sparsamkeitsfimmel« eines Tages auswachsen würde. Mutter Sophie Charlotte war freilich anderer Meinung. Sie zeigte sich regelrecht entsetzt über diese Seite ihres Sohnes und schrieb an ihre Hofdame Frau von Pöllnitz: »Mein Gott, geizig in so einem zarten Alter! Andere Laster kann man mit der Zeit abbauen, aber dieses wächst …« Die Preußenkönigin sollte recht behalten. Friedrich Wilhelm behielt sein »Laster« bei. Inzwischen kümmerte sich der Kronprinz nicht nur um seine eigenen Dukaten, er verschaffte sich auch einen Überblick über die Ausgaben seines königlichen Vaters. Und was er da vorfand, entsetzte ihn zutiefst! Der Inhalt der Staatsschatulle, also das Geld, das die Untertanen mit ihren Steuerzahlungen aufbringen mussten, wurde am Hohenzollernhof geradezu aus dem Fenster geworfen. Und das hatte nicht allein der Preußenkönig zu verantworten. Friedrich Wilhelm wusste nämlich sehr genau, wer tatsächlich hinter dieser Verschwendung steckte. Mit 14 Jahren war der Kronprinz zum Mitglied des preußischen Staatsrats ernannt worden und hatte seitdem genauen Einblick in die Finanzen Brandenburg-Preußens. Und so blieb ihm auch nicht das korrupte System aus Verschwendung und Schlamperei verborgen, das das Land immer tiefer in die roten Zahlen trieb.

Doch Friedrich Wilhelm war ein gehorsamer Sohn, der sich nicht anmaßte, seinen königlichen Vater zu kritisieren. Aber auch wenn er im Staatsrat nur als stiller Beobachter fungierte – die wirklich Schuldigen waren vorgewarnt.

Friedrich I. befand sich nämlich in den Klauen dieser intriganten Hofclique, ohne es wirklich zu merken. Er war schon immer viel zu gutgläubig gewesen. Im November 1697 hatte der Preußenkönig seinen langjährigen Mentor und Leitenden Minister Eberhard von Danckelmann entlassen. Der sparsame Danckelmann war schon damals Opfer einer höfischen Intrige geworden, die von der gleichen Hofpartei angezettelt worden war, die jetzt Front gegen den Kronprinzen machte. Kopf dieser Clique war der vom Oberstallmeister zum Oberkammerherrn aufgestiegene Kasimir Kolbe von Wartenberg, der nach Danckelmanns Sturz selbst den Posten des Leitenden Ministers übernahm und seitdem die einflussreichste Stellung am Hof innehatte. Wartenberg, einst in Diensten des Pfalzgrafen und dessen Gemahlin Marie von Oranien-Nassau, Tante des »Alten Dessauers«, war nach dem Tod seiner Geliebten 1688 nach Berlin gekommen und hatte hier eine steile Karriere gemacht. Königin Sophie Charlotte, die an dem Intrigenspiel gegen Danckelmann damals nicht ganz unbeteiligt gewesen war, hatte Wartenberg treffend als »Windbeutel« bezeichnet. Er besaß alle Eigenschaften eines typischen Höflings: elegant und intrigant, geschmeidig und habgierig. Er und seine Gemahlin Katharina hatten den Preußenkönig fest in ihrer Hand. Katharina, eine Bürgerliche etwas zweifelhafter Herkunft aus dem niederrheinischen Emmerich, hatte am Hohenzollernhof ebenfalls Karriere gemacht – und zwar als Mätresse Friedrichs I. Sie bewohnte sogar ein eigenes Schloss, das ihr der König zur Verfügung gestellt hatte: das erst vor wenigen Jahren neu erbaute Monbijou an der Spree, das später zu Sophie Dorotheas Refugium wurde.

Alle Barockfürsten, die damals etwas auf sich hielten, folgten dem Beispiel des »Sonnenkönigs« Ludwig XIV. und hielten sich eine Mätresse. Das gehörte gewissermaßen zum »guten Ton«. Als deutsches »Vorbild« galt August der Starke, der sich seine Gefährtinnen nach persönlicher Neigung und politischem Interesse aussuchte. So weit ging Friedrich I. nicht, aber eine Mätresse war auch für ihn unabdingbar, obwohl er noch nicht einmal erotische Gelüste verspürte. Ihm reichte es aus, mit Katharina einen täglichen Spaziergang durch den Schlosspark zu unternehmen, was die »Renommiermätresse« natürlich dazu nutzte, den Preußenkönig im Sinne ihres Gemahls zu »bearbeiten«. Im Wesentlichen ging es dabei um Geld. Wartenberg war jedenfalls im Laufe der Jahre zu einem schwerreichen Mann geworden. Seine Aufgabe bestand darin, dem König die benötigten Finanzen für die Hofhaltung zu beschaffen. Dazu zählten auch die Mittel für den Schlossumbau in Berlin und Charlottenburg einschließlich prunkvoller Innenausstattung, Möbel und Dekoration. Hinzu kamen die Kosten für das ständig anwachsende Hofpersonal, das Gardekorps, die fast ununterbrochene Folge von höfischen Festen, Musik-, Schauspiel- und Gesangsdarbietungen, für Gold und Silbergeschirr, Schmuck, teure Geschenke und vieles mehr. Pro Jahr mussten allein 80 000 Taler an Gehältern für die Angestellten des Berliner Hofstaats aufgebracht werden. Im Vergleich dazu: Ein Kutscher verdiente im Jahr 12 bis 16 Taler, eine Magd, die kochen und braten konnte, erhielt einen Lohn von acht bis zehn Talern.

Es war genau die höfische Pracht, die Sophie Dorothea so liebte. Ob sie sich jemals Gedanken darüber gemacht hat, wer das ganze Geld aufbringen musste? Es hat nicht den

Anschein, denn solcher Prunk gehörte für sie schlicht und einfach zur höfischen Repräsentation dazu.

Doch die Ausgaben stiegen immer weiter – sehr zum Missfallen des sparsamen Kronprinzen. Wartenberg aber sorgte dafür, dass immer neue Einnahmequellen erschlossen wurden, wobei er es nicht versäumte, sich auch selbst die Taschen prall zu füllen. Jetzt wurden von den Untertanen Kontributionen verlangt, Steuern auf Grund und Boden, hinzu kam die Akzise, also Zölle, die an den Stadttoren auf alle eingeführten Konsumgüter erhoben wurden und die man nun Jahr für Jahr erhöhte. Entsprechend stieg das jährliche Akziseaufkommen allein in der Residenzstadt Berlin von 1690 bis 1710 von 60 000 auf 180 000 Taler! Dazu kamen verschiedene Sondersteuern für Schlossbauten, Parkanlagen und Krönungsfeierlichkeiten. Gleichzeitig wurden sogenannte Kopfsteuern eingeführt, also jährliche Abgaben pro Kopf der Bevölkerung. Als selbst das nicht mehr ausreichte, verfiel Wartenberg auf die Idee, eine Perückensteuer zu erheben. Den Perücken folgten Stiefel, Schuhe, Strümpfe, Hüte und Hauben der Damen. Auch Kutschen und Karossen wurden besteuert, und zwar mit der Begründung, dass die Räder der Fahrzeuge das Straßenpflaster abnutzten. Alles floss in die königliche Schatulle. Am schlimmsten aber traf die Bevölkerung – gerade die ärmeren Schichten – die Salzsteuer, pro Scheffel ein ganzer Gulden. Das war für viele unerschwinglich und hatte verheerende Folgen, denn jetzt begannen die Menschen, das Fleisch zur Konservierung statt in Salz in einer Heringslake einzupökeln – woran Tausende lebensgefährlich erkrankten.

Aber nur so konnten die immensen Kosten des Berliner Hofs gedeckt werden, die im Jahr 1706 rund 30 000 Taler pro Monat betrugen. Man muss allerdings auch sagen, dass es an anderen europäischen Höfen kaum anders aussah. Auch hier war der »Sonnenkönig« das große Vorbild, dem selbst die deutschen Duodezfürsten nacheiferten.

Eine neue Königin

Die Wartenberg-Clique war natürlich bestrebt, jeglichen Einfluss des sparsamen Kronprinzen auf seinen königlichen Vater so weit wie möglich zu unterbinden – und am liebsten völlig auszuschalten. Das Gerücht, Sophie Dorothea sei unfruchtbar, war da nur ein erster Schritt. Doch es bot willkommenen Anlass, Friedrich I. dazu zu drängen, selbst noch einmal zu heiraten und für Nachwuchs zu sorgen. Wie man mit dem unbequemen Kronprinzen verfahren würde, müsse man eben so gegebener Zeit entscheiden. Zunächst aber musste man unbedingt vermeiden, dass sich Friedrich Wilhelm von Sophie Dorothea trennte und, wie es der »Alte Dessauer« wollte, eine andere heiratete. Der Kronprinz sollte völlig kaltgestellt werden. Nur darum ging es der Wartenberg-Clique.

Auf der Suche nach der passenden Braut für König Friedrich I. wurde man rasch fündig: die hübsche Sophie Luise zu Mecklenburg-Schwerin (1685 – 1735), einzige Tochter des Herzogs Friedrich, gerühmt als die »mecklenburgische Venus«. Vor allem aber war sie protestantisch, still, gehorsam und im besten Alter, ein Kind zu bekommen. Der gutmütige Friedrich ließ sich nach kurzem Zögern tatsächlich überreden und heiratete die junge Mecklenburgerin im November 1708. Jetzt musste Sophie Dorothea ihre Stellung als Erste Dame am Hof an die neue Königin Sophie Luise abtreten.

Friedrich Wilhelm war ebenfalls entsetzt über die Hochzeit seines inzwischen 51-jährigen Vaters, dessen Gesundheit schon seit Längerem Anlass zu großer Sorge gab. Doch auch diesmal übte er keinerlei Kritik an der unmöglichen Ehe und blieb der gehorsame Sohn. Ganz anders Großmutter Sophie, die überhaupt keinen Anlass sah, ein Blatt vor den Mund zu nehmen. Dass es für den Preußenkönig nach dem Tod ihrer geliebten Tochter nun eine andere Frau gab, die den Platz der Verstorbenen einnahm, empörte sie zutiefst. In einem Brief vom 23. November 1708 riet sie Sophie Dorothea, »dass Sie gut daran tun, der Königin gleich von vornherein einen gehörigen Hieb zu versetzen, denn wenn Sie sie erst groß werden lassen, wird sie Ihnen sehr lästig werden und ganz schrecklich die Oberhand gewinnen«. Und im Schreiben vom 29. Dezember 1708 heißt es nicht ohne Sophies typische Heuchelei: »Ich bin sehr in Sorge um den König, meine teure, liebwerte Tochter, immer fürchtete ich, dass die Heirat ihm nicht guttun würde; die selige Königin war davon überzeugt, dass er sich besser befand, wenn er die Nacht nicht bei ihr verbracht hatte.« Dafür hatte der Kronprinz trotz des latenten Ehedramas sicherlich mehr als eine Nacht bei seinem »Fiekchen« verbracht. Sophie Dorothea, die die Hofgesellschaft voreilig als unfruchtbar abgestempelt hatte, war erneut schwanger.

Sophie als Vermittlerin

Doch anstatt in Jubel auszubrechen, behauptete Friedrich Wilhelm nun tatsächlich, das Kind sei gar nicht von ihm. Noch immer misstraute er seinem »Fiekchen«, glaubte, sie habe womöglich das »Laster« ihrer Mutter geerbt und würde ihn mit einem anderen Mann betrügen. Wie sollte ihm

Sophie Dorothea beweisen, dass er im Irrtum war und der
»Alte Dessauer« nichts als Lügen verbreitete? Die ständigen
Vorwürfe blieben nicht ohne Folgen für die Gesundheit der
Kronprinzessin. Zu Beginn des Jahres 1709 litt Sophie Dorothea an einer fiebrigen Erkrankung und musste längere Zeit
das Bett hüten. Da kam ein Brief aus Hannover gerade recht.
Sophie war natürlich wie immer bestens über das informiert,
was sich im Berliner Stadtschloss zutrug. Voller Verständnis
für ihre Enkelin schrieb die lebenskluge Großmutter am
5. Januar 1709: »Ich fürchte indessen, Ihr Fieber kommt vom
Ärger her, denn den kann man nicht immer so überwinden,
wie ich's Ihnen wünsche. Die größten Geister sind nicht
Herr über ihren Leib, was sehr ärgerlich ist.«

Um die Kranke ein wenig aufzuheitern, fuhr Sophie fort
mit einer kuriosen Geschichte über den geistvollen Prinzen
von Condé, der ebenfalls nicht »Herr über seinen Leib« war
und offenbar unter Wahnvorstellungen litt: »Manchmal hält
er sich für eine Gans, schnattert und will gerupft werden,
dann wieder glaubt er, ein Hund zu sein, und bellt; bisweilen
hält er sich auch für einen Baum, lässt sich eine Grube aus-
heben, stellt sich hinein und will sich begießen lassen, tut
man es nicht, gerät er in Wut …«

Zum Glück beließ es Großmutter Sophie nicht bei solchen Aufmunterungsversuchen. Angesichts der schweren
Ehekrise ihrer Berliner Enkelkinder konnte sie die Hände
nicht einfach in den Schoß legen. Gewiss, sie liebte den
Kronprinzen über alles, aber sie kannte auch seine Schwä-
chen, die cholerischen Ausfälle, sein Misstrauen und die
grundlose Eifersucht. Wenn es jemanden gab, der Friedrich
Wilhelm ins Gewissen reden konnte, dann war es die liebende Großmutter.

Das war inzwischen auch Sophie Dorothea klar geworden,

auch wenn sie genau wusste, dass sie sich nicht offen über ihren schwierigen Gemahl beklagen durfte, sondern subtile Diplomatie anwenden musste. Als sich Friedrich Wilhelm gerade zu einem Besuch in Hannover aufhielt, schrieb sie am 30. April 1709 in wohlbedachten Worten an die Großmutter: »Ich empfinde seine Abwesenheit von Tag zu Tag mehr und muss gestehen, dass ich mich gar nicht mehr daran gewöhnen kann … Man kann den Prinzen nicht lieber haben als ich.« Tatsächlich war kein Wort davon wahr, aber Sophie Dorothea wusste genau, dass es exakt die Worte waren, die die Großmutter von ihr hören wollte – um sie gleich an den Enkel weiterzuleiten. Offenbar kam es in Hannover tatsächlich zu einem klärenden Gespräch zwischen den beiden, was wohl auch für Friedrich Wilhelm eine Befreiung gewesen sein dürfte. Wie seine junge Gemahlin, so hatte auch er die schwere Last des ehelichen Zerwürfnisses allein getragen und unter der unerquicklichen Situation nicht weniger gelitten als Sophie Dorothea selbst. Jetzt endlich konnte er seinem Kummer Luft machen, sich die Ratschläge und Erklärungen der Großmutter anhören – und die verfahrene Situation plötzlich in einem ganz neuen Licht sehen. Offenbar hatte Sophie gute Arbeit geleistet, denn am 4. Mai 1709 konnte sie der Enkelin berichten, der Brief habe Friedrich Wilhelm »viel Freude« bereitet: »Er ersah daraus all Ihre Liebe zu ihm und wie Sie über die lächerlichen Gefühle der Raugräfin urteilen. Ich sagte ihm auch, dass sie daran schuld gewesen ist, dass Sie ihm in Ihrer Brautzeit so kalt entgegengetreten sind. Er sagte mir, er wäre danach durch Ihr Verhalten tatsächlich zu der Annahme verführt worden, dass Sie ihn nicht liebten, fand er doch abends Ihre Tür verschlossen, und Sie hätten ihm doch nicht die geringste Freundlichkeit erwiesen, obwohl Sie schon mit ihm verlobt waren. Ich habe dies auf die Vorschrift der Raugräfin geschoben, man dürfe nicht in seinen Mann verliebt sein, aber er sähe doch nun wohl aus Ihrem Brief an mich, dass Sie ihn leidenschaftlich lieben, worüber er sehr zufrieden schien. Sein erster Eindruck hat Ihnen anscheinend Unrecht zugefügt, er hat mir bezeugt, er hätte Sie von Herzen gern … Hoffentlich sehe ich Sie nach Ihrer Niederkunft.«

Nach fast zwei Jahren schien endlich die Sprachlosigkeit überwunden, die zwischen dem Kronprinzenpaar geherrscht hatte. Vor allem Friedrich Wilhelm, der so sehr gefürchtet hatte, von seinem »Fiekchen« nicht geliebt zu werden, war nun ein wenig besänftigt. Um künftigen Missstimmigkeiten vorzubeugen, schrieb Sophie am 15. Mai 1709 noch einmal nach Berlin und betonte, dass der mitunter kratzbürstige Kronprinz es auf jeden Fall wert sei, von Herzen geliebt zu werden: »Wir schätzen Sie glücklich, einen so reizenden Prinzen zu haben. Jede Uhr geht manchmal falsch, auch wenn sie von einem guten Meister ist. Der Prinz wird das gute Geblüt nie verleugnen, aus dem er hervorgegangen ist und das hoffentlich immer die Oberhand behalten wird über die Fieberhitze, die bisweilen die Organe in Unordnung bringt.«

Geburt der Tochter Wilhelmine

Noch aber wusste niemand, ob die Krise der kronprinzlichen Ehe tatsächlich überwunden war, denn Friedrich Wilhelm kehrte von seinem Besuch bei der Großmutter nicht an die Spree zurück, sondern reiste, wie geplant, gleich zum niederländischen Kriegsschauplatz weiter, um dort seinen militärischen Pflichten nachzugehen. Die befreundeten Niederlande

drohten nämlich von den Franzosen überrollt zu werden,
eine Spätfolge des Pfälzer Erbfolgekriegs (1688–1697).

Sophies Nichte Liselotte von der Pfalz, Tochter ihres Bruders Karl Ludwig, war 1671 mit Philipp von Orléans verheiratet worden, dem Bruder des »Sonnenkönigs« Ludwig XIV.
Als nun mit dem Tod ihres Bruders, des pfälzischen Kurfürsten Karl II., 1685 das Haus Pfalz-Simmern ausstarb, machte
Ludwig XIV. fadenscheinige Erbansprüche geltend, um sich
das Land seiner deutschen Schwägerin unter den Nagel zu
reißen. So begann der Pfälzische Erbfolgekrieg, ein Ausdruck
der französischen Hegemonialpolitik, die damals ihren Höhepunkt erreichte. Um eine weitere Expansion zu stoppen,
setzte sich Wilhelm III. von Nassau-Oranien an die Spitze
der antifranzösischen Koalition, der auch der Kaiser ange-
hörte, der alte Erzrivale Frankreichs. 1689 trat Friedrich von
Brandenburg-Preußen ebenfalls in die Allianz ein, in der trü-
gerischen Hoffnung, etwas vom Besitz der Oranier erben zu
können, wenn Wilhelm III. kinderlos starb. Auch wenn sich
diese Hoffnung zerschlug, verblieb Friedrich doch weiter in
der Koalition. Zum einen war Brandenburg-Preußen von
ausländischen Subsidienzahlungen abhängig, finanziellen
Hilfsleistungen für fremde Truppen, zum anderen benötigte
Friedrich damals dringend die Unterstützung des Kaisers,
wollte er König »in« Preußen werden. So aber wurde Brandenburg-Preußen schließlich auch noch in den Spanischen
Erbfolgekrieg (1701–1714) hineingezogen, der jetzt unter
anderem auf niederländischem Boden tobte.

Während sich Friedrich Wilhelm im Heerlager befand,
brachte Sophie Dorothea im Berliner Schloss am 3. Juli 1709
ihr zweites Kind zur Welt. Sie hatte sich sehnlich gewünscht,
ihrem »Wilcke« einen »kleinen Grenadier« zu schenken,
doch es war »nur« eine Tochter: Wilhelmine, die einmal als

Markgräfin von Bayreuth berühmt werden sollte. In einem
Brief an Friedrich Wilhelm bat Sophie Dorothea für ihr
»Versagen« ausdrücklich um Entschuldigung. Doch als der
Kronprinz die Nachricht erhielt, dass sein »Fiekchen« ein
gesundes Mädchen zur Welt gebracht hatte, freute er sich
trotzdem, und Sophie Dorothea war glücklich, dass er auf
diese »Enttäuschung« so »gnädig« reagiert hatte. Auch für
den Preußenkönig war die Geburt der kleinen Enkelin ein
Lichtblick in einer Zeit, in der sein Land eine schwere Krise
durchmachen musste.

Der Sturz Wartenbergs

Während sich Sophie Dorothea um ihre neugeborene Tochter kümmerte, versank Brandenburg-Preußen immer tiefer
im Sumpf von Korruption und Misswirtschaft. Als die ostpreußische Stadt Krossen 1708 durch ein verheerendes Feuer
vernichtet worden war und 70 000 Taler für den raschen
Wiederaufbau bereitgestellt werden sollten, stellte sich heraus, dass in der zuständigen Kasse gähnende Leere herrschte.
Trotzdem gelang es Wartenberg noch mehr als zwei Jahre
lang, den Missstand vor dem König zu verbergen. Womöglich wäre es noch eine ganze Weile so weitergegangen, hätte
nicht eine schreckliche Katastrophe das ganze Ausmaß von
Chaos und Korruption in der Verwaltung ans Tageslicht
gebracht. Im eiskalten Winter 1709 wurde Ostpreußen von
einer Pestepidemie heimgesucht, der Hunderttausende zum
Opfer fielen, schätzungsweise vierzig Prozent der Gesamtbe-
völkerung. Anschließende Missernten und eine Hungersnot
taten das Ihrige, sodass die Dörfer und Städte Ostpreußens
zum Teil wie ausgestorben wirkten. Es war eine Katastrophe

biblischen Ausmaßes, die sich auch nicht vertuschen ließ, denn die Abgaben und Steuern der Bewohner, die bislang regelmäßig nach Berlin geflossen waren, blieben nun schlagartig aus. Damit aber brach das ganze System zusammen, und das Aus für Wartenberg und seine Helfershelfer war nur noch eine Frage der Zeit. Zunächst wurde Friedrich I. natürlich im Unklaren gelassen und damit beruhigt, das dringend benötigte Geld aus Ostpreußen werde schon noch eintreffen.

Friedrich Wilhelm aber, der im Spätsommer 1709 aus den Niederlanden nach Berlin zurückgekehrt war, ließ sich nicht so leicht hinters Licht führen wie sein Vater und wurde sofort aktiv. Im Januar 1710 setzte er sich mit seinem früheren Lehrer Alexander von Dohna in Verbindung, der inzwischen in seine ostpreußische Heimat zurückgekehrt war: »Ich bitte Sie, mir offenherzig den Zustand Preußens darzulegen, von dem man hier sagt, er sei nicht so jammervoll, wie man ihn darstelle. Ich erwarte von Ihnen eine richtige Aufklärung.« Dohna verheimlichte seinem früheren Schützling nichts, sodass schließlich auch der König von dem finanziellen Desaster erfuhr. Jetzt kamen nicht nur die ganzen Unzulänglichkeiten des Verwaltungssystems ans Tageslicht, sondern auch die jahrelange Unredlichkeit der ganzen Wartenberg-Clique. Damit war der Leitende Minister nicht mehr zu halten und musste im November 1710 seinen Hut nehmen. Friedrich I. verzichtete allerdings darauf, ein Untersuchungsverfahren gegen den korrupten Wartenberg einzuleiten. Er bekam sogar noch eine üppige Pension, die ihm bis zu seinem Tod 1712 ein sorgenfreies Privatleben auf seinem Gut Woltersdorf erlaubte. Seine Frau Katharina verlor jetzt ihre Stellung als königliche Renommiermätresse und musste Schloss Monbijou verlassen. Nach dem Tod ihres Mannes suchte sie vergebens ihr Glück in Paris. Von dort aus schrieb Liselotte von der Pfalz an ihre deutschen Verwandten: »Die Gräfin von Wartenberg führt ein tolles Leben. Sie hat es mit einem jungen Sachsen gehabt, der hat ihr alle Juwelen gestohlen und ist damit durchgegangen. Sie hat ihn verklagt, aber er hat geschrieben, dass er keinen Diebstahl begangen habe, denn sie hätte vor ihm einen Polen gehabt …«

Doch zurück zu Sophie Dorothea.

»Kein Anlass zu solchen Marotten …« – *erneuter Ausbruch des Ehekriegs*

Die Ruhe, die nach Wilhelmines Geburt vorübergehend in die Privatgemächer des Kronprinzenpaares eingekehrt war, erwies sich als trügerisch, auch wenn Sophie Dorothea schon wenige Monate später erneut schwanger wurde. Am 16. August 1710 brachte sie einen Sohn zur Welt, den man nach dem Kronprinzen auf den Namen Friedrich Wilhelm taufte. Schon zuvor aber muss es im Berliner Schloss erneut zu heftigen Szenen gekommen sein, deren Ursache wieder einmal in Friedrich Wilhelms grundloser Eifersucht lag. Doch Sophie Dorothea hatte inzwischen dazugelernt und glaubte zu wissen, wie sich ihr cholerischer Gemahl am besten besänftigen ließ: Sie musste ihm nur eine Liebe vorspielen, die sie überhaupt nicht verspürte, und an sein schlechtes Gewissen appellieren, indem sie ihn ihre eigene Verletztheit spüren ließ, wenn er sie wieder einmal mit Misstrauen und Eifersucht quälte. So heißt es in ihrem Brief vom 4. September 1710 schon wesentlich selbstbewusster: »Sie verharren also bei Ihrer Ansicht, dass ich nicht gerne bei Ihnen lebe, und was habe ich denn eigentlich getan, um Ihnen Anlass zu solchem Glauben zu geben? Ich liebe Sie doch und tue mein

Möglichstes, Ihnen das fühlbar zu machen – eine Liebe, die Ihre bösartigen Hirngespinste überdauern wird. Ich gebe Ihnen wahrhaftig keinen Anlass zu solchen Marotten, und ich danke Gott, dass ich mir nichts vorzuwerfen habe – es sei denn, dass ich Sie allzu sehr liebe …«

Der Ton ihrer Briefe hatte sich verändert. Sie flehte nicht mehr, sondern verteidigte sich und klagte Friedrich Wilhelm sogar offen an, »bösartige Hirngespinste« zu verfolgen. Mehr und mehr wuchs Sophie Dorothea in die Rolle der unverstandenen und ungerecht behandelten Gemahlin hinein, hatte allerdings auch allen Grund dazu. Zu den »Marotten« des Kronprinzen gehörte es bekanntlich, ohne Abschied von seinem »Fiekchen« wütend aus Berlin abzureisen, so wie am 15. September 1710. Vermutlich zog er sich grollend in seine Lieblingsresidenz Potsdam zurück. »Neun Uhr morgens. Dass Sie sich auf den Weg machen würden, ohne mich gesehen zu haben, hatte ich wohl nicht erwartet und gestehe nun, dass es mich tief kränkt, und ich weiß nicht, weswegen Sie mir zürnen«, schrieb Sophie Dorothea. »Ist es denn wirklich so, dass Sie immer etwas gegen mich haben müssen und dass ich nie auf Ihre Liebe zählen darf? Vergegenwärtigen Sie sich doch einmal den Zustand, in dem Sie mich zurückgelassen haben. Ich selbst rede nicht davon, dass Sie an meinen Lebensumständen ja doch nicht teilnehmen. In keinem Fall ahnten Sie, was Sie mir antaten, als Sie einfach so abreisten … Ach, könnten wir doch endlich friedlich zusammenleben und Sie das Schmollen sein lassen.«

Und Sophie Dorothea machte Druck: »Sie sollen wissen, dass ich Sie niemals verlassen werde«, heißt es nur einen Tag später, »ich liebe Sie trotz Ihrer Gepflogenheiten … Ich liebe Sie viel zu sehr und bin überzeugt, dass Sie Ihr Benehmen einmal bitter bereuen werden. Werden Sie mir gegenüber nie-

mals Ihre Pflicht kennen? Wo sind Ihre Versprechungen, nie
anders gegen mich zu sein? Ach, und ich muss glauben, Sie
haben eine ausgesprochene Antipathie gegen mich, und ich
wünsche mir nur, dass wir wieder wie einst zusammenleben.«

Dass Sophie Dorothea mit Nachdruck an Friedrich Wilhelms schlechtes Gewissen appellierte, erwies sich als erfolg-
reiche Strategie. Inzwischen hatte der Kronprinz seinen ungehobelten Auftritt offenbar bereut und eingesehen, dass er
seinem »Fiekchen« unrecht getan hatte. Darauf deutet zumindest Sophie Dorotheas Schreiben hin, das sie noch am
gleichen Tag verfasste: »Mit Freuden habe ich Ihren Brief
erhalten, mit Freuden, da Sie ja endlich ein wenig abgekom-
men sind von Ihren Einbildungen. Ich hoffe nun, Sie kehren
zurück und erkennen das Unrecht an, das Sie mir seit dem
ersten Tag unserer Ehe antun. Immer sagen Sie, es gäbe Menschen, die mich bei Ihnen angeschwärzt haben. Kennen Sie
aber solche Menschen, so benennen Sie sie mir endlich, und
lassen Sie sie in meiner Gegenwart die Wahrheit ihrer Be-
hauptungen beschwören.« Das hat Friedrich Wilhelm natürlich nicht getan, und auch der Name seines Freundes Leopold von Anhalt-Dessau ist in diesem Zusammenhang nie
gefallen. Doch Sophie Dorothea wusste offenbar ohnehin
Bescheid. Das gab ihr Auftrieb. In ihrem Brief vom 17. September 1710 wird ihr Ton spürbar schnippischer: »Ich bin
entzückt, dass Sie mit den gegen mich gehegten Gefühlen
aufgeräumt haben. Ich weiß, Sie bereuen den Kummer, den
Sie mir in einer Zeit angetan haben, wo Sie mich mit derlei
wohl hätten verschonen müssen [Schwangerschaft]. Von den
Kindern schreibe ich Ihnen nichts – es scheint ja sowieso,
dass sie Ihnen nicht weiter am Herzen liegen.«

Gerade mit dem letzten Satz forderte Sophie Dorothea
ihren »Wilcke« ganz bewusst heraus. Natürlich liebte der

Kronprinz seine Kinder, vor allem den erst wenige Wochen alten Sohn und mutmaßlichen Thronfolger. Als auch der kleine Friedrich Wilhelm im Juli 1711 plötzlich starb, versank sein Vater erneut in tiefen Depressionen. Er spürte die Allmacht Gottes, der ihn wieder einmal gestraft hatte, vielleicht für das Unrecht, das er seinem »Fiekchen« angetan hatte. Und doch konnte er einfach nicht aus seiner Haut.

» *Die Glocken wurden alsbald geläutet* « – die Geburt Friedrichs des Großen

Wieder stand Brandenburg-Preußen ohne künftigen Thronerben da. Zur Enttäuschung der – inzwischen abservierten – Wartenberg-Clique hatte der Preußenkönig mit seiner jungen Gemahlin kein weiteres Kind gezeugt. Und so war Sophie Luise bald ins Abseits geraten. Die Hofgesellschaft spottete über ihre Königin, die zwar als »mecklenburgische Venus« gerühmt wurde, in ihrer ganzen Art jedoch recht unbeholfen wirkte. In ihrer Einsamkeit suchte Sophie Luise zunehmend Trost in der Religion und zog sich in ihre eigene Welt zurück, zu der kein anderer Zugang hatte. Als ihr Verhalten allmählich wahnhafte Züge annahm, ging auch Friedrich I. endgültig auf Distanz. Am 27. Mai 1711 konnte Sophie von Hannover in einem Brief an ihre Berliner Enkelin die Schadenfreude kaum verbergen: »Mich deucht, Eure Königin ist beim König nicht mehr in Gunst.« Und am 15. November 1711 schrieb sie voller Häme: »Hoffentlich hat sie nicht die Milzsucht* wie alle Fanatiker.«

---

* Trübsinn und Schwermut. Laut der Vier-Säfte-Lehre des Hippokrates war »schwarze Galle« der Auslöser.

Doch am Hohenzollernhof konnte man wieder Hoffnung schöpfen, denn Sophie Dorothea erwartete ihr inzwischen viertes Kind. Am 24. Januar 1712 erblickte nämlich der Sohn das Licht der Welt, der einmal als Friedrich der Große Geschichte schreiben sollte. »Sonntag Morgen nach der Predigt, da man eben in der Predigt um eine glückliche Genesung der Kronprinzessin wegen herannahender Geburtsstunde gebeten hatte, genas sie zwischen elf und zwölf Uhr ihres dritten Prinzen«, meldete das Hofjournal. »Seine Majestät hatten sich eben an die Tafel gesetzt, aber weilen kurz darauf der Königliche Leibmedicus, der Herr Hofrat Gundelsheim, die fröhliche Zeitung von der Geburt eines Sohnes gebracht, wurde Seine Majestät vor Freuden darüber so sehr alterieret, dass sie mit Tränen in den Augen sich alsbald zur Kronprinzessin hinübertragen ließen und hernachmals nichts essen konnten. Die Glocken wurden alsbald geläutet und alle Stücke von den Wällen gelöset. Auf den Abend war bei Seiner Königlichen Hoheit, dem Kronprinzen, eine kleine Réjouissance [beschwingtes Musikstück] angestellet.«

Der kleine Fritz, wie der Sohn in der Familie genannt wurde, war ein ausgesprochen zartes Kind, das auch in den nächsten Monaten häufiger kränkelte. Doch er erwies sich als zäh. Am 12. September 1712 konnte Sophie Dorothea ihrem Gemahl voller Stolz berichten: »Fritz hat gerade erst seinen ersten Zahn bekommen.«

Durch die Geburt von vier Kindern hatte sich Sophie Dorotheas Position am Hof spürbar gefestigt, auch wenn zwei Söhne frühzeitig gestorben waren. Aber das lag eben in Gottes Hand. Mochte ihre Ehe auch alles andere als harmonisch sein – die Kronprinzessin erfüllte ihre wichtigste Pflicht und rückte Schritt für Schritt wieder in die Position der preußischen First Lady vor.

Die Weiße Frau am Hohenzollernhof – Tod Friedrichs I.

Königin Sophie Luise spielte in der höfischen Gesellschaft inzwischen überhaupt keine Rolle mehr. Immer häufiger hatte sie Anfälle religiösen Wahnsinns, die sich in verschiedener Weise äußerten, von völliger Apathie bis zu hysterischem Schreien und Toben. Zuletzt musste sie unter strengste Bewachung gestellt werden und durfte ihre Gemächer nicht mehr ohne Begleitung verlassen. Weil es auch dem Preußenkönig gesundheitlich immer schlechter ging, bemühten sich Ärzte und Höflinge, den katastrophalen Zustand Sophie Luises so gut wie möglich vor ihm zu verbergen. Offenbar ahnte er gar nicht, wie schlimm es in Wirklichkeit um seine Gemahlin stand. Und so hatte die letzte Begegnung mit der Königin verheerende Folgen.

In einer Nacht zu Beginn des Jahres 1713 gelang es Sophie Luise irgendwie, ihren Bewachern zu entkommen. Heimlich verließ sie ihr Bett und irrte, lediglich bekleidet mit einem langen weißen Nachthemd, durch die dunklen Flure des Berliner Schlosses. Dabei stieß sie anscheinend gegen eine Glastür und zog sich mehrere Schnittwunden zu. Plötzlich stand sie blutüberströmt in den Gemächern des Preußenkönigs, der soeben in einem Sessel eingeschlafen war. Nun aber wurde er aus dem Schlaf gerissen, erblickte die unheimliche Gestalt und glaubte in diesem Moment, die »Weiße Frau« sei gekommen. Die »Weiße Frau« war gewissermaßen das »Hausgespenst« der Hohenzollern, das angeblich immer kurz vor dem Tod eines Familienmitglieds auftauchte, um das bevorstehende Ende anzukündigen. Zuletzt war das 1688 geschehen, und kurz nach der Erscheinung starb Friedrich Wilhelm, der »Große Kurfürst«.

Auf diese Weise wird wohl auch Sophie Dorothea von der unheimlichen Todesbotin erfahren haben, die angeblich schon seit Jahrhunderten im Berliner Schloss ihr Unwesen trieb. Der Sage nach handelte es sich um den Geist der Kunigunde von Orlamünde, die in der ersten Hälfte des 14. Jahrhunderts auf der Plassenburg bei Kulmbach gelebt hatte. Man hatte ihr unterstellt, dass sie sich nach dem Tod ihres Gemahls in den Burggrafen von Nürnberg verliebt und, um für ihn frei zu sein, ihre Kinder umgebracht hatte. Zur Strafe sei Kunigunde nach ihrem Ableben zu einem ruhelosen Dasein als Hausgespenst verurteilt worden, »ursprünglich an der Orlandischen Plassenburg haftend, die in den Besitz der Hohenzollern überging, ist sie mit ihnen nach Brandenburg und in das Schloss zu Cölln* an der Spree übergesiedelt, wo der Spuk seine Gläubigen gefunden hat bis in die hellen Zeiten des 18. Jahrhunderts hinein«. So weit der Historiker Otto Hintze.

In Wirklichkeit war Kunigunde von Orlamünde keineswegs eine skrupellose Kindermörderin, wie man es ihr unterstellt hatte. Diese Geschichte tauchte erst im 16. Jahrhundert auf, als man im Kloster Himmelskron, der Grablege derer von Orlamünde, einen Sarkophag mit zwei mumifizierten Kinderleichen entdeckte, was die Phantasie der Einwohner erheblich in Wallung brachte. Offenbar griffen damals die Hohenzollern die schaurige Geschichte auf, nachdem sie die Plassenburg nach dem Aussterben des Geschlechts Orlamünde in ihren Besitz gebracht hatten.

Doch zurück zu jener dramatischen Nacht im Januar 1713. Beim Anblick der »Weißen Frau« schrie der Preußenkönig entsetzt auf, daraufhin eilten seine Diener herbei, ris-

---

* Standort des Berliner Schlosses

sen Sophie Luise von ihm fort und brachten sie zurück in
ihre Gemächer. Sie wurde unverzüglich vom Hohenzollernhof entfernt und zurück zu ihrer Mutter nach Schwerin geschickt, wo sie bis zu ihrem Tod 1735 in geistiger Umnachtung lebte.

Natürlich erfuhr auch Sophie von Hannover von dem unheimlichen Geschehen im Berliner Schloss, denn am 11. Februar 1713 schrieb sie an Sophie Dorothea: »Seine Majestät
sollen sich erschreckt haben über die Erscheinung des Geis-
tes der Königin, anscheinend hat sie ihr Glück nicht behaupten können und wird sich vielleicht erst bei ihrer Mutter
erholen. Wenn ich offen sein soll: Der König von Preußen
hat von seiner Ehe nichts weiter gehabt als Hochzeitsfeierlichkeiten. Er würde jetzt wohl nicht böse sein, die Trauerfeier veranstalten zu können, denn sie soll ganz und gar toll
geworden sein ... Hier auf dem Holzmarkt heißt es, die Königin von Preußen sei wie rasend ...«

Friedrich I., durch ein schweres Lungenleiden ohnehin
stark geschwächt, hat sich von dem nächtlichen Schock nicht
mehr erholt und wusste: »Ich habe die Weiße Frau gesehen,
ich werde nicht besser werden.« Der Preußenkönig starb am
25. Februar 1713 im Alter von 55 Jahren, vielleicht in der
tröstlichen Hoffnung, dass sein Enkel, das kleine Fritzchen,
schon den ersten Geburtstag gefeiert hatte und damit älter
geworden war als seine früh verstorbenen Brüder. Zunächst
aber war der Thron frei für den 24-jährigen Friedrich Wilhelm I. mit Sophie Dorothea als neuer preußischer Königin
an seiner Seite. Das aber bedeutete, dass sich die Verhältnisse
am Hohenzollernhof in Kürze grundlegend ändern würden.

Hausmannskost und Kindersegen – die ersten Jahre als Königin

Hoffnungsvoller Neubeginn

Für die stolze Sophie Dorothea war die Thronbesteigung ihres Gemahls ein neuer Lebensabschnitt, der sowohl Licht als auch Schatten mit sich brachte. Natürlich empfand sie eine große Genugtuung, nunmehr preußische Königin zu sein. Aber gleichzeitig ahnte sie wohl auch, dass die Zeit der prachtvollen »Märchenschlösser« damit ein für alle Mal zu Ende ging, diese Form höfischer Repräsentation, die den alleinigen Zweck hatte, den Monarchen selbst zu erhöhen. Dafür aber war die Ehe des frischgebackenen Königspaares vorübergehend wieder in ein ruhigeres Fahrwasser geraten, auch wenn ein höfischer Beobachter damals meinte, Friedrich Wilhelm sei doch eher »ein redlicher als ein liebreicher und zärtlicher Gatte«. Gewiss, bislang war es ihm noch nicht gelungen, sein latentes Misstrauen zu überwinden, das überall den vermeintlichen Schatten eines Nebenbuhlers wähnte. Doch wie sehr Friedrich Wilhelm seinem »Fiekchen« in tiefstem Herzen vertraute, zeigt allein die Tatsache, dass er ihr für den Fall seines vorzeitigen Todes die Vormundschaft über die Kinder übertrug. Sophie Dorothea schien von diesem Vertrauensbeweis selbst überrascht gewesen zu sein, zumindest schrieb sie am 14. April 1713: »Ich bin so gerührt von der Tatsache, dass Sie mir die Vormundschaft übertragen, dass ich kaum imstande bin, Ihnen darauf zu antworten. Mein

Herz ist so dankbar für alles, was Sie mir schreiben.« Aber sie wusste auch, was ihr »Wilcke« von ihr hören wollte: »Sie sind mir so lieb und wertvoll, dass ich Tag für Tag zu Gott bete, er möge Sie mir recht lange erhalten. Sie wissen ohnehin, dass ich mich ganz Ihrem Willen unterwerfe ...«

Am 9. Mai 1713 wurde Friedrich I. in einem prächtigen Leichenbegängnis zu Grabe getragen, genau so, wie er es sich gewünscht hatte. Bereitwillig erfüllte Friedrich Wilhelm seinem Vater den letzten Willen, auch wenn ihn die hohen Kosten für das barocke Gepränge gewiss geschmerzt haben dürften. Aber Ehrfurcht und Respekt vor dem verstorbenen König hatten für den Sohn auch in diesem Fall unbedingten Vorrang. In der Hohenzollerngruft des Berliner Doms fand Friedrich I. seine letzte Ruhestätte neben Königin Sophie Charlotte, die genau wie er in einem goldenen Prunksarkophag beigesetzt worden war. Ganz Berlin hüllte sich in Schwarz. Königin Sophie Dorothea, im neunten Monat schwanger, trug eine schwarzsamtene Renaissancerobe, als sie ihrem Schwiegervater ein letztes Lebewohl sagte. Nur wenige Tage später brachte sie ihr fünftes Kind zur Welt. Es war wieder ein Mädchen, das man auf den Namen Charlotte taufte. Doch die Tochter wurde nur etwas älter als ein Jahr und starb bereits am 10. Juni 1714. Das ist auch schon alles, was man von der kleinen Prinzessin weiß.

Berlin – das »Sparta des Nordens«

Kaum waren die Beisetzungsfeierlichkeiten beendet, da zog eiserne Sparsamkeit ins Berliner Stadtschloss ein. Nachdem für Friedrich I. ein letztes Mal barocker Pomp zelebriert worden war, machte der neue Preußenkönig den berühmten

»Strich durch den Etat« – eine bislang an europäischen Höfen völlig unbekannte Maßnahme. Doch die war dringend nötig. Die verschwenderische Hofhaltung Friedrichs I. hatte einen Schuldenberg von unglaublichen 20 Millionen Talern angehäuft, und das bei einem jährlichen Budget von vier Millionen Talern.

Friedrich Wilhelm hatte längst begriffen, dass jede weitere Verschuldung Brandenburg-Preußen in den Ruin getrieben hätte. Der sparsame neue König, der schließlich schon als kleiner Junge ein »Haushaltsbuch« geführt hatte, scheute auch vor unpopulären Maßnahmen nicht zurück. Alles, was irgendwie entbehrlich war, wurde gestrichen oder verkauft: ein großer Teil der Juwelen, Kunstgegenstände, edle Pferde und prächtige Kutschen. Zudem veranlasste Friedrich Wilhelm die Entlassung aller überflüssigen Hofbeamten. Der nach Ansicht des Königs unnötige Posten des Zeremonienmeisters fiel ebenso dem Rotstift zum Opfer wie die zahlreichen Künstler und Gelehrten, die bislang am Hohenzollernhof ein und aus gegangen waren. Nur Antoine Pesne (1683–1757), der 1711 zum Hofmaler ernannt worden war, durfte bei einem jährlichen, auf die Hälfte reduzierten Salär von 1500 Talern bleiben. Schließlich war das Porträt damals ein zentrales Medium der höfischen Repräsentationskultur und diente nicht nur der (halbwegs) naturgetreuen Wiedergabe der Porträtierten, sondern auch der Manifestation ihrer gehobenen Stellung. Pesne hat in den folgenden Jahrzehnten sämtliche Mitglieder der preußischen Königsfamilie auf die Leinwand gebannt, auch wenn der König selbst dem (preiswerteren) Maler Friedrich Wilhelm Weidemann (1668–1570) den Vorzug gab.

Künftig durfte am Hohenzollernhof nur noch dann Geld ausgegeben werden, wenn es von Friedrich Wilhelm I. zuvor bewilligt worden war. Sein fortan praktizierter Grundsatz, dass die Ausgaben die Einnahmen nicht überschreiten durften, war für die europäischen Länder völlig neu und geradezu revolutionär. Er begründete jedoch ein solides preußisches Finanzwesen, das dem König sowohl innere als auch äußere Unabhängigkeit verschaffte und ihm den Ausbau einer schlagkräftigen Armee ermöglichte, für die er etwa zwei Drittel der Staatseinnahmen ausgab. Von nun an galt Friedrich Wilhelms größte Aufmerksamkeit dem brandenburgisch-preußischen Heer. Aber auch wenn er als »Soldatenkönig« in die Geschichte eingegangen ist, so trifft das nur die halbe Wahrheit. Er hat nämlich keine Angriffskriege geführt und sich lediglich zum Ziel gesetzt, dass niemand Preußen ungestraft angreifen dürfe: »Mein Wahlspruch ist, niemandem etwas anzuhaben, mir aber auch nichts gefallen zu lassen.« Auch wenn Friedrich Wilhelm I. das preußische Heer während seiner Regierungszeit von 38 000 auf 85 000 Mann vergrößerte, so bescherte er seinem Land Brandenburg-Preußen doch eine lange Zeit des Friedens, denn er erhob weder Anspruch auf fremde Länder, noch stellte er seine Soldaten, seine »lieben blauen Kinder«, gegen Geldzahlungen anderer europäischer Monarchen zur Verfügung, so wie es noch sein Vater Friedrich I. getan hatte.

Die erhebliche Zunahme der Soldaten blieb nicht ohne Auswirkungen auf das Berliner Stadtbild. Kritische Besucher, die die Spreemetropole mit dem Dresden Augusts des Starken verglichen, kamen zu dem Schluss: »Berlin gleicht nicht einer Residenz, sondern einem Heerlager an der Grenze, wo die Stärke der Bewohner in der Garnison besteht und wo der Rest der Ansiedler, Männer wie Weiber, nur dazu da ist, die Soldaten zu bedienen.«

Andere Beobachter wiederum schätzten die Sparsamkeit,

die unter Friedrich Wilhelm I. am Hohenzollernhof herrschte. Als der Frankfurter Jurist und Schriftsteller Johann Michael von Loën (1694–1776) im Jahr 1717 Berlin besuchte, war er angenehm überrascht: »Ich sehe hier einen königlichen Hof, der nichts Glänzendes und nichts Prächtiges hat als seine Soldaten. Es ist also möglich, dass man ein großer König sein kann, ohne die Majestät in dem äußerlichen Pomp und einem langen Schweif buntfarbiger, in Gold und Silber beschlagener Kreaturen zu suchen. Hier ist die hohe Kunst der Ordnung und der Haushaltskunst, wo Große und Kleine sich nach dem Exempel ihres Oberhaupts mustern lernen … Man merkt bei Hofe weder die ausschweifende Lebensart der Franzosen noch das steife und gezwungene Wesen der Deutschen, welche meinen, es ließe sich auch schön und vornehm sein, wenn sie sich schwülstig und hochmütig gebärden. Man kann also mit Recht den preußischen Hof eine Schule der Höflichkeit nennen. Es herrscht an demselben eine solch durchgängige Leutseligkeit und ein solch angenehmes Wesen, dass man öfters nicht wusste, dass ein Unterschied der Stände sei, wenn einem nicht zuweilen ein Ordensband oder ein prächtiges Gebäude in die Augen fiel … Man sieht hier keine großen Staatsperücken mit steifen Köpfen und preustigen Mienen. Man macht keine Komplimente, die nichts heißen. Man hält nichts auf törichtes Gepräng und großes Zeremoniell, welches heute fast die halbe Welt zu Komödianten macht.«

Am späten Nachmittag begab sich Friedrich Wilhelm regelmäßig ins Tabakskollegium, einen schlichten Raum im Berliner Stadtschloss, der auf holländische Art eingerichtet war. Hier traf der König mit seinen Vertrauten und wichtigsten Ratgebern zusammen, Ministern und Generälen, mit denen er auch tagsüber zu tun hatte. Bei Bier und Pfeife wurde mitunter bis nach Mitternacht über aktuelle politische Themen debattiert. Um eine vertrauensvolle Atmosphäre zu schaffen, gab es in diesem Raum keine Höflinge. Jeder zapfte sich sein Bier selbst, und wer Appetit hatte, der bediente sich an einem kleinen Büfett, auf dem in der Regel die Reste des Mittagessens aufgetischt waren.

Gegen sieben Uhr abends ging Friedrich Wilhelm meist kurz zu seinem »Fiekchen«, um der Form halber mit ihr zu speisen, kehrte jedoch schon bald zu den Herren im Tabakskollegium zurück.

Sophie Dorothea, die die frühere Prachtentfaltung am Hohenzollernhof so sehr geliebt hatte, vermisste den Glanz der »Märchenschlösser« und hasste die militärisch-nüchterne Atmosphäre, die jetzt in der Spreemetropole herrschte. Ihre Tochter Wilhelmine hat später in ihren Erinnerungen über die »neue Bescheidenheit« gespottet: »Unter Friedrich I. war Berlin das Athen des Nordens, unter Friedrich Wilhelm wurde es zum Sparta.«

Vergnügliche Feste und fröhliche Gesellschaften, die an anderen Höfen gang und gäbe waren, bildeten in Berlin die Ausnahme. Das lag freilich nicht allein an der Sparsamkeit des Preußenkönigs. Dem strenggläubigen Friedrich Wilhelm I. galten übertriebene Lustbarkeiten als sündhaft, vor allem diejenigen Veranstaltungen, bei denen sich die Damen kokett und aufreizend präsentierten. Das hatte bekanntlich auch sein »Fiekchen« schon am eigenen Leibe zu spüren bekommen. Am liebsten feierte Friedrich Wilhelm in ausschließlich männlicher Gesellschaft. Er liebte harmlose Schützen- und Kegelfeste in seinem schlichten Potsdamer »Marly«*, wie er seinen dortigen Obst- und Gemüsegarten mit feiner Ironie bezeich-

---

* Der frühere Küchengarten des Stadtschlosses befand sich dort, wo heute die Friedenskirche steht.

nete. Für Sophie Dorothea freilich und später auch für ihre Kinder war der jährliche Aufenthalt in »Marly« inmitten von Spargel-, Kohl- und Spinatbeeten ähnlich unerträglich wie der im bäuerlichen Wusterhausen.

Monbijou – Sophie Dorotheas »Schmuckkästchen«

Ein Geizhals war Friedrich Wilhelm aber keineswegs, auch wenn ihn Wilhelmine in ihren Memoiren später so dargestellt hat. So ließ er trotz aller Sparsamkeit den kostspieligen Umbau des Berliner Stadtschlosses doch noch vollenden. Allerdings verzichtete er dabei auf jeglichen Prunk im Inneren und ließ selbst die kunstvollen Deckengemälde weiß übertünchen. Sie wurden erst 1850 bei Restaurierungsarbeiten zufällig wiederentdeckt und freigelegt.

Die Repräsentationsräume blieben ohnehin so prächtig wie eh und je. Kronleuchter, Tafelservice, Wandleuchter, Spiegel und Bilderrahmen waren aus massivem Silber, sodass kein Besucher den Eindruck haben musste, im »Sparta des Nordens« gelandet zu sein.

Der persönliche Verbrauch der königlichen Familie fiel jedoch ebenfalls unter die strikten Sparmaßnahmen. Trotzdem konnte sich Sophie Dorothea nicht beklagen. Sie erhielt für ihre persönlichen Ausgaben 32 000 Taler pro Jahr, Schmuck zu Weihnachten oder andere wertvolle Gegenstände, darunter auch ein neues »Winterkleid«. In den Gemächern der Königin waren sämtliche Toiletten- und Gebrauchsgegenstände aus Gold, und während der Mahlzeiten speiste sie von silbernen Tellern, während sich der König und die Kinder mit Zinngeschirr begnügten.

Das Wichtigste aber war: Nun besaß Sophie Dorothea ein

eigenes Schloss am nördlichen Ufer der Spree – Monbijou, das ihr der königliche Schwiegervater 1711 zum Geschenk gemacht hatte, nachdem seine »Renommiermätresse« Katharina von Wartenberg in Ungnade gefallen war. Leider existiert der spätbarocke Bau heute nicht mehr; er wurde im Zweiten Weltkrieg schwer beschädigt und 1959 vollständig abgetragen. Nur eine Grünanlage, der Monbijoupark, erinnert noch an Sophie Dorotheas »Schmuckkästchen«. Anhand alter Pläne kann man sich jedoch von der Anlage, die zwischen 1703 und 1706 von Eosander von Göthe erbaut worden war, eine gewisse Vorstellung machen. Eigentlich war Monbijou zunächst als Lustschloss für Königin Sophie Charlotte gedacht, doch die entschied sich bekanntlich für Lützenburg – das heutige Schloss Charlottenburg –, wohl auch wegen der räumlichen Entfernung zum Berliner Stadtschloss.

Eosander von Göthe hatte einen eingeschossigen Bau mit sieben Flügeln errichtet, deren Fassaden mit reichen Malereien geschmückt waren. Ein idyllischer Park mit üppig bepflanzten Beeten, Terrassen und Laubengängen lud die Bewohner und ihre Gäste zum Verweilen ein.

Monbijou war Sophie Dorotheas Refugium. Hier empfing sie Diplomaten, Hof- und Staatsbeamte, aber auch Künstler und Wissenschaftler. Zum wirklichen »Schmuckkästchen« wurde das Schloss freilich erst in späteren Jahren, als die Königin nach dem Tod ihrer Mutter, der »Prinzessin von Ahlden«, 1726 über die entsprechenden Mittel verfügte. Bis dahin musste sie wohl oder übel mit gewissen Einschränkungen leben: »Im Sommer fährt die Königin insgemein gegen Abend nach Monbijou«, beobachtete der Reisende Michael von Loën bei seinem Berlinbesuch 1717. »Ein paar schlechte Kutschen mit sechs alten Pferden bespannt und ein kleiner Mohr zur Seite, das ist gewöhnlich der ganze Aufzug dieser großen Königin.« Solche »Mohren«, wie die schwarz-afrikanischen Bediensteten im 18. Jahrhundert genannt wurden, waren als exotisches Attribut an den europäischen Fürstenhöfen damals hoch geschätzt. Einerseits zeugten sie von den weitreichenden Beziehungen ihres Landes bis in den Orient und nach Afrika, andererseits erfüllten sie auch eine dekorative Funktion. In fremdländische Kleidung gehüllt, die ihr exotisches Aussehen noch unterstrich, erfüllten sie unterschiedliche Aufgaben. Entweder dienten sie als sogenannte Kammermohren in der unmittelbaren Umgebung der Fürstenfamilie, oder sie gehörten als Musiker dem Hoforchester an.

Wirklich frei war Sophie Dorothea auf ihrem Schloss Monbijou aber nicht. Friedrich Wilhelm, der ihren Hang zum Luxus nur allzu gut kannte, kontrollierte auch die Privataufwendungen seiner Gemahlin, um zu verhindern, dass sie mehr Geld als nötig ausgab. Außerdem war ihm auch ihr heimliches Laster bekannt, das Glücksspiel, das in der Hofgesellschaft überhaupt sehr beliebt war. Man spielte nicht nur, um sich die Langeweile zu vertreiben, sondern hoffte auch auf das »große Geld«, mit dem man seine Schulden begleichen konnte, was aber nur in den wenigsten Fällen gelang. Die Königin machte da keine Ausnahme. Für den Fall, dass Friedrich Wilhelm unerwartet auf Monbijou auftauchte, hatte sie stets ein paar Kaffeebohnen zur Hand, während sie die Dukaten, um die sie in Wirklichkeit spielte, klammheimlich in der Tischschublade verschwinden ließ. Doch so leicht ließ sich Friedrich Wilhelm nicht hinters Licht führen. Dass Sophie Dorothea trotz seiner strengen »Haushaltskontrolle« immer wieder Schulden machte, war neben seiner Eifersucht ein weiterer Grund für die ständigen ehelichen Auseinandersetzungen.

Selbst den Speiseplan von Monbijou nahm Friedrich Wilhelm genau unter die Lupe und stand manchmal sogar unverhofft in der Schlossküche, um nachzusehen, ob der Etat für die täglichen Mahlzeiten nicht überzogen wurde. War das der Fall, dann strich er kurzerhand die allzu kostspieligen Gerichte und verlangte, sie durch preiswertere zu ersetzen.

Dabei ging es auch im Berliner Stadtschloss am Tisch keineswegs so spartanisch zu, wie es Wilhelmine von Bayreuth in ihren Memoiren darstellt. Allerdings durften die Ausgaben für die täglichen Speisen die Summe von 33 1/3 Taler nicht übersteigen. Es war aber natürlich nicht so, dass die königliche Familie am Tisch hungern musste. Dafür liebte Friedrich Wilhelm die Tafelfreuden viel zu sehr. Anhand noch vorhandener Küchenzettel kann man unschwer erkennen, dass der Mittagstisch stets reichlich gedeckt war. Freilich gab es keine exquisiten französischen Spezialitäten, keine raffinierten Ragouts und Pasteten, sondern eher solide »Hausmannskost«: Hammelbraten mit Gurkensoße, mariniertes Rindermaul, Speckkarpfen und Hammelkarbonade, Lachs in Krabbensoße, Haschée vom Hasenklein, Teltower Rübchen und zum Nachtisch Maulbeer-Apfel-Kuchen. Dazu trank man in der Regel einen guten Rheinwein, von dem pro Person eine ganze Flasche bereitstand. Saßen fremde Besucher mit am Tisch, dann ließ Friedrich Wilhelm auch Austern, Morcheln und Trüffel servieren und kredenzte dazu einen teuren Tokajer, den er selbst ganz besonders schätzte, aber nur für besondere Gelegenheiten bereithielt: »Wollte Gott, ich könnte jeden Tag solch ein Fläschlein trinken.«

Sophie Dorothea mag bei Rindermaul und Hasenklein zwar die Nase gerümpft haben, kräftig zugelangt hat sie aber trotzdem. Die Preußenkönigin, die als junge Frau vorübergehend so mager gewesen war, dass man um ihre Gesundheit fürchten musste, legte mit den Jahren derart an Gewicht zu, dass sie nicht mehr auf einem gewöhnlichen Stuhl Platz nehmen konnte. Eigens für sie musste der Abstand der Armlehnen erweitert werden. Auch die Bilder des jungen Kronprinzen zeigen einen gut genährten Knaben, der bei Tisch gewiss nicht hungern musste.

Die Thronbesteigung Georgs I.

Im Frühsommer 1714 erreichte die preußische Königsfamilie eine traurige Nachricht. Am 8. Juni war Sophie von Hannover völlig überraschend während eines Spaziergangs durch den Großen Garten von Herrenhausen zusammengebrochen und kurz danach gestorben. Sie war fast 84 Jahre alt geworden. Bis zum Schluss hatte sich die Großmutter des Königspaares körperlicher Gesundheit und geistiger Frische erfreut und lebhaften Anteil am Leben ihrer Berliner Enkel und Urenkel genommen. Nun fand sie neben ihrem 1698 verstorbenen Gemahl in der Kapelle des alten Leineschlosses ihre letzte Ruhestätte.*

Nur zwei Tage später mussten Sophie Dorothea und Friedrich Wilhelm auch den Tod ihrer kleinen Tochter Charlotte betrauern. Es war das dritte Kind, das sie in sechs Jahren verloren hatten. Jetzt lebten nur noch Wilhelmine und

---

* Die Kapelle wurde zwar 1943 durch einen Bombenangriff zerstört, doch die Sarkophage von Sophie und Ernst August blieben unversehrt. Als man sich nach Ende des Zweiten Weltkriegs entschloss, künftig im alten Leineschloss den niedersächsischen Landtag unterzubringen, wurden die sterblichen Überreste des Kurfürstenpaares 1957 in das Mausoleum des Berggartens Herrenhausen überführt. Im Berggarten hatte die Blumenfreundin Sophie damals exotische Pflanzen anbauen lassen.

Kronprinz Friedrich, die Geschwister, die in den nächsten Jahren zum Dreh- und Angelpunkt im Leben der Preußenkönigin werden sollten. Denn der Tod ihrer Großmutter und das Ableben der englischen Königin Anna wenige Wochen später (12. August 1714) hatten Sophie Dorothea eine völlig neue Perspektive eröffnet. Jetzt nämlich wurde ihr Vater, der Kurfürst von Hannover, als Georg I. neuer König von England. So war es 1701 im *Act of Settlement* für den Fall festgelegt worden, dass die Thronerbin Sophie vorzeitig starb.

Georg I. hatte es mit seinem Umzug in den Londoner St. James Palace nicht besonders eilig. Er ließ sich mehrere Wochen Zeit, bevor er am 18. September 1714 endlich in der englischen Hauptstadt eintraf. Mit dabei waren seine Mätresse Melusine von der Schulenburg, sein Sohn Georg August sowie dessen Gemahlin Caroline, die frühere Favoritin des Preußenkönigs. Friedrich Ludwig, der kleine Sohn des nunmehrigen Thronfolgers, war jedoch in Hannover zurückgeblieben, da man ihn »bei seinem zarten Alter nicht der Meerfahrt aussetzen wollte«. Er blieb jedoch noch bis zum Tod seines Großvaters 1727 im alten Leineschloss.

Der großartige Empfang, den die Londoner ihrem neuen König bereiteten, galt weniger seiner Person als der Institution selbst. Viel wusste man über Georg I. schließlich nicht. Er war damals 54 Jahre alt, nach Ansicht mancher Zeitgenossen ein »eher schlichter und derber Mensch«, dessen Qualitäten vornehmlich auf militärischem Gebiet lagen. Die Engländer liebten den Deutschen nicht gerade, und umgekehrt war das auch nicht der Fall. Viel lieber wäre Georg als Kurfürst in Hannover geblieben, das er nun in Personalunion von London aus regieren musste, während sich vor Ort ein Gouverneur um die Amtsgeschäfte kümmerte. An der Leine hatte er ein vergleichsweise zurückgezogenes Leben geführt.

Hier in London aber würde er ständig den Augen der neugierigen Öffentlichkeit ausgesetzt sein. Dabei lag ihm der große Auftritt überhaupt nicht. Auch seine englischen Sprachkenntnisse waren eher lückenhaft, was den Kontakt zu den Untertanen zusätzlich erschwerte. Georg sprach und schrieb außer dem Deutschen nur Französisch, die Hofsprache seiner Zeit. In London hat er sich auch in den kommenden 13 Jahren nie richtig heimisch gefühlt. Sooft es ging, »floh« er zurück auf den Kontinent und besuchte sein geliebtes Hannover. Auf dem Weg dorthin ist er 1727 auch gestorben.

Weil Georg I. keine Königin mit nach England gebracht hatte, wurde seine Schwiegertochter Caroline rasch zum neuen Mittelpunkt der höfischen Gesellschaft. Sie galt nicht nur als äußerst charmant und intelligent, sondern sprach auch sehr gut Englisch, sodass sie sich viel besser in die fremde Mentalität der Inselbewohner hineindenken konnte. Dank ihres diplomatischen Geschicks gelang es ihr zudem immer wieder, zwischen ihrem Gemahl und seinem königlichen Vater zu vermitteln, deren Verhältnis sich alles andere als harmonisch gestaltete.

Ein Verlobungsring für »Fritzchen« –
Plan einer Doppelhochzeit

Die Thronbesteigung ihres Vaters hatte nicht nur dem Selbstbewusstsein Sophie Dorotheas einen enormen Auftrieb gegeben, sondern auch den Ehrgeiz der stolzen Welfin erheblich angestachelt. Sie selbst würde sich wohl oder übel damit abfinden müssen, Königin im »Sparta des Nordens« zu sein, wo »Märchenschlösser« nur noch in ihrer Erinnerung existierten. Doch zumindest ihre Kinder, Fritz und Wilhelmine,

sollten es später im Glanz der Krone einmal besser haben.
Und so reifte in Sophie Dorothea ein ambitionierter Plan.
Wenn es nach ihrem Willen ginge, dann sollte die 1709 geborene Wilhelmine eines Tages ihren zwei Jahre älteren englischen Cousin Friedrich Ludwig heiraten. Für Kronprinz
Friedrich hatte sich Sophie Dorothea dessen Schwester Amalie Sophie (geb. 1711) ausgesucht, die auch altersmäßig recht
gut zu ihm passte. Dann würde Wilhelmine eines Tages als
englische Königin in die Geschichte eingehen, und Friedrich
hätte als künftiger König von Preußen eine glamouröse Gemahlin, die ihm und dem Land alle Ehre machen würde.

Sophie Dorotheas ehrgeiziges Projekt lag tatsächlich im
Bereich des Möglichen. Heiratspolitik war an den Fürstenhöfen ohnehin Frauensache, auch wenn natürlich der Monarch als Chef des Hauses das letzte Wort hatte. Aber die
Damen sahen sich gewöhnlich schon früh nach passenden
Verbindungen um. Das geschah auch in diesem Fall, selbst
wenn die künftigen »Brautleute« kaum dem Windelalter
entwachsen waren. Sophie Dorothea wollte jedenfalls keine
Zeit verlieren und trat schon jetzt in einen regen Briefwechsel mit ihrer Schwägerin Caroline ein, der Prinzessin von
Wales. Friedrich Wilhelm hatte nichts dagegen einzuwenden
und ließ sein »Fiekchen« gewähren. Noch sah es so aus, als
würde es eine Verbindung des preußischen Königshauses mit
den Hannoveranern in der dritten Generation geben. Auch
Prinzessin Caroline befürwortete den Plan von Sophie Dorothea: Unter den Weihnachtsgeschenken, die sie im Dezember 1714 nach Berlin schickte, befand sich ein »Verlobungs-
ring« für Fritz, der aus den Haaren der kleinen Amalie
gefertigt worden war. Dabei hatte der Kronprinz noch nicht
einmal seinen dritten Geburtstag gefeiert.

»*Fritz will das Exerzieren lernen*« – die Erziehung des Kronprinzen

Inzwischen hatte Sophie Dorothea ein weiteres Kind zur Welt gebracht. Am 28. September 1714 wurde die »engelsschöne« Friederike geboren, die spätere Markgräfin von Ansbach. Nach zwei Jahren folgte Charlotte, und 1717 kam mit Karl wieder ein Sohn auf die Welt, der aber schon 1719 starb, in jenem Jahr, als Sophie – das neunte Kind – das Licht der Welt erblickte. Doch auch danach musste Sophie Dorothea noch fünfmal das Wochenbett hüten, bis die preußische Königsfamilie schließlich zehn Kinder zählte, die das Erwachsenenalter erreichten.

Auch wenn Friedrich Wilhelm bekanntlich ein strenger Vater war, der seinen Willen nicht selten mit dem Rohrstock durchzusetzen suchte, so hatte er durchaus auch eine andere, liebevolle Seite. Er fühlte sich im Kreis seiner immer größer werdenden Familie ausgesprochen wohl und nutzte jeden freien Augenblick, um mit ihr zusammen zu sein. Ansonsten ließ er den Kindern viele Freiheiten. In den ersten Lebensjahren durften Fritz und Wilhelmine – unter Aufsicht natürlich – in den Parks und Gemächern der Schlösser herumtollen, ohne dass ihnen allzu enge Grenzen gesetzt wurden.

In dieser Zeit oblag Sophie Dorothea die alleinige Verantwortung für die Kinder. Der Preußenkönig hatte in dieser Hinsicht vollstes Vertrauen zu seinem »Fiekchen« – und nicht nur, was den Nachwuchs betraf. Als er von Juli bis September 1714 eine Inspektionsreise ins zum Königreich gehörende niederrheinische Kleve und nach Preußen unternahm, übertrug er Sophie Dorothea sogar eine Art Regentschaft für den Fall, dass wichtige Angelegenheiten geklärt werden mussten.

Ebenso überließ er ihr bereitwillig die Auswahl der Gouvernanten, Lehrer und Erzieher der Kinder. Dass Sophie Dorothea großen Wert auf eine gute Ausbildung des Nachwuchses legte, war ganz in seinem Sinne, auch wenn es bei den Prinzessinnen hauptsächlich darum ging, sie möglichst vorteilhaft »unter die Haube« zu bringen.

Ein ganz anderer Fall war die Erziehung des Kronprinzen. Weil der kleine Fritz später einmal König von Preußen werden würde, war nach dem Willen des Vaters vor allem eine umfassende militärische Ausbildung unabdingbar. Das hatte zwar noch ein paar Jahre Zeit, doch Friedrich Wilhelm machte sich bereits jetzt Gedanken, weil sein »Fritzchen« ein ängstliches Kind war, das viel weinte und bei jedem Pistolenknall erschrocken zusammenzuckte. »Mein Bruder zeigte sich indessen von sehr zarter Konstitution«, heißt es in Wilhelmines Memoiren. »Seine Schweigsamkeit und sein Mangel an Lebhaftigkeit gaben zu schweren Besorgnissen Anlass.« Das beunruhigte auch Sophie Dorothea, und deshalb versuchte sie, die Furchtsamkeit des Kronprinzen vor dem König so weit wie möglich zu vertuschen. Ihr »Wilcke« sollte keinen Anlass zur Klage haben. War der König gerade nicht in Berlin, dann musste ihm Sophie Dorothea regelmäßig darüber Bericht erstatten, ob es den Kleinen gut ging und was sie so alles trieben. Inzwischen verstand es die Königin ausgezeichnet, genau das zu Papier zu bringen, was der Gemahl hören und lesen wollte. In der Regel schrieb sie, dass es den Kindern gut gehe, manchmal teilte sie ihm auch weitere Einzelheiten mit. In ihrem Brief vom 3. Januar 1714 versicherte sie: »Fritz hat versprochen, dass er nicht mehr so viel weinen will.« – Worte, die Friedrich Wilhelm mit Genugtuung gelesen haben dürfte. Doch Sophie Dorothea verschwieg auch nicht, wenn es Anlass zur Sorge gab und der kleine Kronprinz wieder einmal krank war: »Ich komme gerade aus Fritz' Zimmer«, schrieb sie am 26. Juni 1714. »Er isst zu wenig. Gundelsheim* sagt, dass das noch eine Weile so weitergehen kann.« Aber schon am 2. Juli kann die Preußenkönigin ihren »Wilcke« wieder beruhigen: »Fritz hat gut gegessen und geschlafen und hat mit mir *Etendard* gespielt, das Sie die Güte hatten, ihm zu geben.« Da das französische Wort *etendard* so viel bedeutet wie Flagge oder Standarte, wird es sich vermutlich um ein Brett- oder Kartenspiel militärischen Charakters gehandelt haben, ganz so, wie es der Vater für den Kronprinzen für sinnvoll hielt. Ob der kleine Fritz tatsächlich Freude daran hatte, sei dahingestellt, doch selbst wenn nicht, dann hätte es Sophie Dorothea auf jeden Fall für sich behalten. Sie hielt es schließlich für angebracht, ihr »Fritzchen« nur im besten Licht darzustellen, als den liebenden und gehorsamen Sohn, den sich der Preußenkönig wünschte. So auch in ihrem Brief vom 9. Juli 1714: »Fritz kommt in mein Zimmer und sagt: ›Will auch an Papa schreiben. Bitte, liebe Mama, mach doch ein lieb Kompliment an lieb Papa.‹« Während Sophie Dorothea ihre Korrespondenz im Allgemeinen auf Französisch führte, gab sie Fritzchens Gruß auf Deutsch wieder – genau so, wie es der »liebe Papa« erwartete. Tatsächlich aber legte die Königin großen Wert darauf, dass ihre Kinder das elegante Französisch sprachen, während Deutsch nur dem gemeinen Volk vorbehalten war. Auf diese Standesgrenze legte Sophie Dorothea größten Wert. Wenn Friedrich Wilhelm die Briefe las, die ihm sein »Fiekchen« schrieb, dann musste – und sollte – er den Eindruck gewinnen, der Kronprinz entwickle sich ganz nach seinen Vorstellungen: »Fritz will das Exerzieren lernen«,

---

* Andreas Gundelsheim (1668–1715), Leibarzt Friedrich Wilhelms I.

schrieb die Königin am 15. Juli 1714 und zwei Tage später:
»Ich habe die Kinder malen lassen und glaube, dass die beiden gut getroffen sind.« Vermutlich handelt es sich dabei um
das Gemälde von Antoine Pesne, das die fünfjährige Wilhelmine ganz in der Aufmachung einer erwachsenen Dame
zeigt, während Fritz mit einer Trommel dargestellt wurde,
ganz ohne Zweifel einem militärischen Attribut. Immer
wieder heißt es in Sophie Dorotheas Briefen, dass Fritz mit
Zinnsoldaten und kleinen Kanonen spiele – so wie es Friedrich Wilhelm selbst als Kind mit Vorliebe getan hatte. Doch
das war ebenso eine glatte Lüge wie die Behauptung, der
Kronprinz liebe den Religionsunterricht.

Warum machte Sophie Dorothea so etwas? Sie musste
doch genau wissen, dass sich Friedrich Wilhelm zwar freute,
wenn er solche Dinge las, aber dann umso enttäuschter war,
wenn er in Berlin das weinende »Fritzchen« sah, das Angst
vor dem Kanonendonner hatte oder sich die Seele aus dem
Leib schrie, wenn es aufs Pferd gehoben wurde, und das keinerlei Interesse am Exerzieren zeigte. Glaubte Sophie Dorothea wirklich, mit der Vorspiegelung falscher Tatsachen auf
Dauer durchzukommen?

Tatsächlich taten die Königskinder nämlich lieber das, was
die Mutter wünschte, weil es auch ihren eigenen Neigungen
entsprach. Sie kleideten sich später elegant nach französi-
schem Vorbild, liebten Lektüre und Musik und wuchsen so
allmählich in eine Opposition zu ihrem königlichen Vater
hinein, die noch verhängnisvolle Auswirkungen haben sollte.

Der Nordische Krieg

In den nächsten Jahren war Sophie Dorothea häufig mit ihren Kindern allein, denn immer wieder hielten bewaffnete Konflikte Europa in Atem, aus denen sich auch der »Soldatenkönig« nicht heraushalten konnte. Einer davon war der Nordische Krieg (1700–1721), der zunächst einmal zwischen Russland und Schweden ausgetragen wurde.

Zar Peter der Große, den Sophie Dorothea bereits als zehnjähriges Mädchen kennengelernt hatte, beherrschte zwar ein riesiges Reich, das sich vom Eismeer bis zum Kaspischen Meer erstreckte, vom Dnjepr bis nach Sibirien. Doch ihm fehlte der Zugang zum offenen Meer. Aus diesem Grund entschloss sich der Zar, die Russland vorgelagerte Ostseeküste zu erobern, die damals noch zu Schweden gehörte.

In Schweden regierte zu dieser Zeit der erst 18-jährige Karl XII. Peter glaubte daher, ein leichtes Spiel gegen den unerfahrenen jungen Monarchen zu haben. Er verbündete sich mit Schwedens alten Feinden Dänemark-Norwegen und Sachsen-Polen und eröffnete 1700 einen Krieg, mit dem er Karl XII. in die Knie zwingen wollte. Tatsächlich eroberte er 1703 zwei strategisch wichtige Provinzen an der Ostsee. Doch der Krieg ging weiter. Völlig unerwartet bezwang Karl XII. zunächst den dänischen König, dann zerschlug er bei Narwa eine Armee des Zaren. Zuletzt vertrieb er August den Starken, Kurfürst von Sachsen und König von Polen, von seinem teuer erkauften Thron und verfolgte ihn bis nach Dresden.

Nach dem Sieg über Sachsen und Dänemark trat Schwedenkönig Karl XII. mit einem neu aufgestellten Heer den Marsch gegen seinen letzten Gegner im Osten an: Russland.

Weil es nun so aussah, als wollte er Usedom besetzen und möglicherweise auch das strategisch günstig gelegene Stettin erobern, auf das Brandenburg-Preußen selbst Anspruch erhob, entschloss sich auch Friedrich Wilhelm schweren Herzens, am 1. Mai 1715 an der Seite der Verbündeten in den Nordischen Krieg einzutreten.

Schon kurz nach seiner Thronbesteigung hatte der Preußenkönig verfügt, dass Sophie Dorothea während seiner Abwesenheit als Reichsverweserin fungieren sollte: »Passiert nichts«, so die Anordnung an seine Minister, »so schreiben Sie nit … Wenn was passiert, was von großer Importanz, das soll an meine Frau gesagt und um Rat gefragt werden; sonst soll sich kein Mensch in meine Affairen melieren als die Geheimen Räte.« Und als Friedrich Wilhelm am Nordischen Krieg teilnahm, erklärte er wiederum: »Es soll meine Frau von allem gesagt und um Rat gefragt werden.« War der König nicht in Berlin, dann hielt ihn Sophie Dorothea bekanntlich regelmäßig auf dem Laufenden, nicht nur, was die Entwicklung der Kinder betraf. Ob man sie aber tatsächlich bei Angelegenheiten »von großer Importanz« um Rat fragen musste, ist nicht bekannt. Noch vertraute Friedrich Wilhelm seinem »Fiekchen« in politischen Angelegenheiten voll und ganz – was sich später grundlegend ändern sollte. Offenbar hatte er – anders als sein verstorbener Vater – keine Angst, dass sich die Königin als »Spionin Hannovers« herausstellen könnte.

War der König jedoch in Berlin, dann musste sich Sophie Dorothea völlig aus politischen Gesprächen und Entscheidungen heraushalten. »Wo die Königin von Politik zu sprechen begann«, berichtete ein höfischer Beobachter, »ist dieselbe von Seiner Majestät zu Ihro Nähzeug verwiesen worden.«

Um es gleich vorwegzunehmen: Friedrich Wilhelms Engagement im Nordischen Krieg war durchaus erfolgreich. In den Friedensverhandlungen von Stockholm (1719/20) zählte der »Soldatenkönig« zu den Siegern und erhielt mit Stettin endlich den ersehnten Zugang zur bislang schwedischen Odermündung.

Sophie Dorothea im preußischen Heerlager

Am 28. April 1715 reiste Friedrich Wilhelm I. in das von den Russen belagerte Pommern ab, wo sich die preußischen Truppen mit den sächsischen und dänischen vereinigten. Auf seinen ausdrücklichen Wunsch folgte ihm Sophie Dorothea etwa einen Monat später nach Stettin und nahm Quartier bei Antoinette Hedwig Gräfin von Borcke, der Gemahlin des Stadtkommandanten General Adrian Bernhard von Borcke*. Ganz ungewöhnlich war das nicht, auch der Große Kurfürst hatte in Kriegszeiten stets die Ehefrau in seiner Nähe wissen wollen. »Obwohl meine Mutter von Neuem schwanger war«, berichtet Wilhelmine in ihren Memoiren, »folgte sie meinem Vater auf diesem Feldzuge.« Offenbar hat sich die schlaue Wilhelmine ein wenig verrechnet. Ihre Schwester Charlotte (die man genauso nannte wie die verstorbene Prinzessin) kam nämlich am 13. März 1716 zur Welt. Nachdem Friedrich Wilhelm aber schon Ende April 1715 aus Berlin abgereist war, kann Sophie Dorothea ja wohl kaum schwanger gewesen sein, als sie ihm in der letzten Maiwoche nach

---

* Adrian Bernhard von Borcke (1668–1741), preußischer Generalfeldmarschall und enger Vertrauter Friedrich Wilhelms I.

Stettin folgte. Aber Wilhelmine liebte es ja bekanntlich, alle Ereignisse ein wenig zu dramatisieren.

Doch auch ohne Schwangerschaft folgte die Königin dem Befehl ihres Gemahls nur äußerst widerwillig. Sie hatte sich auf eine geruhsame Zeit mit ihren drei Kindern gefreut und wollte eigentlich auf Monbijou einen entspannten Frühsommer genießen. Jetzt aber musste sie ihr »Schmuckkästchen« gegen eine bürgerliche Wohnung in Stettin tauschen – und schier endlose Stunden auf ihren »Wilcke« warten. Schon ihren Empfang dürfte sich die Preußenkönigin ganz anders vorgestellt haben: »Ich weiß nicht, was seit meiner Ankunft in Stettin passiert ist«, schrieb sie am 31. Mai 1715 vorwurfsvoll an Friedrich Wilhelm. »Ich hatte gehofft, Sie zu sehen, aber jetzt warte ich schon seit zwei Tagen mit Ungeduld, und ich glaube, es werden noch mehr Tage werden, wenn Sie sich nicht doch noch daran erinnern, wer ich bin, so wie es auch andere Männer mit ihren Ehefrauen tun. Nur Sie kümmern sich nicht um mich. Ich versichere Ihnen, dass ich nicht mehr erwarte, als Sie zumindest einmal am Tag zu sehen, aber stattdessen bekomme ich noch nicht einmal einen Gruß von Ihnen. Ich fange an zu glauben, dass Lord Bolingbroke* recht hatte, als er schrieb, dass Ihre Soldaten Ihre Mätressen seien, denn seit Sie im Feld stehen, kümmern Sie sich nicht mehr um mich. Ich glaube dennoch, dass meine 3000 Rivalen Sie eine Stunde am Tag entbehren können, denn Sie werden unter den 3000 Herzen kaum so viel Zärtlichkeit finden wie in dem Herzen, das Ihnen treu ergeben ist. Fique. PS: Ich erwarte Sie morgen zum Diner. Ich habe den ganzen Tag bis

---

* Henry St John, Lord Bolingbroke (1678–1751), englischer Politiker, Staatstheoretiker und Philosoph der Aufklärung

Mitternacht auf Sie gewartet, und da ich dies schreibe, ist Mitternacht vorüber.«

Wie man sieht, ist der unterwürfige Ton früherer Briefe nun völlig verschwunden und wohldosierten Vorwürfen gewichen, freilich immer wieder verbunden mit der Beteuerung der Königin, wie sehr sie ihren Gemahl doch liebe. Wir wissen leider nicht, warum Friedrich Wilhelm sein »Fiekchen« versetzt hat, aber offenbar war es keine böse Absicht gewesen. Vielleicht hielten ihn schlicht und einfach wichtige Besprechungen davon ab. Aber am 4. Juni 1715 klagte Sophie Dorothea erneut: »Sie hatten mir versprochen, gestern zu kommen. Ich vermute, Sie wollen nun auch nicht, dass ich morgen zu Ihnen zum Diner komme. Wenn Sie Ihre Meinung geändert haben und wollen, dass ich doch komme, dann haben Sie doch die Güte, mir heute Abend Bescheid zu geben, damit ich pünktlich sein kann. Wenn Sie bei mir zu speisen wünschen, dann erwarte ich Sie mit großer Ungeduld.«

Als Friedrich Wilhelm dann tatsächlich zum Diner kam, muss es einen heftigen Streit gegeben haben, dessen Gründe wir leider nicht kennen. Hat ihm Sophie Dorothea wegen seiner nicht eingehaltenen Zusagen womöglich Vorwürfe gemacht? Oder steckte vielleicht wieder einmal Leopold von Anhalt-Dessau dahinter? Offenbar scheint der Preußenkönig nämlich eine seiner berühmt-berüchtigten Eifersuchtsattacken bekommen zu haben, ohne dass Sophie Dorothea den Grund dafür erfuhr. So schrieb sie am 5. Juni 1715: »Vier Uhr am Nachmittag. Es ist ein Wunder, dass ich Ihnen überhaupt noch schreibe. Bitte sagen Sie mir doch, mein lieber Gemahl, was Sie gegen mich haben. Ich habe Sie kaum wiedererkannt, vor allem, als Sie mir beim Verlassen meines Zimmers sagten, dass ich nach Berlin zurückkehren soll, hat mich in solche Verwirrung gestürzt, dass ich an gar nichts anderes mehr denken kann. Ich bin auf Ihren Befehl hierhergekommen und um die Freude zu haben, Sie zu sehen. Gott weiß, dass ich kein anderes Vergnügen habe, als mit Ihnen zusammen zu sein, aber ich sehe sehr wohl, dass Sie nicht mehr derselbe sind. Als ich ankam, habe ich mich darauf gefreut, Sie in die Arme schließen zu können. Ich denke an alles, was ich getan habe, um Sie zu sehen, und wenn ich das Geringste getan habe, was Euch missfällt, dann wäre ich zutiefst verzweifelt, doch ich fühle mich völlig unschuldig. Lassen Sie mich nicht länger im Ungewissen, und sagen Sie mir doch endlich, was Sie gegen mich eingenommen hat. Ihre Kälte vorhin hat mich dermaßen verärgert, dass ich überhaupt nicht weiß, warum ich Ihnen noch schreibe. Sie werden zumindest zugeben, dass ich recht hatte, als ich sagte, dass Sie mich nicht mehr lieben …«

Doch wie so oft, plagte den Preußenkönig auch diesmal wieder das schlechte Gewissen, und er lud sein »Fiekchen« für den nächsten Tag zerknirscht zum Diner ein. Noch am Abend des 5. Juni antwortete Sophie Dorothea, hocherfreut über die versöhnliche Geste: »Ich freue mich, dass Sie mich morgen zum Diner treffen wollen, und erwarte Sie voller Ungeduld … Aber ich kann vor Gott beschwören, dass ich keine Ahnung habe, warum Sie mich so kühl verlassen haben. Ich habe nachgedacht, aber nicht den geringsten Anlass in meinem Verhalten gefunden. Das Einzige, was ich will, ist Ihnen zu gefallen und meine Zärtlichkeit zu bekunden, die ich für Sie hege. Sie wissen, dass ich Sie liebe, und daran können Sie nicht zweifeln. Aber Sie lieben mich nicht mehr, denn wenn Sie mich lieben würden, dann hätten Sie mich nicht auf diese Art und Weise verlassen, wie Sie es getan haben. Wir werden uns nicht trennen, aber ich glaube, der Kummer, den Sie mir bereiten, ist so groß, dass ich daran sterben werde …« Das wollte Friedrich Wilhelm natürlich auf keinen Fall. Es hat nämlich den Anschein, als habe er beim Wiedersehen seinem »Fiekchen« auf bewährte Art und Weise bewiesen, dass er sie tatsächlich liebte. Bekanntlich wurde Sophie Dorothea in diesem Zeitraum schwanger und brachte am 13. März 1716 Tochter Charlotte zur Welt, die spätere Herzogin von Braunschweig-Wolfenbüttel und Mutter der berühmten Anna Amalia, Begründerin des Weimarer Musenhofs.

Der Preußenkönig mag kein besonders zärtlicher und einfühlsamer Ehemann gewesen sein, doch anders als die meisten europäischen Fürsten dieser Zeit ist er Sophie Dorothea ein Leben lang treu geblieben. Für andere mochte es zum guten Ton gehören, sich mit einer Mätresse zu schmücken – Friedrich Wilhelm hat sich nie für andere Frauen interessiert.

Ein schwedischer Bräutigam für Wilhelmine?

Nach der Versöhnung kehrte Sophie Dorothea zurück nach Berlin, wo die drei Kinder – Wilhelmine, Friedrich und Friederike – schon auf die Mutter warteten. Unterdessen entwickelte sich der Nordische Krieg ganz im Sinne des Preußenkönigs, zumal sich auch England der antischwedischen Koalition angeschlossen hatte. Trotz der feindlichen Übermacht wollte Karl XII. jedoch nicht aufgeben. Unterstützung fand er bei seinem raffinierten Minister Georg Heinrich von Görtz (1668–1719), der sich zum Ziel gesetzt hatte, das antischwedische Bündnis zu zerschlagen. Während sich England und Russland über die Aufteilung der Kriegsbeute stritten, versuchte Görtz, zwischen Schweden und Russland zu vermitteln und auch Brandenburg-Preußen mit ins Boot zu holen. Friedrich Wilhelm, der in der Außenpolitik nie eine wirklich klare Linie verfolgte, wollte man mit dem Versprechen ködern, das schwedische Pommern an Preußen abzutreten. Besiegelt werden sollte der Friedensschluss durch die spätere Heirat des 1682 geborenen Schwedenkönigs Karl XII. mit der preußischen Prinzessin Wilhelmine, die zu diesem Zeitpunkt noch keine sieben Jahre alt war.

Sophie Dorothea war verständlicherweise entsetzt, als sie von diesem Plan erfuhr. Er hätte das Ende ihres ambitionierten Doppelhochzeitprojekts bedeutet, das sich doch so gut angelassen hatte. Sie musste handeln, und zwar sofort! Dabei war ihr natürlich klar, dass Friedrich Wilhelm keinerlei Einmischung in politische Angelegenheiten duldete, doch Sophie Dorothea wusste einen raffinierten Ausweg. Sie setzte sich nicht selbst an den Schreibtisch, sondern veranlasste die kleine Wilhelmine, an den königlichen Vater zu schreiben – und zwar genau das, was sie ihr, geschickt aufgebaut und formuliert, in die Feder diktierte. In einem ihrer ersten eigenhändig verfassten Briefe überhaupt schrieb Wilhelmine am 29. April 1716: »Ich habe von einem auf den anderen Tag inständig gehofft, meinen lieben Papa sehen zu können, und ich war gestern sehr enttäuscht, als ich erfahren habe, dass er, anstatt hierherzukommen, nach Stettin geht … Ich nehme mir die Freiheit, meinen lieben Papa inständig zu bitten, mich nicht mit dem König von Schweden zu verheiraten, weil ich glaube, dass er mich nicht liebt, und Ärger fürchte. Wenn wir wissen, wann mein lieber Papa endlich zurückkommt, dann werden mein Bruder und ich ihn mit Trompeten und Zimbeln wie König David empfangen.«

Sollte Friedrich Wilhelm tatsächlich geglaubt haben, dass Wilhelmine diesen Brief aus eigenem Antrieb verfasst hat? Kaum anzunehmen. Dass eine Sechsjährige befürchtet, ihr potenzieller Bräutigam würde sie »nicht lieben«, wirkt doch eher lächerlich.

Aber Sophie Dorotheas Sorgen waren ohnehin unbegründet. Das Bündnis mit Schweden kam ebenso wenig zustande wie die Verlobung Wilhelmines mit Karl XII. Bei einem Überfall auf Norwegen wurde der ehrgeizige Schwedenkönig im Dezember 1718 von einer feindlichen Kugel in die rechte Schläfe getroffen und war sofort tot.

Russischer Besuch auf Schloss Monbijou

Nachdem Friedrich Wilhelm I. nun doch keinen Sonderfrieden mit Schweden geschlossen hatte, gelang es ihm noch im gleichen Jahr 1716, den russischen Zaren Peter I. für ein Bündnis zu gewinnen, um die Truppen Karls XII. gemeinsam aus Vorpommern zu vertreiben. Um die neue Freundschaft zu besiegeln, lud er den Zaren und sein Gefolge großzügig nach Berlin ein – und zwar ausgerechnet nach Monbijou, das geliebte »Schmuckkästchen« von Königin Sophie Dorothea. Sie konnte sich noch gut an das Treffen in Coppenbrügge erinnern, als der junge Peter die kleine Welfenprinzessin so herzhaft auf beide Wangen geküsst hatte! Zwanzig Jahre waren inzwischen vergangen, doch sein schlechter Ruf als »Barbar« mit ungehobelten Manieren und Hang zu alkoholischen Exzessen eilte dem Zaren noch immer voraus. Dabei hatte er sich inzwischen erfolgreich bemüht, Russland aus seiner Rückständigkeit und auf den Weg in die Moderne zu führen. Als Symbol für eine neue Zeit entstand die Hauptstadt Sankt Petersburg an der Newa. 1703 war das von den Schweden im Kriegsverlauf geräumte Areal noch ein stinkender Morast gewesen, umgeben von dichten

Wäldern, in denen Bären und Wölfe hausten. Jetzt entstand hier unter dem Einsatz zahlloser Leibeigener und mittels Zwangsabgaben der Bevölkerung eine wahre Musterstadt, in der die Schiffe an majestätischen Gebäuden wie dem Winterpalast und der Akademie der Wissenschaften auf der Newa vorbeifahren konnten. Um das Leistungsniveau im Staatsdienst zu heben, bemühte sich Peter I., die Bildung seiner Untertanen zu verbessern. Er ließ das russische Alphabet vereinfachen, förderte die Herausgabe von Lehrbüchern und ließ Hochschulen für Bergbau, Ingenieurwesen und Wehrtechnik eröffnen.

Friedrich Wilhelm mochte den raubeinigen Zaren gut leiden, ganz anders als Sophie Dorothea, die nun zur unfreiwilligen Gastgeberin der russischen Belegschaft wurde: »Der Zar, welcher gerne auf Reisen ging, kam aus Holland … Da er sich weder aus Festlichkeiten noch aus der Etikette etwas machte, ließ er den König bitten, ihn in einem Landhaus der Königin, das in einem Vorort von Berlin lag, unterzubringen«, erzählt uns Wilhelmine. »Der Königin missfiel das sehr, denn sie hatte dort ein sehr hübsches Haus bauen lassen und es prachtvoll ausgestattet. Die Porzellangalerie, die dort zu sehen war, sowie alle Spiegelzimmer waren wunderschön, und da dieses Haus als wirkliches Kleinod gelten durfte, wurde es Monbijou [mein Schmuckstück] genannt. Der reizende Garten zog sich an dem Flusse entlang, was seine Vorzüge noch erhöhte. Um dem Schaden, den die Herren Russen überall, wo sie hausten, angerichtet hatten, vorzubeugen, ließ die Königin alle Möbel und alle zerbrechlichen Dinge fortschaffen. Der Zar, seine Gemahlin und ihr ganzer Hof kamen einige Tage später auf dem Wasserweg in Monbijou an. Der König und die Königin empfingen sie am Ufer. Der König reichte der Zarin die Hand, um sie an Land zu führen. Sobald der Zar gelandet war, streckte er dem König die Hand entgegen und sagte: ›Ich freue mich, Euch zu sehen, lieber Bruder.‹ Er näherte sich dann der Königin und wollte sie umarmen, aber sie wehrte sich dagegen. Die Zarin küsste erst die Hand der Königin und tat es zu verschiedenen Malen.« Es muss Sophie Dorothea ausgesprochen schwergefallen sein, Zarin Katharina (1684–1727) mit ausgesuchter Höflichkeit zu behandeln, so wie es die Etikette von ihr verlangte. Auf der einen Seite stand sie, die stolze Welfin, deren Stammbaum bis ins frühe Mittelalter zurückreichte – und auf der anderen Seite Katharina, eine frühere litauische Dienstmagd!

Zarin Katharina hatte früher einmal Martha Skawronska geheißen. Sie war, nachdem sie schon früh ihre Eltern verloren hatte, in die Obhut eines protestantischen Pastors in Marienburg gekommen. Dort hatte sie als Dienstmagd gearbeitet, bis die Stadt 1703 von den Russen erobert wurde. Der kommandierende General hatte großen Gefallen an der bildhübschen Martha gefunden und die junge Frau zu seiner Geliebten gemacht. Das war der Beginn einer steilen »Karriere« gewesen, die schließlich im Bett des Zaren endete. Acht Jahre lang hatte die frühere Dienstmagd an der Seite Peters des Großen gelebt, bevor sie schließlich zum russisch-orthodoxen Glauben konvertierte, den Namen Katharina Alexandrejewna annahm und im Februar 1711 mit dem Zaren vor den Traualtar trat. Elf Kinder gingen aus dieser Verbindung hervor, von denen aber nur zwei überlebten, die Töchter Anna und Elisabeth.

Glaubt man Wilhelmine, dann hatte Zarin Katharina inzwischen viel von ihrer früheren Schönheit eingebüßt: »Die Zarin war klein und untersetzt, stark gebräunt und hatte weder Ausstrahlung noch Würde. Schon ihr Anblick

verriet ihre niedere Herkunft. Man hätte sie in ihrem ge-
schmacklosen Aufzug für eine deutsche Komödiantin halten
können ...« Aber etwas anderes als eine vernichtende Beurteilung der Zarin konnte man von Wilhelmine, die an niemandem ein gutes Haar ließ, wohl kaum erwarten. Doch
auch der Berliner Höfling von Pöllnitz äußerte sich wenig
schmeichelhaft über Katharina: »Ihr Benehmen hatte nichts
Anstößiges, und man war versucht, es gut zu nennen, wenn
man an ihre Herkunft dachte. Sicher hätte sie, wenn sie eine
vernünftige Person neben sich gehabt hätte, sich bilden
können, da sie großes Verlangen danach hat, alles richtig zu
machen; aber es gab nichts Lächerlicheres als die Damen
ihres Gefolges.«

Am nächsten Tag wurde für die russischen Gäste ein fest-
licher Empfang im Berliner Stadtschloss abgehalten. Lassen
wir dazu noch einmal Wilhelmine zu Wort kommen: »Ich
sah diesen ganzen Hofstaat tags darauf, als der Zar und seine
Gattin die Königin besuchten. Diese empfing sie in den
großen Empfangsräumen des Schlosses und kam ihnen bis
zum Saale der Dienst tuenden Wache entgegen. Die Königin
reichte der Zarin die Hand, ließ sie rechts gehen und gelei-
tete sie in den Audienzsaal. Der König und der Zar folgten
ihnen ... Der Zar war ziemlich gut gewachsen, sein Gesicht
war schön, aber der Ausdruck hatte etwas Raues und Furcht-
einflößendes ... Man ging endlich zu Tische, wo der Zar
neben der Königin Platz nahm ... Nach dem Bankett war
ein Ball bereit, allein er machte sich alsbald nach der Tafel
davon und ging allein zu Fuß nach Monbijou zurück. Tags
darauf zeigte man ihm alle Sehenswürdigkeiten von Berlin,
zum Beispiel das Münzkabinett und die Sammlung antiker
Statuen.«

Zwischen den Festlichkeiten fanden Zar und Preußen-

könig aber noch genügend Zeit für eine politische Unter-
redung. Als das Bündnis gegen die Schweden besiegelt
war, tauschte man Geschenke aus. Nachdem Friedrich
Wilhelm von Peter I. die Zusage bekommen hatte, ihm
55 »lange Kerls«* für seine Leibgarde aus Russland zu schicken, schenkte er ihm das legendäre Bernsteinzimmer: »Es
hatte den König Friedrich I. Unsummen gekostet«, berichtet
Wilhelmine, »ihm ward nun zum allgemeinen Bedauern das
traurige Los beschieden, nach St. Petersburg gebracht zu
werden.«

Tatsächlich hatte Friedrich I. nach seiner Krönung 1701
jene kunstvolle Arbeit in Auftrag gegeben, die später als
»Bernsteinzimmer« berühmt werden sollte. Es handelte sich
um großformatige Paneele, die zur Täfelung jenes Raumes
im Berliner Schloss dienten, der als Tabakskollegium bezeichnet wurde. Friedrich Wilhelm aber hatte nach seiner Thronbesteigung den wertvollen Wandschmuck entfernen und
auch diesen Raum weiß tünchen lassen. Für das kostbare
»Bernsteinzimmer« hatte er keine Verwendung mehr. Anders
die russischen Zaren: Ab 1755 war das Bernsteinzimmer
knapp 200 Jahre lang das Prunkstück des Katharinenpalasts
von Zarskoje Selo. 1941 von der Wehrmacht demontiert und
nach Deutschland gebracht, ist es seit dem Ende des Zweiten Weltkriegs spurlos verschwunden. Niemand weiß, ob es
überhaupt noch existiert oder womöglich bei einem Bombenangriff auf Königsberg verbrannt ist. Inzwischen aber
gibt es im Katharinenpalast eine originalgetreue Kopie.

Doch zurück in den November 1716: Als die russischen
Gäste nur zwei Tage später zurück nach St. Petersbug reisten,

---

* Keiner von ihnen durfte weniger als sechs Fuß messen, also knapp 1,90
Meter.

wird Sophie Dorothea zunächst erleichtert aufgeatmet haben: »Die Königin begab sich sogleich nach Monbijou«, schrieb Wilhelmine. »Dort herrschte die Zerstörung von Jerusalem; ich habe Ähnliches nie gesehen. Alles war derart ruiniert, dass die Königin fast das ganze Haus neu herrichten lassen musste.« Vielleicht hat Wilhelmine auch diesmal übertrieben, aber selbst wenn nicht: Mit finanzieller Unterstützung des Preußenkönigs strahlte das »Schmuckkästchen« seines »Fiekchens« schon bald wieder in altem – und neuem – Glanz.

»*Fritz schießt mit Kanonen und Gewehren*« – *Schein und Wirklichkeit*

Noch befanden sich alle preußischen Königskinder in der Obhut von Sophie Dorothea, unterstützt von mehr oder weniger kompetenten Erzieherinnen. Am 2. Mai 1717 erblickte – zur großen Freude des Königs – ein kleiner Prinz namens Karl das Licht der Welt, der aber nur zwei Jahre alt wurde.

Allmählich rückte der sechste Geburtstag des Kronprinzen heran und damit der Tag, an dem er aus den Händen seiner warmherzigen französischen Gouvernante Frau von Roucoules männlichen Erziehern übergeben wurde. Dann würde auch für ihn der »Ernst des Lebens« beginnen, auf den ihn der Vater bislang noch vergleichsweise schonend vorbereitet hatte.

Doch zum Bedauern und zur großen Sorge des Preußenkönigs machte der kleine Fritz bislang noch keine Anstalten, sich für militärische Dinge zu interessieren, auch wenn Sophie Dorothea dies in ihren Briefen zu behaupten pflegte.

Nichts half, da konnte der Vater Friedrich noch so viele Spielzeugkanonen und -soldaten schenken, die ihn selbst als Kind so begeistert hatten. Dem kleinen Sohn machte die Knallerei schlicht und einfach Angst. Doch nun dauerte es nicht mehr lange, bis Fritz wohl oder übel mit der praktischen Ausbildung beginnen musste. Nach wie vor versuchte Sophie Dorothea diesen »Makel« ihres Sohnes vor dem König zu vertuschen. So heißt es in ihrem Brief vom 14. Mai 1717 wie üblich: »Fritz übt den ganzen Tag das Exerzieren und schießt mit Kanonen und Gewehren.« Wenig später behauptet sie, der Sohn sei sowohl zur Enten- als auch zur Fuchsjagd gegangen, und am 28. Mai 1717 scheut sie selbst vor einer offensichtlichen Lüge nicht zurück: »Fritz ist so mutig, dass Sie erstaunt sein werden … Sie können sich gar nicht vorstellen, wie sehr er sich verändert hat.« Dabei zuckte der kleine Prinz noch immer bei jedem Pistolenknall und Kanonendonner zusammen.

In Wirklichkeit hatte Sophie Dorothea für »Fritzchens« Abneigung gegenüber allem Militärischen vollstes Verständnis und selbst nur wenig Interesse daran, einen künftigen »Soldatenkönig« zu erziehen, der aus Berlin auch in Zukunft ein »Sparta des Nordens« machen würde. Auf ihrem Schloss Monbijou wurde daher ein pädagogisches Kontrastprogramm abgespult. Hier förderte sie hinter dem Rücken des Königs die musischen Interessen ihres Sohnes; hier hatte Fritz später seine eigene geheime Bibliothek, von der der Vater nichts wissen durfte; hier konnte er nach Herzenslust musizieren und auch die elegante französische Kleidung tragen, die dem Preußenkönig seit jeher so verhasst war.

Bei der Wahrheit blieb Sophie Dorothea in ihren Briefen nur dann, wenn es um das gesundheitliche Befinden des kleinen Kronprinzen ging, der noch immer häufig krank war:

»Fritz hat heute in seinem Zimmer gespielt, er liegt nicht länger im Bett«, berichtet die Königin am 6. September 1717. »Achtmal musste er zur Toilette, er schläft gut, doch Appetit hat er noch immer nicht. Ich finde aber, er ist gewachsen. Wilhelmine küsst Ihnen die Hände, Friederike auch, die momentan sehr niedlich ist, und Charlotte geht an einem Laufband* …« Auch wenn Sophie Dorothea vom Wohlergehen all ihrer Kinder berichtete, so stand Fritz doch stets im Fokus des Interesses.

Eine geheimnisvolle Verschwörung am Hohenzollernhof

Doch kaum hatte der Kronprinz im Januar 1718 seinen sechsten Geburtstag gefeiert, kursierten am Hohenzollernhof schlimme Gerüchte, die Friedrich Wilhelm um Leib und Leben fürchten ließen. Planten seine engsten Freunde und Berater womöglich eine Intrige gegen ihn?

Damals tauchte in Berlin ein junger Mann auf, der sich Clement von Rosenau nannte. Niemand wusste genau, wer er wirklich war, doch es bestand offenbar kein Zweifel daran, dass es sich um einen Adligen handelte. Dafür sprachen schon allein seine geschliffenen Manieren und sein selbstsicheres Auftreten. Während die einen glaubten, der gut aussehende Fremde sei ein ungarischer Baron, hielten ihn andere für den unehelichen Sohn des Herzogs von Orléans, des Regenten von Frankreich.**

---

   * Laufgurt für Kinder
 ** Der Herzog, der 1674 geborene Philippe, war ein Sohn der Liselotte von der Pfalz und ihres Gemahls Philippe von Orléans, des Bruders Ludwigs XIV. Nach dem Tod des »Sonnenkönigs« 1715 herrschte er als

Wie man den Memoiren des Freiherrn von Pöllnitz entnehmen kann, verschaffte sich Clement von Rosenau schon bald Zugang zum Preußenkönig und schockierte ihn mit einer ungeheuren Nachricht: Es sei der Plan des Wiener und des Dresdner Hofs, Friedrich Wilhelm I. während einer Reise oder eines Aufenthalts auf Schloss Wusterhausen gefangen zu nehmen, den Kronprinzen zu kidnappen, ihn nach Wien zu bringen, katholisch erziehen zu lassen und ihn dann unter der Vormundschaft des Kaisers auf den preußischen Thron zu setzen. Diese Geschichte ist so ungeheuerlich, dass man kaum nachvollziehen kann, wie Friedrich Wilhelm darauf hereingefallen ist. Aber bekanntlich hegte er ja gegen alle möglichen Leute ein tiefes Misstrauen und verfolgte selbst sein »Fiekchen« mit grundloser Eifersucht. Doch was er nun hörte, entsetzte ihn zutiefst: Wie es hieß, war nicht nur die königliche Familie in die Verschwörung eingeweiht, sondern auch seine engsten Berater und besten Freunde Leopold von Anhalt-Dessau und Friedrich Wilhelm von Grumbkow! Der ebenso ehrgeizige wie geschmeidige Grumbkow (1678 – 1739), wie der »Alte Dessauer« ein leidenschaftlicher Soldat, hatte seine Fähigkeiten sowohl auf militärischem als auch auf diplomatischem Gebiet unter Beweis gestellt und besaß das volle Vertrauen des Preußenkönigs. Im Tabakskollegium zählte der ebenso geistreiche wie trinkfeste Grumbkow zu den regelmäßigen Gästen. Seit 1711 hatte er die Stellung des Generalinspekteurs im Generalkriegskommissariat inne, der obersten preußischen Militärverwaltungsbehörde. Friedrich

Regent über Frankreich, denn sowohl der Sohn als auch der Enkel Ludwigs XVI. waren kurz hintereinander an den Pocken gestorben. Der unmündige Urenkel Ludwig XV., zu diesem Zeitpunkt erst fünf Jahre alt, übernahm erst 1726 die Alleinherrschaft.

Wilhelm bekam es mit der Angst zu tun. Würde die preußische Armee, angeführt von zwei beliebten, erfahrenen und charismatischen Militärs, womöglich gegen ihn putschen? Stand ein Staatsstreich unmittelbar bevor? In den Memoiren von Wilhelmine heißt es, ihr Vater habe sich an Leib und Leben bedroht gefühlt und nachts nur noch mit zwei geladenen Pistolen unter dem Kopfkissen geschlafen. Es gab in seiner Umgebung niemanden, dem sich Friedrich Wilhelm hätte anvertrauen können, nicht einmal seinem »Fiekchen«, nicht seinen besten Freunden. Er war in seiner Not völlig allein.

Clement von Rosenau muss ungemein überzeugend gewirkt haben. Auf die Frage, warum er die geplante Verschwörung aufdecken wolle, antwortete er, der Grund sei seine Abneigung gegen den Katholizismus, und auch wenn er selbst noch dem alten Glauben angehöre, so plane er doch, in Kürze zu konvertieren. Außerdem verfüge er über geheime Briefe des Prinzen Eugen* und Jacob Heinrichs von Flemming, eines Vertrauten Augusts des Starken. Damit könne er beweisen, dass er nichts als die Wahrheit sage. Am nächsten Tag legte Rosenau dem König die fraglichen Briefe mit den belastenden Indizien tatsächlich vor. Damit war Friedrich Wilhelm endgültig überzeugt. Dankbar, dass ihn der mutige Baron rechtzeitig gewarnt und damit vermutlich das Leben gerettet hatte, bot er ihm eine Belohnung von 12 000 Talern an. Doch Clement von Rosenau war schlau genug, das Geldgeschenk abzulehnen. So wirkte er schließlich umso glaubwürdiger.

---

* Eugen von Savoyen (1663–1736), genannt »Prinz Eugen«, war einer der berühmtesten kaiserlichen Feldherren. Als Sieger über die Osmanen sicherte er Österreichs Vormachtstellung in Südosteuropa.

Die Atmosphäre im Berliner Schloss muss in dieser Zeit unerträglich gewesen sein. Zwischen König und Königin herrschte eisige Kälte, sie wechselten kein Wort miteinander. Ohnehin wagte es niemand, den König anzusprechen – bis auf einen Einzigen. Friedrich Wilhelms alter Freund Leopold fasste sich endlich ein Herz und fragte zunächst einmal, was ihn denn bedrücke. Offenbar traf der Fürst den richtigen Ton und schaffte es, dass der Preußenkönig endlich seinem Kummer Luft machte und von seinem schrecklichen Verdacht erzählte. Nachdem Leopold den königlichen Freund seiner unverbrüchlichen Treue versichert hatte, drang er auf sofortige Aufklärung der phantastischen Geschichte. Friedrich Wilhelm schickte daraufhin umgehend seinen Vertrauten, General von Borcke, nach Dresden und Wien, um die Angelegenheit vor Ort aufzuklären. Dort fiel man aus allen Wolken und beteuerte glaubhaft, dass es sich um eine gemeine Lüge handele. An der Sache sei absolut nichts dran. Prinz Eugen staunte jedoch über die ungeheure Geschicklichkeit, mit der Clement von Rosenau seine Handschrift nachgemacht hatte. Das allein konnte den Preußenkönig aber nicht endgültig überzeugen. Erst als man Rosenau zwang, die Schrift in Gegenwart Friedrich Wilhelms zu imitieren, atmete der König erleichtert auf.

Sämtliche Briefe, die ihm vorgelegt worden waren, erwiesen sich letztlich als Fälschung, der schöne Baron selbst als dreister Betrüger. Er wurde festgenommen, auf die Festung Spandau gebracht, vor Gericht gestellt und im April 1720 hingerichtet.

Trotzdem blieb die Geschichte mysteriös – und sie ist es bis heute. Es konnte niemals geklärt werden, wer die eigentlichen Drahtzieher waren. Der Beschuldigte gab lediglich an, er habe sich das alles ausgedacht, um an Geld zu kommen und sich ein angenehmes Leben zu machen. Tatsächlich aber steckte wohl eine Hofintrige dahinter. Es gab schließlich stets verschiedene Gruppen, die um die Gunst des Königs rivalisierten und einander spinnefeind waren. Wollten sie die einflussreichen Berater Grumbkow und den »Alten Dessauer« kaltstellen? Hatte möglicherweise Sophie Dorothea selbst die Finger im Spiel, um ihre alten Widersacher loszuwerden? Es gibt zwar keinerlei Beweise, aber man kann sicher nicht ausschließen, dass sie sich aus purer Rache solcher Mittel bedient haben könnte. Letztlich aber bleibt das alles im Dunkeln.

Noch ein Bräutigam für Wilhelmine

Allmählich legte sich nun die Aufregung wegen der vermeintlichen Verschwörung, und im Berliner Schloss kehrte endlich Ruhe ein. Friedrich Wilhelm konnte wieder zur Tagesordnung übergehen und seine Abende im vertrauten Kreis des Tabakskollegiums verbringen. Zu dieser Welt hatte Sophie Dorothea keinen Zutritt. Zu Zeiten Friedrichs I. war das Tabakskollegium noch eine stilvolle Einrichtung gewesen, bei der auch Damen willkommen waren. Königin Sophie Luise soll ihrem Mann, wie es heißt, immer die Pfeife gereicht haben. Jetzt handelte es sich um eine reine Männergesellschaft, in der zwar durchaus ernsthaft diskutiert wurde, die jedoch im Laufe des feuchtfröhlichen Abends nicht selten zu einem Saufgelage mit allen unschönen Nebenerscheinungen ausartete. Darunter hatte besonders ein Mann zu leiden: Jakob Paul von Gundling (1673–1731). Bei diesem Gundling handelte es sich um eine ausgesprochen schillernde Persönlichkeit. Er war einerseits ein vielseitig gelehrter Wissenschaftler, Historiker und Kartograf, andererseits ein schwacher Mensch ohne rechtes Durchsetzungsvermögen. Vor allem unter Alkoholeinfluss mutierte er im Kreis des Tabakskollegiums zur Witzfigur, die den üblen Spott der anderen angetrunkenen Herren über sich ergehen lassen musste. Auch Friedrich Wilhelm I., ein Freund des derben Humors, mischte dabei kräftig mit. Dass er jedoch veranlasst haben soll, Gundling nach seinem Tod in einem Weinfass beerdigen zu lassen, ist eher unwahrscheinlich.

Dennoch wurden im Tabakskollegium durchaus politische Debatten geführt, schließlich setzte Friedrich Wilhelm in die Meinungen seiner Freunde großes Vertrauen. Vor allem, wenn es um Krisensituationen ging, so wie in diesem Fall. Bündnisse wurden schon damals nicht für die Ewigkeit geschmiedet. Hatten England und Sachsen bislang an der Seite Preußens gestanden, so liefen jetzt beide zum Kaiser über. Im Januar 1719 formierte sich die Wiener Allianz, der schließlich auch Georg I. von England beitrat, der Schwiegervater des Preußenkönigs. Dadurch geriet Sophie Dorotheas Projekt einer preußisch-englischen Doppelhochzeit erneut ins Wanken. Etwas anderes kam hinzu.

Auch das Verhältnis zu Russland hatte sich zwei Jahre nach dem Besuch Peters des Großen in Berlin wieder spürbar abgekühlt. Ursprünglich war geplant gewesen, das gute Einvernehmen zwischen beiden Ländern mit einer Hochzeit zu besiegeln. Der Zar hatte dem Preußenkönig vorgeschlagen, seine damals 25-jährige, bereits verwitwete Nichte Anna Iwanowna (1693–1740) mit dem 1700 geborenen Friedrich Wilhelm von Brandenburg-Schwedt zu verheiraten, einem Neffen des »Alten Dessauers« und Verwandten des Preußenkönigs. Leopolds jüngere Schwester Johanna Charlotte war mit dem Vater Friedrich Wilhelms, Markgraf Philipp Wilhelm von Brandenburg-Schwedt, verheiratet gewesen, der schon 1711 starb. Königin Sophie Dorothea fiel damals die Aufgabe zu, die Hochzeit einzufädeln, doch der Plan stieß auf heftigen Widerstand von Johanna Charlotte. Am 9. August 1718 hatte Sophie Dorothea an ihren Gemahl geschrieben: »Gestern habe ich die Markgräfin Philipp getroffen, der ich alles gesagt habe, was Sie mir aufgetragen haben. Sie hat sehr geweint und hat mir gesagt, dass sie nicht glaubt, dass ihr Sohn auf diese Heirat eingehen wird, weil der Altersunterschied so groß ist ...« Die Eheverhandlungen zogen sich in die Länge und verliefen schließlich ergebnislos im Sande. Anna Iwanowna, die schließlich auf eine zweite Ehe gänzlich verzichtete, bestieg 1730 für zehn Jahre den russischen Zarenthron.

Stattdessen erlebte Sophie Dorothea nun eine böse Überraschung. Der junge Markgraf Friedrich Wilhelm von Brandenburg-Schwedt (1700–1771) erklärte im Februar 1719 unumwunden, er würde gerne Prinzessin Wilhelmine heiraten. Der Preußenkönig war von der Idee ganz angetan und schien bereit zu sein, darauf einzugehen. Nachdem er Sophie Dorothea seine diesbezügliche Absicht mitgeteilt hatte, antwortete sie am 16. Februar 1719 mit vorsichtiger Diplomatie: »Elf Uhr abends. Soeben habe ich Ihren Brief erhalten, in dem Sie von der Hochzeit des Prinzen Friedrich, Sohn des Markgrafen Philipp, mit Wilhelmine sprechen. Sie ist allerdings noch sehr jung, sodass man vier oder fünf Jahre warten müsste. Eines Tages wird sie sich bei uns beschweren, dass wir sie so voreilig verheiratet haben. Man könnte noch etwas warten, doch ich unterwerfe mich ganz Ihrem Willen. Aber um Gottes willen, überstürzen Sie nichts, damit Sie sich nicht eines Tages vor Gott verantworten müssen, wenn sie nicht glücklich wird ... Entschuldigen Sie, wenn ich das sage, was ich denke; die Liebe einer Mutter, die nichts anderes möchte, als ihre Kinder glücklich zu sehen, und die sich um ihr Wohlergehen sorgt, veranlasst mich, das zu schreiben, was ich denke. Aber Sie wissen auch, dass Sie selbst der Herr aller Dinge sind. Sie sind so klug, und ich denke, dass Sie nach genauem Abwägen die richtige Entscheidung treffen werden.«

Tatsächlich war Sophie Dorothea zutiefst beunruhigt, denn sie wusste ganz genau, wie sehr der Preußenkönig den jungen Friedrich Wilhelm von Brandenburg-Schwedt schätzte. Es imponierte ihm nicht nur, dass der Markgraf ebenso wenig von höfischer Etikette hielt wie er selbst, auch er ging leidenschaftlich gern auf die Jagd und war ein Freund von alkoholischen Getränken. Außerdem dachte der König natürlich auch machtpolitisch. Die Verbindung seiner Tochter mit dem Markgrafen von Brandenburg-Schwedt würde die Chance erhöhen, dass die kleine Herrschaft Schwedt eines Tages wieder an Preußen zurückfiel. Auf jeden Fall aber würde die Markgrafschaft in der Familie bleiben.

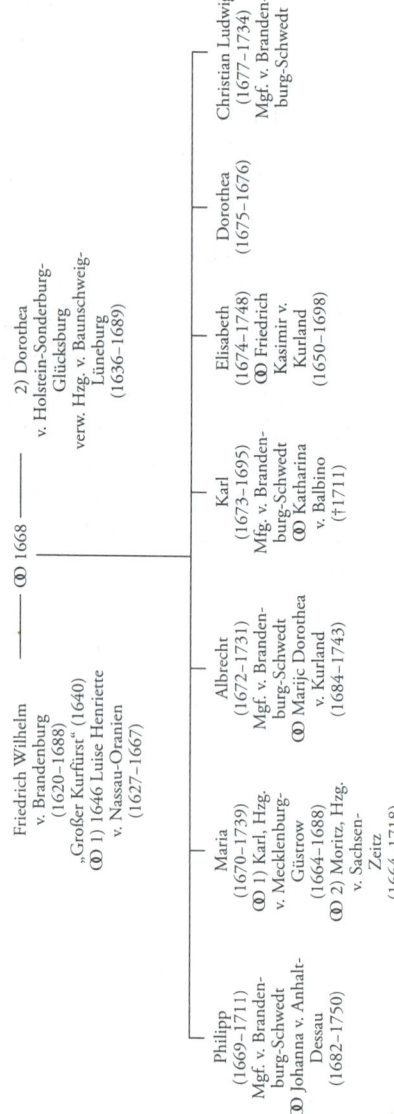

BANDENBURG-SCHWENDT
STAMMTAFEL

Friedrich Wilhelm   ── ⚭ 1668 ──   2) Dorothea
v. Brandenburg   v. Holstein-Sonderburg-
(1620–1688)   Glücksburg
„Großer Kurfürst" (1640)   verw. Hrzg. v. Baunschweig-
⚭ 1) 1646 Luise Henriette   Lüneburg
v. Nassau-Oranien   (1636–1689)
(1627–1667)

Philipp
(1669–1711)
Mgf. v. Branden-
burg-Schwedt
⚭ Johanna v. Anhalt-
Dessau
(1682–1750)

Maria
(1670–1739)
⚭ 1) Karl, Hrzg.
v. Mecklenburg-
Güstrow
(1664–1688)
⚭ 2) Moritz, Hrzg.
v. Sachsen-
Zeitz
(1664–1718)

Albrecht
(1672–1731)
Mgf. v. Branden-
burg-Schwedt
⚭ Marijc Dorothea
v. Kurland
(1684–1743)

Karl
(1673–1695)
Mfg. v. Branden-
burg-Schwedt
⚭ Katharina
v. Balbino
(†1711)

Elisabeth
(1674–1748)
⚭ Friedrich
Kasimir v.
Kurland
(1650–1698)

Dorothea
(1675–1676)

Christian Ludwig
(1677–1734)
Mgf. v. Branden-
burg-Schwedt

Die Markgrafschaft Brandenburg-Schwedt

Die Markgrafschaft Brandenburg-Schwedt war erst 1688 errichtet worden, um den ältesten Sohn des »Großen Kurfürsten« aus dessen zweiter Ehe zu versorgen. Friedrich Wilhelm
von Brandenburg-Preußen hatte nämlich nach dem frühen
Tod seiner Gemahlin Luise Henriette ein weiteres Mal geheiratet. Neue Kurfürstin von Brandenburg-Preußen wurde
Dorothea Sophie von Schleswig-Holstein-Sonderburg-Glücks-
burg (1636–1689). Sie schenkte ihrem Gemahl in den kommenden Jahren noch sieben Kinder, vier Söhne und drei
Töchter, von denen ein Mädchen frühzeitig starb. Natürlich
wollte Dorothea als gute Mutter ihre Kinder alle einmal bestens versorgt wissen, vor allem die Söhne. Hoffnungen auf
den Thron konnten sich die Prinzen aber wohl kaum machen, denn der Kurfürst hatte aus seiner ersten Ehe drei
männliche Nachkommen: den hoffnungsvollen Kurprinzen
Karl Emil, der 1674 allerdings im Feldlager an der Ruhr starb,
das kränkliche »Fritzchen«, das als Friedrich I. 1701 Preußens
erster König wurde, und schließlich Ludwig, den Jüngsten,
der mit 21 Jahren den Folgen der Diphterie erlag.

Als der »Große Kurfürst« 1688 das Zeitliche segnete, gingen seine Söhne aus zweiter Ehe aber keinesfalls leer aus.
Während die Jüngeren mit einer Apanage abgefunden wurden, erhielt der Älteste, der 1669 geborene Philipp, die eigens
für ihn eingerichtete Markgrafschaft Brandenburg-Schwedt,
ohne allerdings eine landesfürstliche Stellung einzunehmen.
Philipp heiratete bekanntlich Johanna Charlotte von Anhalt-
Dessau (1682–1750). Das Paar hatte insgesamt sechs Kinder, von denen aber nur drei die ersten Jahre überlebten, darunter der 1700 geborene Friedrich Wilhelm. Nach dem

plötzlichen Tod des Markgrafen Philipp, der 1711 im Alter von 43 Jahren an einem »hitzigen Fieber« starb, übernahm Johanna Charlotte bis zu Friedrich Wilhelms Volljährigkeit die Regentschaft. Gewiss hätte sie sich gefreut, wenn die Hochzeit ihres Sohnes mit der Preußenprinzessin zustande gekommen wäre, während hingegen Sophie Dorothea inständig auf eine erneute Annäherung Preußens an England hoffte.

Stützt man sich freilich auf Wilhelmines Memoiren, dann steckte hinter dem Hochzeitsplan kein anderer als Leopold von Anhalt-Dessau, nach wie vor der größte Rivale von Königin Sophie Dorothea am Hohenzollernhof. Die durch den Betrüger Clement von Rosenau ausgelöste Krise hatte die Freundschaft zum Preußenkönig letzten Endes nur noch gestärkt. Wilhelmine aber traute dem »Alten Dessauer« alle Schlechtigkeiten zu und mutmaßte, sein Ziel sei es gewesen, selbst den Thron zu besteigen. Zu Beginn des Jahres war Friedrich Wilhelm I. während eines Aufenthalts in Brandenburg schwer erkrankt und litt unter derart schmerzhaften Koliken, dass er glaubte, sein Ende sei gekommen. Auch die ständigen Infekte des kleinen Kronprinzen gaben Anlass zur Sorge, dass Fritz vorzeitig sterben könne. Wilhelmine zog daraus ihre eigenen Schlüsse: »Seine häufigen Erkrankungen belebten die Hoffnungen des Fürsten von Anhalt aufs Neue. Um seinen Einfluss zu befestigen und zu vermehren, überredete er den König, mich seinem Neffen zur Frau zu geben … Da der König nur einen Sohn hatte, stellte ihm der Fürst von Anhalt, unterstützt von Grumbkow, vor, dass es aus politischen Gründen notwendig sei, mich mit seinem Vetter, dem Markgrafen von Schwedt, zu vermählen. Sie gaben vor, dass die zarte Gesundheit meines Bruders wenig Zuversicht für sein Leben gewähre und dass die Königin anfinge, so beleibt zu werden, dass sie schwerlich noch Kinder haben würde, dass der König beizeiten an die Erhaltung seiner Staaten denken müsse, die zerstückelt würden, wenn ich eine andere Partie einginge, und endlich dass, falls er das Unglück haben sollte, meinen Bruder zu verlieren, sein Schwiegersohn und Nachfolger ihm an Sohnes statt stehen würde.«

Es ist kaum anzunehmen, dass sich die knapp zehnjährige Wilhelmine selbst solche Gedanken gemacht hat. Wahrscheinlich schrieb sie einfach das nieder, was sie damals aus dem Mund ihrer Mutter zu hören bekam, für die der »Alte Dessauer« der Todfeind schlechthin war. Sophie Dorothea sah ihre Felle davonschwimmen, die englische Heirat ihrer Tochter rückte plötzlich in immer weitere Ferne, und ihr selbst waren die Hände gebunden.

Der Tod des Prinzen Karl

Während man am Hohenzollernhof begann, die Schwedter Heiratspläne zu diskutieren, brachte Sophie Dorothea am 25. Januar 1719 ihre vierte Tochter zur Welt, Sophie Dorothea Marie, im Familienkreis »Tobise« genannt. Warum das Kind ausgerechnet diesen Kosenamen erhielt, ist leider nicht bekannt. Damals konnte noch niemand ahnen, dass es nicht Wilhelmine sein würde, die den Markgrafen von Brandenburg-Schwedt heiratete, sondern die neugeborene Prinzessin, die fünfzehn Jahre später mit dem 19 Jahre älteren Friedrich Wilhelm vermählt wurde.

Einen Tag vor Sophies Geburt hatte der Kronprinz zur Freude der Familie seinen siebten Geburtstag gefeiert, was Sophie Dorothea in ihrem Brief an den König ein wenig ironisch kommentierte: »Fritz meint, er sei jetzt ein großer

Junge, weil er sieben Jahre alt ist. Heute Abend wird er zusammen mit seinen Schwestern speisen, die ein kleines Fest für ihn geben.«

Doch Freud und Leid, Geburt und Tod lagen nah beieinander. Der Preußenkönig hatte beschlossen, die Sommermonate auf Schloss Wusterhausen zu verbringen. Sophie Dorothea und die beiden ältesten Kinder, Wilhelmine und der Kronprinz, sollten ihn begleiten, während die Kleinen in der Obhut ihrer Gouvernanten in Berlin zurückbleiben sollten. Kaum angekommen, gab es schlimme Nachrichten: »Von Charlottenburg fuhren wir nach Wusterhausen«, berichtet Wilhelmine. »Die Königin vernahm am Abend ihrer Ankunft durch eine Stafette aus Berlin, dass mein zweiter Bruder an Dystentrie* erkrankt sei. Diese Nachricht versetzte sie in große Bestürzung, und der König und die Königin wollten sich nach der Stadt begeben, doch hielt sie die Furcht vor der Ansteckung zurück. Tags darauf kam eine zweite Stafette und meldete, dass auch meine Schwester Friederike von demselben Übel ergriffen sei. Diese Krankheit wütete in Berlin wie die Pest, die meisten Menschen starben am dreizehnten Tag daran. Man verbarrikadierte selbst die Häuser, in denen die Krankheit herrschte, um ihrer Verbreitung entgegenzuwirken. Die Königin war noch nicht am Ende ihrer Leiden. Einige Tage später erkrankte der König selbst an den schweren Koliken.« Trotz aller Warnungen kehrte Sophie Dorothea unverzüglich nach Berlin zurück, um bei ihren kranken Kindern zu sein. Doch während sich die fünfjährige Friederike wieder erholte, starb der kleine Prinz Karl am 31. August 1719. Er war nur zwei Jahre alt geworden.

---

* Ruhr

Die Ruhr, eine schwere Durchfallerkrankung, traf nicht nur das einfache Volk, sie machte auch vor den Palästen nicht halt. Auslöser konnten verunreinigte Lebensmittel sein, meist aber war es verseuchtes Trinkwasser. Die hygienischen Zustände in Berlin waren trotz königlicher Edikte, die Stadt sauber zu halten, katastrophal. An regnerischen Tagen waren die Straßen vor Schlamm kaum passierbar. Doch die meisten Berliner waren es schon gewohnt, durch knöcheltiefen »Kot« zu waten, und kümmerten sich wenig um die Reinigung vor ihrer Haustür. So lag auf den Berliner Straßen allerhand, was dort nicht hingehörte, zum Beispiel »tote Körper, die die Luft verpesten und den Vorübergehenden einen ekelhaften Anblick bieten«, wie in einer zeitgenössischen Chronik beklagt wurde. Zum alltäglichen Bild gehörten aber auch Misthaufen, Schuttberge und der übliche Abfall. Am schlimmsten muss wohl der Gestank gewesen sein, der sich über ganz Berlin verbreitete, nicht nur wegen des Abfalls und der toten Tiere, sondern auch, weil auch die Fäkalien üblicherweise auf der Straße landeten. So etwas wie eine »Müllabfuhr« gab es nicht. Diese Aufgabe überließ man den Schweinen, die trotz Verbotes überall auf den Straßen herumliefen.

Der Kreis der Königskinder

Zu Sophie Dorotheas Beruhigung gerieten die Schwedter Heiratspläne, die für solch große Aufregung gesorgt hatten, schon bald wieder in Vergessenheit. Auch das vorübergehend gestörte Verhältnis zu England entspannte sich wieder, nachdem Friedrich Wilhelm im November 1719 mit seinem Schwiegervater Georg I. auf Schloss Herrenhausen zusammengetroffen war. Letzten Endes war es bei der im Januar 1719 geschlossenen Wiener Allianz um die Gebietsansprüche der Koalitionsmächte nach dem Ende des Nordischen Krieges gegangen. Sowohl England als auch der Kaiser wollten verhindern, dass Preußen ein allzu großes Stück vom »Kuchen« abbekam, den es zu verteilen galt. Inzwischen aber hatte sich eine Verständigung angebahnt, und man stellte Friedrich Wilhelm Stettin sowie Vorpommern bis zur Peene in Aussicht.

Derweil vergrößerte sich die preußische Königsfamilie weiter. Nach Wilhelmine, Friedrich, Friederike, Charlotte und Sophie kam am 24. Juni 1720 eine weitere Tochter zur Welt, die man nach ihrer Taufpatin, der Königin von Schweden, Luise Ulrike nannte.

Der Nordische Krieg war endlich vorüber und Friedrich Wilhelm über den Gewinn von Stettin offenbar so erfreut, dass er Königin Ulrika Eleonore als Geste der Versöhnung bat, die Patenschaft für seine fünfte Tochter zu übernehmen. Ulrika Eleonore, die seinerzeit als Braut für Friedrich Wilhelm im Gespräch gewesen war, war die jüngere Schwester des schwedischen Königs Karl XII., der 1718 auf dem Schlachtfeld den Tod gefunden hatte, ohne einen Thronerben zu hinterlassen. Doch seit dem Frieden von Stockholm 1720 gab es in Schweden ohnehin keine Erbmonarchie mehr. Der König wurde jetzt vom Reichstag ernannt, der auch die eigentliche Macht im Staat besaß. Wegen erheblicher Meinungsverschiedenheiten legte Ulrika Eleonore die Krone aber 1720 nieder, woraufhin die Abgeordneten ihren Gemahl Friedrich I. aus dem Hause Hessen-Kassel zum neuen König wählten. Das Schicksal wollte es, dass auch die preußische Ulrike viele Jahre später schwedische Königin wurde.

Sophie Dorothea hatte mit der Geburt zwar zum wiederholten Mal ihre wichtigste Aufgabe erfüllt, doch »Wilcke« konnte sich über die Geburt einer weiteren Tochter nicht so recht freuen. Dabei plagte den königlichen Vater aber vor allem die Sorge, seine Mädchen irgendwann einmal gut verheiraten zu müssen. Das mochte dann für Preußen durchaus von Vorteil sein, kostete zunächst jedoch jede Menge Geld, vor allem, was die Mitgift der Töchter betraf. Und je größer die Mitgift war, desto besser die Aussicht auf einen lukrativen Bräutigam. So schrieb der Preußenkönig mit seinem eigentümlichen Humor seinem Freund und »Leidensgenossen« Leopold von Anhalt-Dessau nach Ulrikes Geburt: »Gestern ist wieder eine auf die Welt gekommen. Man muss sie versaufen oder Nonnen daraus machen. Männer kriegen sie nit alle.«

Wirklich groß war die Freude am Hohenzollernhof erst, als am 9. August 1722 mit August Wilhelm endlich wieder ein Sohn das Licht der Welt erblickte. Man feierte die Geburt des kleinen Prinzen nach alter Tradition mit zahllosen Kanonenschüssen und informierte so auch ganz Berlin über das freudige Ereignis. Anders als der zarte und ängstliche Fritz, der Liebling Sophie Dorotheas, wurde August Wilhelm der Sohn, der das Herz seines königlichen Vaters im Sturm eroberte. Er war robust, kerngesund und stets zu lustigen Streichen aufgelegt. Die Familie nannte ihn »Hulla«, weil sie ihren kleinen Spaßmacher mit dem populären Protagonisten einer zeitgenössischen Komödie verglich, dem Harlekin Hulla.

Im Gegensatz zu seinem zehn Jahre jüngeren Bruder war und blieb Kronprinz Friedrich ein schwieriges Kind. Selbst Wilhelmine, die sich ihm sehr nah fühlte, schrieb später in ihren Memoiren: »Er war geistreich, seine Gemütsart war finster. Er dachte lange nach, bevor er antwortete, aber dafür antwortete er richtig. Er lernte sehr schwer, und man erwartete, dass er einmal mehr Verstand wie Geist an den Tag legen würde.« Vermutlich meinte Wilhelmine mit dieser Formulierung, man habe dem Kronprinzen damals zwar einen »gesunden Menschenverstand« zugetraut, aber keine besonderen intellektuellen Fähigkeiten von ihm erwartet.

Heute würde man den jungen Friedrich wohl als schwer erziehbares Kind bezeichnen. Noch viel beunruhigender als seine Angst vor Pistolenknall und Kanonendonner war zumindest in den Augen seines königlichen Vaters die Verstocktheit des Sohnes oder, schlimmer noch, seine Verschlagenheit. Man wusste nie genau, woran man bei ihm war, denn das, was er wirklich dachte, behielt er für sich. Auch die Tatsache, dass sich Sophie Dorothea gegenüber dem König nur durch List und Intrigen zu behaupten pflegte, hatte den Kronprinzen zutiefst geprägt. Auf Monbijou war er der Liebling der Mutter, im Berliner Stadtschloss aber musste er die Erwartungen des Vaters erfüllen und ihm Gehorsam leisten. Wahrscheinlich hat er auch deswegen, wie Wilhelmine beobachtete, immer so lange gezögert, bevor er antwortete, damit er jedem auch das sagte, was er hören wollte.

Wilhelmine, die unter der angespannten Atmosphäre am Hohenzollernhof nicht minder litt, nahm den kleinen Bruder unter ihre Fittiche und brachte ihm das Verständnis entgegen, das er weder von Vater noch Mutter erwarten konnte. Auch ihr eigenes Verhältnis zu den Eltern war nicht ungetrübt. Wilhelmines herausragende Eigenschaften, ihr Stolz, ihre Eitelkeit und ihre Neigung, alles und jeden mit Spott zu überziehen, widersprachen jeglichen Erwartungen, die der König an seine Töchter stellte. Er erwartete von ihnen – genau wie von seinem »Fiekchen« – Demut, Ehrlichkeit und Bescheidenheit, lauter Dinge, die in Wilhelmines Leben keine allzu große Rolle spielten. Gleichwohl wurde auch Wilhelmine von Sophie Dorothea dazu gedrängt, dem »gnädigen Herrn Papa« die liebende Tochter vorzuspielen. Denn nur wenn der König mit seiner Familie zufrieden war, hatte Sophie Dorothea eine reelle Chance, ihre Ziele zu verwirklichen. Und ihr wichtigstes Projekt war nach wie vor die englische Doppelhochzeit.

Das Jahr 1720 markierte einen wichtigen Einschnitt im Leben Wilhelmines. Die Kindheit der Elfjährigen wurde offiziell für beendet erklärt, was sich rein äußerlich daran zeigte, dass die Prinzessin von nun an die Kleidung der Erwachsenen trug und auch so behandelt wurde.

Anders als ihre älteren Geschwister scheint die 1714 geborene Friederike im königlichen Familienleben eher eine Nebenrolle gespielt zu haben. Allerdings kann man dieses Familienleben auch nicht mit bürgerlichen Maßstäben messen. Weder die Beziehung der Eltern noch das Verhältnis der Geschwister untereinander waren rein privater Natur. Der Umgang wurde zunächst vom höfischen Protokoll bestimmt und ermöglichte den Prinzen und Prinzessinnen kaum eine wirkliche Intimsphäre oder ein vertrautes Miteinander. Es bedurfte schon einer starken Persönlichkeit, um sich in der höfischen Umgebung einige Freiräume zu verschaffen.

Ähnlich blass wie Friederike blieb auch die fünf Jahre jüngere Sophie. Die beiden Schwestern wurden gemeinsam mit der dem Alter nach zwischen ihnen stehenden Charlotte erzogen, einem fröhlichen und lebhaften Kind, dem es sogar gelang, den oftmals schwierigen Vater charmant um den Finger zu wickeln. Sie verstand es geschickt, sich klug in das nicht immer spannungsfreie Familienleben einzufügen und sowohl zur Mutter als auch zum Vater ein eher unkompliziertes Verhältnis herzustellen. Als einzige der preußischen

Königstöchter besaß Charlotte die wertvolle Gabe, sich in das komplizierte Innenleben des »Soldatenkönigs« hineinzudenken und den sprichwörtlichen »weichen Kern« zu entdecken, der sich unter der rauen Schale des Vaters verbarg. Für seine Charlotte soll der angeblich so unmusikalische Friedrich Wilhelm sogar heimlich Lieder auf der Flöte gespielt haben. Ähnlich wie ihr Bruder »Hulla« hat es die kleine Prinzessin geschafft, die Familie immer wieder zum Lachen zu bringen, was ihr schließlich den humorvollen Spitznamen »dulle Lotte« einbrachte. Als sie größer wurde, freute es den sittenstrengen Preußenkönig ganz besonders, dass sich Charlotte – anders als Mutter und Schwestern – nicht allzu viel aus Schmuck, Schminke und modischen Extravaganzen machte.

Rouge und Reismehl – die Mode des frühen Rokoko

Im Gegensatz zur »dullen Lotte« verbrachten die anderen Hohenzollerndamen reichlich Zeit vor dem Spiegel. Schon damals unterlag die Mode einem steten Wandel. Hochgesteckte Fontange-Frisuren, die in Berlin noch zu Beginn des 18. Jahrhunderts en vogue gewesen waren, waren längst passé. Jetzt, im frühen Rokoko (1720–1750), trug man das Haar vergleichsweise schlicht, flach um den Kopf gelegt, und die feine Welt puderte sich die Frisur mit Reismehl. Zu diesem Zweck gab es eigene Kabinette, in denen die Herrschaften – Damen und Herren – Platz nahmen. Dabei wurde der Puder gegen die Decke gestäubt und fiel von dort aus wie ein zarter Schleier auf den Kopf herab. Damit der feine Puderstaub nicht in Mund, Augen und Nase drang, zog sich der Betreffende eine oben offene »Tüte« über den Kopf, mit der er sein

Gesicht schützte. Die gepuderten Haare hatten leider den Nachteil, dass selbst der jugendliche Teint etwas fahl aussah. Deshalb wurde das Gesicht ebenfalls weiß geschminkt, die Augenbrauen schwarz nachgezogen und zum Schluss noch Rouge aufgelegt, als Krönung des Make-ups. Allerdings war es anständigen Frauen verboten, das künstliche Rot »auf natürliche Weise« zu verwenden, denn das taten nur die Damen des »horizontalen Gewerbes«. Alle anderen hingegen mussten das Rouge *á tranchant* auflegen, sodass man schon von Weitem sehen konnte, dass es künstlich war. Auch wenn die Kleider- und Frisurenmode in den nächsten Jahren wechseln sollte, so war es noch bis zum Ende des 18. Jahrhunderts gang und gäbe, sich das Haar zu pudern.

So schlicht die Frisur, so aufwendig die Kleidung. Die Rokokodame trug eine Robe aus edlen Stoffen wie kostbarer Seide oder feinem Seidenbrokat. Damals kam auch der Reifrock in Mode, zunächst in Glockenform, später dann vorne und hinten abgeflacht. Die Füße der Damen steckten in zierlichen Pantoffeln mit hohem Absatz, meist aus gemusterten Seidenstoffen oder mit Stickereien verziert.

Friedrich Wilhelm achtete natürlich darauf, dass sein »Fiekchen« und die Töchter nicht allzu viel Geld für ihre Kleidung ausgaben, doch zu offiziellen Anlässen präsentierten sie sich ebenso modisch-elegant wie die anderen Damen auch.

Besuch aus England

Inzwischen hatte Sophie Dorothea bereits ihren 35. Geburtstag gefeiert. Fast ihr halbes Leben lang war sie nun an der Spree zu Hause. Die Stürme aus der ersten Zeit ihrer Ehe waren inzwischen abgeflaut, konnten aber jederzeit wieder ausbrechen, wenn es zu Differenzen mit dem Preußenkönig kam. Doch Sophie Dorothea hatte inzwischen gründlich gelernt, wie sie solchen Turbulenzen ausweichen konnte: durch vordergründigen Gehorsam, jegliche Vermeidung von Vorwürfen und der wiederholten Betonung, wie sehr sie ihren »Wilcke« doch liebe. Nur so hatte sie die Möglichkeit, ihre eigenen Interessen durchzusetzen.

Nachdem sich das Schwedter Heiratsprojekt in Luft aufgelöst hatte, rückte die Verbindung mit England erneut in den Vordergrund. 1722 kam ein Trupp mehrerer Damen aus Hannover nach Berlin, um die potenzielle Braut ihres künftigen Thronfolgers zu begutachten. Wilhelmine berichtet in ihren Memoiren, Anlass dieses Besuchs sei das Gerücht gewesen, sie sei »zum Erschrecken hässlich« und habe obendrein auch noch einen Buckel: »Aber dass ich nicht verwachsen war, davon ließen sie sich erst überzeugen, als man mich in ihrer Gegenwart auszog. Verschiedene Damen wurden wiederholt von Hannover nach Berlin geschickt, um mich in Augenschein zu nehmen. Ich musste mich vor ihnen ausziehen und ihnen meinen Rücken zeigen, um zu beweisen, dass ich nicht bucklig sei. Ich war sehr erbost über all dies, und zum Unglück ließ mich die Königin, damit ich zierlicher erscheine, so entsetzlich schnüren, dass ich ganz schwarz im Gesicht wurde und mir der Atem ausging.«

Es ist gewiss davon auszugehen, dass Wilhelmine auch bei dieser Schilderung heftig übertreibt. Natürlich hatte Sophie Dorothea großes Interesse daran, ihre Tochter im besten Licht zu präsentieren. Aber ob sich die Prinzessin tatsächlich vor den englischen Damen entblößen musste, erscheint doch eher zweifelhaft. Doch wie auch immer – trotz aller »erlittenen Qualen« muss Wilhelmine wohl einen guten Eindruck hinterlassen haben, denn zu Sophie Dorotheas großer Freude gab London nun »grünes Licht« für die englisch-preußische Doppelhochzeit. Als Georg I. im Sommer 1723 wieder einmal sein geliebtes Hannover besuchte, machte sich auch Sophie Dorothea auf den Weg an die Leine, um die Einzelheiten der geplanten Doppelhochzeit mit ihrem königlichen Vater abzustimmen. Sie traf ihn auf seinem idyllischen Sommersitz Herrenhausen. Leider sind wir nicht darüber informiert, ob es über den protokollarischen Bereich hinaus so etwas wie persönliche Wiedersehensfreude von Vater und Tochter gegeben hat. Gemütswallungen sind aber eher unwahrscheinlich, zumal Sophie Dorotheas Besuch nur dem einzigen Zweck diente, ihr Projekt voranzutreiben. Besonders eng und innig ist das Verhältnis zu ihrem Vater ohnehin nie gewesen.

Die Briefe, die die Preußenkönigin von Herrenhausen nach Berlin schrieb, sind inhaltlich zwar recht vage formuliert, aber doch voller Hoffnung auf das Gelingen ihres Plans. Am 24. Juli 1723 konnte sie Friedrich Wilhelm berichten: »Ich bin gestern Abend hier angekommen; mein Vater hatte mich noch gar nicht erwartet, er dachte, ich käme erst nächsten Montag. Trotz allem bin ich sehr freundlich empfangen worden, auch von meinem Bruder … Prinz Friedrich ist sehr zufrieden mit Ihnen, wie überhaupt alle hier.« Und am nächsten Tag: »Mein Vater hat die beste Laune der Welt. Ich habe aber über die besagte Frage noch nicht mit ihm gesprochen, sondern warte auf eine günstige Gelegenheit.« Am 27. Juli 1723 konnte Sophie Dorothea vermelden: »Es scheint alles gut zu laufen. Ich habe mit der Herzogin Kendal* und zwei englischen Herren gesprochen, die mir Hoffnung ge-

---

* Melusine von der Schulenburg, Mätresse Georgs I.

macht haben, dass mein Vater nach Berlin kommen wird ...«
Und so ging es weiter. Sophie Dorotheas Ton blieb optimistisch, obwohl es in der Sache selbst keine konkreten Fortschritte gab. Etwas geheimnisvoll schrieb sie am 2. August
1723: »Ich habe gute Nachrichten, aber die will ich Ihnen
lieber unter vier Augen mitteilen. Sie werden sehen, dass ich
allen Grund habe, mit meiner Reise zufrieden zu sein; ich
habe auch die Freude, Ihnen einige junge Rekruten mitzu-
bringen; überhaupt muss ich sagen, dass die Dinge alle bestens laufen.«

Als Sophie Dorothea am 12. August 1723 an die Spree zurückkehrte, hatte sie zumindest eine gute Nachricht im Ge-
päck: Ihr königlicher Vater plante für Oktober einen Besuch
in Berlin. Dann sollte es zu einem Bündnisvertrag und vermutlich auch zur geplanten Doppelverlobung kommen.

Knapp zwei Monate später war es endlich so weit: »Ich
habe aus Hannover erfahren, dass mein Vater in wenigen
Tagen hier eintreffen wird«, schrieb Sophie Dorothea am
3. Oktober 1723 an Friedrich Wilhelm. Berlin rüstete sich
unterdessen für den noblen Staatsbesuch. *Tout le monde*
wollte einen Blick auf den englischen König werfen. Unter
den Linden stellten geschäftstüchtige Händler ihre Buden
auf, um die Schaulustigen mit Speis und Trank zu versorgen
oder verschiedene Devotionalien anzubieten. Auch Sophie
Dorothea fieberte der Ankunft ihres Vaters mit wachsender
Nervosität entgegen: »Wir begaben uns am 6. Oktober nach
Charlottenburg, um ihn zu empfangen«, berichtet Wilhelmine in ihren Erinnerungen. »Der König kam am 8. Oktober um sieben Uhr abends an. Der König, die Königin und
der ganze Hof empfingen ihn im Schlosshof, da die Gemächer zu ebener Erde lagen. Täglich fanden geheime Sit-
zungen der englischen und preußischen Minister statt. Das

Ergebnis war das endliche Zustandekommen des Bündnis-
vertrages und der doppelten Verlobung, die in Hannover
eingeleitet worden war.«Was die Verlobung betrifft, so befindet sich Wilhelmine wieder einmal im Irrtum. Am 10. Oktober 1723 wurde von den beiden Königen lediglich der Charlottenburger Vertrag unterzeichnet, durch den sich England
mit Preußen verbündete. Zu Wilhelmines Verlobung mit
dem englischen Prinzen Friedrich wurden hingegen keine
Angaben gemacht, doch sie galt wohl an beiden Höfen als
sicher.

Am 12. Oktober 1723 verließ Georg I. Berlin und begab
sich nach Göhrde, ein Jagdschloss in der Nähe von Hannover, in dem er die nächsten Wochen mit seinem liebsten
Zeitvertreib verbringen wollte. Göhrde im Wendland war
schon seit dem frühen 16. Jahrhundert ein beliebtes Jagd-
gebiet der adligen Gesellschaft. Um alle Gäste bequem unterzubringen, war hier zwischen 1706 und 1709 eine dreistö-
ckige Schlossanlage mit mehreren Nebengebäuden errichtet
worden (1827 abgerissen). Um den glücklich zustande gekommenen Bündnisvertrag gebührend zu feiern, lud Georg
seinen ebenso jagdbegeisterten Schwiegersohn Friedrich
Wilhelm ein, Anfang November ein paar Tage mit ihm auf
Göhrde zu verbringen.

Es hatte den Anschein, als könne man mit dem Erreichten
wirklich zufrieden sein. So schrieb auch Sophie Dorothea am
24. Oktober 1723 an ihren Gemahl nach Potsdam: »Mein
Vater ist voll des Lobes über Sie; er war ganz begeistert von
Berlin, den schönen Gebäuden und der ganzen Pracht. Er
dankt für die Gastfreundschaft, mit der wir ihn aufgenommen haben, und der Aufenthalt hat ihm sehr gut gefallen.
Während er mit Prinz Friedrich speiste, hat er einen Blick
auf Wilhelmine geworfen und gesagt, sie sei wirklich sehr

hübsch, groß, gut gebaut und sehr geistreich und dass sie ihm sehr gefalle. Aber er fand auch, dass Fritz sehr charmant ist, und überhaupt alle unsere Kinder seien kleine Engel, und wenn er das nächste Mal nach Deutschland käme, würde er uns besuchen und wesentlich länger bleiben.« Wenig später erhielt Sophie Dorothea einen Brief von ihrer Schwägerin Caroline, die sich darin ebenfalls überschwänglich über die junge Wilhelmine äußerte. Damit schien der Erfüllung des großen Traums der Königin nichts mehr im Wege zu stehen.

»Sie brachte glücklich eine Prinzessin zur Welt« – die überraschende Geburt von Amalie

Unterdessen bereitete sich Friedrich Wilhelm auf den Jagdausflug nach Göhrde vor und wollte eigentlich am 8. November 1723 abreisen. Doch da machte ihm sein »Fiekchen« einen Strich durch die Rechnung! Aus Wilhelmines Memoiren erfahren wir nähere Einzelheiten: »Schon seit sieben Monaten war die Königin sehr unpass, ihr Übel war so seltsam, dass die Ärzte nicht Rat wussten. Ihr Körper schwoll jeden Morgen mächtig an, und diese Geschwulst verging gegen Abend. Eine Zeit lang schwankte die Fakultät, ob es sich um eine Schwangerschaft handelte, aber sie erachtete zum Schluss, dass dieses Unwohlsein von einer anderen Ursache herrühre, welche sehr unbequem, jedoch keineswegs gefährlich ist.« Offenbar tippten die Hofärzte auf Verdauungsbeschwerden, Blähungen nach dem Genuss schwer verdaulicher Speisen. Sophie Dorotheas Figur gab wohl keinen Aufschluss darüber, ob sie schwanger war oder nicht. Inzwischen hatte die Königin derart an Gewicht zugelegt, dass ein paar Kilos mehr oder weniger keinem Menschen auffielen.

Und auch sie selbst schien eine Schwangerschaft wohl völlig auszuschließen, wenngleich das bei einer mehrfachen Mutter eher ungewöhnlich erscheint.

Weiterhin berichtet Wilhelmine: »Die Reise des Königs nach Göhrde war für den 8. November angesetzt, er wollte frühmorgens fahren, und wir verabschiedeten uns von ihm, aber die Königin machte alles zunichte. In der Nacht erkrankte sie an einer heftigen Kolik, verheimlichte aber ihr Übel, so gut sie konnte, um den König nicht aufzuwecken. Als sie auf gewisse Anzeichen hin merkte, dass ihr eine Entbindung bevorstand, rief sie um Hilfe. Es blieb nicht die Zeit, einen Arzt und die Wärterin zu holen, und sie brachte glücklich eine Prinzessin zur Welt, ohne andere Hilfe als die des Königs und einer Kammerfrau. Es waren weder Windeln noch eine Wiege bereit, und alles geriet in Verwirrung. Der König ließ mich um vier Uhr morgens rufen. Ich habe ihn nie so guter Laune gesehen, er hielt sich die Seiten vor Lachen, wenn er des Amtes gedachte, wessen er bei der Königin gewaltet hatte. Der Herzog von Gloucester, mein Bruder, Prinzessin Amalie von England und ich wurden zu Paten und Patinnen des Kindes gewählt; ich hielt es nachmittags über die Taufe, und meine Schwester erhielt den Namen Anna Amalia.«

Als Rufname setzte sich Amalie durch, auf Französisch Amélie, doch im Familienkreis wurde die kleine Prinzessin Lily genannt. Sie teilte sich in den nächsten Jahren die Kinderstube mit der drei Jahre älteren Ulrike, was offenbar nicht ganz ohne Reibereien abgegangen ist. Anders als die ausgeglichene Ulrike war Amalie von Anfang an ein schwieriges und höchst eigenwilliges Kind, das nur wenig Rücksicht auf die Befindlichkeiten der Geschwister nahm. Wie noch zu zeigen sein wird, hatte auch Sophie Dorothea in späteren

Jahren ihre liebe Not mit dem Dickkopf ihrer Tochter, sodass sie ihr einmal sogar Hausverbot erteilte. Vorerst aber konnte man Amalie noch vergleichsweise leicht zufriedenstellen, wenn sie bei den Mahlzeiten ordentlich zulangen konnte. Sie verwandelte sich mit der Zeit in ein kleines Pummelchen, das von der Familie mit liebevollem Spott die »dicke Lily« gerufen wurde. Ansonsten glich Amalies Kindheit der ihrer Schwestern. Schon früh machte sich bei ihr eine besondere Liebe zur Musik bemerkbar, angeregt womöglich durch ihren ältesten Bruder, der damals begann, leidenschaftlich gern Querflöte zu spielen.

Nach der überraschenden, aber dennoch glücklichen Geburt von Amalie reiste der Preußenkönig wie geplant nach Göhrde ab. Begleitet wurde er von seinem Freund Friedrich Wilhelm von Grumbkow, Minister im Generaldirektorium und gleichzeitig der wichtigste außenpolitische Berater des Königs. Grumbkow war in den letzten Jahren immer bedeutender für den König geworden, weil sich dessen anderer enger Vertrauter, Leopold von Anhalt-Dessau, aufgrund vielfältiger anderer Aufgaben immer seltener in Berlin aufhielt. Schließlich musste er sich auch um sein kleines Fürstentum kümmern. Leopolds Residenz Dessau wurde damals aufgrund seiner regen Bautätigkeit zu einer schmucken Barockstadt mit einer Prachtstraße nach dem Vorbild der Straße Unter den Linden, gesäumt von mehreren Palais. Gleichzeitig kümmerte sich Leopold I. um die Wirtschaft seines Landes, förderte das Handwerk und den Aufbau von Manufakturen, und obendrein hatte er mit dem preußischen Heer nach wie vor genügend zu tun.

Der Vertrag von Herrenhausen

Das Leben am Hohenzollernhof ging in der nächsten Zeit in ruhigem Fahrwasser weiter, und Sophie Dorothea hatte genügend Zeit, sich um das Wohlergehen ihrer wachsenden Kinderschar zu kümmern. Nach wie vor aber hatte die Doppelhochzeit höchste Priorität, und die Königin hegte keinerlei Zweifel daran, dass ihr großer Traum bald Wirklichkeit werden würde. Auch Friedrich Wilhelm stand in dieser Angelegenheit in engem Kontakt mit seinem Schwiegervater. Als er sich im Sommer 1725 erneut bei Georg I. in Hannover aufhielt, schrieb Sophie Dorothea: »Ich schmeichle mir, dass man noch vor Eurer Abreise von der Hochzeit sprechen wird.«

Der eigentliche Grund für das Zusammentreffen der beiden Monarchen war freilich ein anderer gewesen und ausschließlich politischer Natur. Wegen wachsender Spannungen zwischen London und dem Wiener Kaiserhaus hielt es Georg I. für angebracht, noch enger mit seinem preußischen Schwiegersohn zusammenzurücken. Am 30. April 1725 war nämlich der Wiener Vertrag geschlossen worden, ein Bündnis zwischen dem Kaiser und Spanien zur gegenseitigen Unterstützung. Während Kaiser Karl VI. (1685–1740) versprach, Spanien bei der Wiedererlangung von Gibraltar zu helfen, das seit 1704 eine englische Festung war, erkannte sein Amtskollege Philipp V. (1683–1746) im Gegenzug die Pragmatische Sanktion von 1713 an. Dabei handelte es sich um ein Hausgesetz des Hauses Habsburg, das u. a. der Kaisertochter Maria Theresia und deren Nachkommen die Erbfolge in Österreich sichern sollte, falls Karl VI., wie es dann auch der Fall war, ohne männliche Erben verstürbe. Zudem war der Wiener Vertrag eine Union zweier katholischer Länder gegen die protestantischen Staaten. Wie prekär die Situation damals zu sein schien, lässt sich unschwer an einem Schreiben des spanischen Gesandten Riverda kennen, das er damals von Wien nach Madrid schickte: »Österreich stelle 15 000 Mann oder das Doppelte, Spanien gebe das Geld und die Flotte ... Das kleine Preußen würde in einem einzigen Feldzug zertreten, der deutsche Protestantenbund zermalmt, das holländische Krämervolk in seine Käsebuden gescheucht und die hannoversche Rasse aus England verjagt.«

Als Reaktion auf diese massive Bedrohung besiegelten England und Preußen am 3. September 1725 die Allianz von Herrenhausen, der sich auch Frankreich anschloss, der Erzrivale Spaniens. Trotzdem war Friedrich Wilhelm I. nicht so ganz wohl in seiner Haut. Eigentlich war er völlig frei bei seiner Entscheidung, denn es gab damals keine Macht, die sich seinem Land als einzig natürlicher, dauerhafter Partner angeboten hätte. Doch der Preußenkönig war in erster Linie ein »deutscher« Reichsfürst, der dem Kaiser rein gefühlsmäßig näherstand als Frankreich und England, auch wenn in London sein Schwiegervater auf dem Thron saß. Er hatte trotz der martialischen Drohung auch keine Angst, Österreich und Spanien würden »das kleine Preußen in einem einzigen Feldzug zertreten«. Der eigentliche Grund für seine Beteiligung am Bündnis von Herrenhausen war das Versprechen seiner Partner, sich im Streit um die jülich-klevische Erbfolge am Niederrhein für die Interessen der Hohenzollern einzusetzen. Dieser Erbstreit mag uns heute als Marginalie der Geschichte erscheinen, Friedrich Wilhelm aber hat dieses Ziel fast bis zu seinem Tod hartnäckig verfolgt. Werfen wir daher einen kurzen Blick auf diese komplizierte Auseinandersetzung, deren Ursprünge mehr als 150 Jahre zurücklagen.

Krisenherd am Niederrhein

Bekanntlich hatte die Mark Brandenburg, des »Heiligen Römischen Reiches Streusandbüchse«, 1614 »Zuwachs« erhalten: die niederrheinischen Gebiete Kleve, Mark und Ravensberg. Dem erfreulichen Erbe im Westen des Reiches waren im 16. Jahrhundert zwei Hochzeiten vorangegangen. Zwischen 1573 und 1579 hatte Herzog Wilhelm V. von Jülich-Kleve-Berg seine beiden ältesten Töchter jeweils mit Prinzen aus den Fürstenhäusern Brandenburg und Pfalz-Neuburg verheiratet. Aber schon damals stand fest, dass die Dynastie über kurz oder lang aussterben würde. Trotz testamentarischer Regelungen kam es nach dem Tod des Herzogs 1592 zu Unklarheiten über die spätere Verteilung des Landes, denn sein geisteskranker Sohn Johann Wilhelm, der den Vater beerbt hatte, war der letzte männliche Vertreter seiner Dynastie.

Den Vorrang hatte eigentlich Wilhelms älteste Tochter Marie Eleonora, die mit Albrecht Friedrich von Brandenburg verheiratet war. Doch nachdem der gemeinsame Sohn 1586 mit nur einem Jahr gestorben war, beanspruchte der Herzog von Pfalz-Neuburg das Territorium für sich. Unterdessen aber heiratete die älteste Tochter von Marie Eleonore 1591 den späteren Kurfürsten von Brandenburg, Johann Sigismund, und machte ebenfalls Ansprüche geltend. Es kam jedoch zu keiner einvernehmlichen Lösung.

Als der geisteskranke Johann Wilhelm 1609 starb, begannen sowohl Brandenburg als auch Pfalz-Neuburg, einzelne Orte unter ihre Kontrolle zu bringen. Die Brandenburger waren vor allem in Kleve, Mark und Ravensberg aktiv, während die Pfalz-Neuburger ihren Einfluss in Jülich und Berg entfalteten. Wilhelm V. hatte jedoch testamentarisch bestimmt, dass das Herzogtum ungeteilt bleiben sollte. Deshalb beschloss man noch 1609 im Vertrag zu Dortmund, bis zu einer endgültigen Einigung über die Erbschaft gemeinsam zu regieren. Da aber sowohl Brandenburg als auch Pfalz-Neuburg das gesamte Land für sich einforderten, kam es schon bald zum Streit, der jedoch mit einer äußerst kreativen Lösung endete. Die beiden Kontrahenten hatten im Zuge der Reformation den lutherischen Glauben angenommen. Jetzt entschlossen sie sich, die Teilung des Herzogtums Jülich-Kleve-Berg durch eine erneute Konversion zu besiegeln: Johann Sigismund von Brandenburg trat zum Calvinismus über, während Wilhelm von Pfalz-Neuburg katholisch wurde. Auf dieser konfessionellen Basis wurden dem Brandenburger im vorläufigen Vertrag von Xanten 1614 Kleve, Mark und Ravensberg zugesprochen, während der Pfalzgraf Jülich und Berg erhielt. Aber wie gesagt, dieser Vertrag war nur vorläufig und konnte letztlich keinen von beiden wirklich zufriedenstellen. Der Ausbruch des Dreißigjährigen Krieges nur wenige Jahre später verhinderte jedoch eine weitere Eskalation.

Nach dem Krieg versuchte der »Große Kurfürst« 1651 vergeblich, Jülich-Berg für Brandenburg-Preußen zu erobern. Seitdem lag die Angelegenheit auf Eis, alle Verhandlungen scheiterten, eine Lösung war nicht in Sicht. Pfalz-Neuburg blieb Preußens großer Konkurrent am Niederrhein und war es noch, als Friedrich Wilhelm I. längst preußischer König war. Jetzt aber hoffte er, mit Unterstützung Englands und Frankreichs den Anspruch auf das gesamte Herzogtum Jülich-Kleve-Berg endlich geltend machen zu können.

Sophie Dorothea wird es völlig gleichgültig gewesen sein, worauf die neue Harmonie zwischen England und Preußen basierte. Solange zwischen beiden Königen bestes Einvernehmen herrschte, stand dem Projekt Doppelhochzeit wohl nichts mehr im Weg. Dachte sie zumindest.

Die Hoffnung stirbt zuletzt – der verzweifelte Kampf um die Doppelhochzeit

Friedrich Wilhelms Konflikt mit dem Kronprinzen

Inzwischen waren seit der Geburt von Amalie etwas mehr als zwei Jahre vergangen. Sophie Dorothea, die kurz vor ihrem 39. Geburtstag stand, war erneut schwanger und brachte am 18. Januar 1726 den Sohn Heinrich zur Welt, das vorletzte Kind der preußischen Königsfamilie. Der kleine Prinz war kein sonderlich hübscher Knabe – wegen eines Sehfehlers schielte er entsetzlich –, aber als er älter wurde, entwickelte er sich zur Freude des Vaters dennoch zu einem »richtigen Kerl« und zeigte großes Interesse an allem Militärischen. Gemeinsam mit seinem Bruder August Wilhelm schoss er im Berliner Tiergarten begeistert mit den kleinen Kanonen, die der königliche Vater den Söhnen zum »Spielen« und Lernen aufgestellt hatte.

Der Kronprinz hingegen konnte dem ganzen Militärwesen nach wie vor nichts abgewinnen. Inzwischen war Fritz 14 Jahre alt und befand sich damit ohnehin in der schwierigen Phase der Pubertät, was die latente Opposition zum Preußenkönig nur noch verstärkte. Seit 1725 galt Friedrichs Kindheit offiziell als beendet. Ob er wollte oder nicht – jetzt musste sich der Kronprinz als Soldat bewähren. Sophie Dorothea sah ihren Sohn nur noch selten. Die meiste Zeit verbrachte Fritz unter der Aufsicht seines Vaters auf dem Exerzierplatz, wo er den verhassten militärischen Drill über sich ergehen lassen musste. Spätestens jetzt wurde deutlich, wie sehr Sophie Dorothea in ihren Briefen an den Gemahl die Wahrheit stets »zurechtgebogen« hatte, wenn sie behauptete, Fritz habe große Freude am Reiten, Schießen und Exerzieren. Tatsächlich zeigte der mürrische Kronprinz seine Abneigung inzwischen nur allzu deutlich – und demonstrierte damit Tag für Tag, dass er nicht nur den militärischen Drill, sondern auch seinen königlichen Vater, dem die preußische Armee so lieb und teuer war, verachtete. Damit bahnte sich ein Vater-Sohn-Konflikt an, der den in Fürstenhäusern üblichen Rahmen schon bald sprengen sollte. Es brachte den Preußenkönig regelmäßig zur Weißglut, wenn er diesen » lasziven effiminierten (!) [weibischen] Kerl« beobachtete: die provozierend lässige Haltung, sein blasiertes Gesicht und die nach Ansicht des Vaters viel zu lange und ungepflegte Haartracht – lauter Produkte von Sophie Dorotheas französischer Erziehung. Wütend schrieb Friedrich Wilhelm an den Sohn: »Sein eigensinniger böser Kopf, der nicht seinen Vater liebet … Zum anderen weiß er wohl nicht, das ich keinen effiminierten Kerl leiden kann, der keine menschlichen Inklinationen [Regungen] hat, der sich nicht schämt, nicht reiten noch schießen kann und dabei malpropre an seinem Leibe, seine Haare wie ein Narr sich frisieret und nicht verschneidet … hoffähig und recht bauernstolz.« Jede Verweichlichung und Verzärtelung sollten dem Kronprinzen radikal ausgetrieben werden: »Ich will nicht französisch sein, ich bin gut deutsch«, pflegte der Preußenkönig zu sagen und verlangte das Gleiche auch von seiner Familie. Die »Schelm-Franzosen« waren Friedrich Wilhelm ein Gräuel.

Der Preußenkönig hatte also ebenso wenig Verständnis für den Sohn, wie es umgekehrt der Fall war. Wenn es nicht anders ging, dann versuchte er eben, ihn mit dem Rohrstock zur Raison bringen und Fritz jenen Gehorsam und Respekt einzuprügeln, den er dem Vater so demonstrativ versagte. Vergebens.

Seit 1726 häuften sich die heftigen Szenen. Tragischerweise besaß Friedrich Wilhelm die üble Angewohnheit, den Sohn vor aller Öffentlichkeit, vor Offizieren und Lakaien abzukanzeln, ihn zu demütigen, bloßzustellen und sogar zu schlagen. Nach einer solchen Züchtigung bemerkte der König einmal höhnisch, wenn er von seinem eigenen Vater so behandelt worden wäre, dann hätte er sich totgeschossen.

Aber Friedrich hatte offenbar den elastischen und anpassungsfähigen Charakter seiner Mutter Sophie Dorothea geerbt. Nach außen gab er sich kühl, verharrte in trotzigem Schweigen und erleichterte sein Herz höchstens in Briefen an die wenigen Vertrauten. Verbündete hatte der Kronprinz vor allem in seiner Mutter und Schwester Wilhelmine. Es genügte, dass der König gegenüber seinen Kindern ein Verbot erließ oder irgendetwas befahl – und Sophie Dorothea sorgte dafür, dass er es kaum durchsetzen konnte. Dann wurde eben heimlich auf Schloss Monbijou gelesen oder musiziert. Dabei nahm sie bereitwillig in Kauf, dass sie ihre Kinder nicht nur zur Heuchelei erzog, sondern sie auch zwang, sich gegen den Vater zu positionieren.

Vor allem Kronprinz Friedrich zeigte dabei zwei unterschiedliche Gesichter: geistvoll und liebenswürdig gegenüber seiner Mutter, verstummt und verstockt gegenüber dem königlichen Vater. Bei Tisch schwieg er auf seine düstere Art und Weise und gab kaum Antwort auf die Fragen, die der Preußenkönig an ihn richtete. Und hinter dessen Rücken machte er sich mit Wilhelmine gerne über den Vater lustig, spottete über dessen Korpulenz, seine tiefe Frömmigkeit und seinen »Sauberkeitsfimmel«.

Frühling in Potsdam

Nachdem sich Sophie Dorothea von den Strapazen der Geburt erholt hatte, zog die königliche Familie im Frühjahr 1726 wie üblich nach Potsdam, zunächst allerdings ohne den Kronprinzen, wie Wilhelmine berichtet: »Mein Bruder blieb zurück, da er sich den Wünschen des Königs nicht unterwerfen wollte, konnte dieser ihn nicht leiden. Er ließ nicht ab, ihn zu schelten, und seine Erbitterung gegen ihn wuchs dermaßen, dass alle Wohlgesinnten der Königin den Rat erteilten, den Kronprinzen zu bewegen, dass er dem König seine Unterwürfigkeit bezeige, was sie bisher nie dulden wollte.« Wenn Sophie Dorothea in der Vergangenheit stets schützend die Hand über ihren ältesten Sohn gehalten hatte, dann war das keineswegs nur aus purer Mutterliebe geschehen. Sie zog die Kinder auf ihre Seite, um sie gegen den Vater zu instrumentalisieren. Ein dem Preußenkönig gehorsamer Sohn war das Letzte, was sie sich wünschte. Sophie Dorothea musste unbedingt das Heft in der Hand halten, gerade jetzt, wo sich ihr preußisch-englisches Heiratsprojekt gewissermaßen auf der Zielgeraden befand. Der Kronprinz sollte ihr gehorchen, sonst niemandem.

Schließlich aber durfte der widerspenstige Fritz doch noch zu seiner Familie nach Potsdam kommen, dorthin, wo er Jahre später sein berühmtes Lustschloss Sanssouci errichten sollte.

Potsdam, das heute wie keine andere Stadt mit Preußen in Verbindung gebracht wird, war damals noch, wie Wilhelmine schreibt, »eine kleine Stadt in der Nähe von Berlin«. Es wäre wohl ein unbedeutender Marktflecken geblieben, hätte nicht der Große Kurfürst seine Sympathie für den Ort entdeckt und hier mit dem Bau eines Schlosses begonnen. In einem Brief an seinen Baumeister gab er 1664 die Anweisung, »das gantze Eyland« in ein »Paradies« zu verwandeln. Der Begriff »Eiland« war insofern gerechtfertigt, als das gesamte Gebiet ringsum von den seenartigen Erweiterungen der Havel umschlossen war. Während der Regierungszeit des Großen Kurfürsten entstanden nach holländischer Bautradition nicht nur das Potsdamer Stadtschloss, sondern auch kleinere Lustschlösser wie Caputh und Glienicke. Seitdem war Potsdam neben Berlin die zweite Residenz der Hohenzollernherrscher.

Friedrich I., der zum Zeichen seiner neu errungenen Königswürde am Potsdamer Stadtschloss das Fortunaportal errichten ließ, schätzte die Lage am Wasser und liebte es besonders, Bootsfahrten von Schloss zu Schloss zu unternehmen. Unter Friedrich Wilhelm I. hingegen wurde Potsdam Garnisonsstadt, und fortan bildete das Militär das prägende Element der Residenz. Aus seiner Regierungszeit stammt auch das »Holländische Viertel« mit den charakteristischen Backsteinhäusern, wie sie noch heute in der Nähe des Nauener Tores stehen. Erholung fand der »Soldatenkönig« bekanntlich in seinem Potsdamer »Marly«, einem Garten am Fuße des »Wüsten Bergs«, was den Aufenthalt für Sophie Dorothea nun nicht gerade angenehm machte. Das änderte sich erst zwanzig Jahre später, als jener »Wüste Berg« von dem Schloss gekrönt wurde, in dem Friedrich, seit 1740 preußischer König, seine Tage »ohne Sorgen« – sans soucis – zu verbringen gedachte. Doch diese Zeit war noch lange nicht gekommen.

Sophie Dorotheas neuer Gegenspieler: Friedrich Heinrich von Seckendorff

Als die königliche Familie nach mehreren Wochen in Potsdam nach Berlin zurückkehrte, freute sich Sophie Dorothea gewiss auf ruhige Sommermonate. Wilhelmine hatte im Juli 1726 ihren 17. Geburtstag gefeiert, und so würde es wohl nicht mehr lange dauern, bis sie mit ihrem englischen »Verlobten« Friedrich Ludwig vor den Traualtar treten konnte. Spätestens seit der Unterzeichnung des Vertrags von Herrenhausen schien der Hochzeit nichts mehr entgegenzustehen. Sophie Dorothea konnte endlich in eine rosige Zukunft blicken. Das dachte sie zumindest.

Tatsächlich aber hatte der Vertrag von Herrenhausen im Jahr zuvor in Wien sämtliche Alarmglocken läuten lassen. Der Kaiser wollte unbedingt verhindern, dass das englisch-preußische Bündnis durch die geplante Doppelhochzeit noch weiter gefestigt wurde, und war darauf bedacht, Preußen auf seine Seite zu ziehen. Karl VI. wusste genau, dass ihm Friedrich Wilhelm I. als deutsch denkender und fühlender Fürst eigentlich recht nahestand. Es war also durchaus möglich, den Preußenkönig zur Umkehr zu bewegen. Dazu brauchte man nur die richtigen Argumente – und einen geeigneten Mann. Der Kaiser entschloss sich daher, seine »Geheimwaffe« an die Spree zu schicken, den geschmeidigen, mit allen diplomatischen Wassern gewaschenen Reichsgrafen Friedrich Heinrich von Seckendorff (1673–1763). Seckendorff hatte schon vielen Herren gedient – Oranien, Gotha und Ansbach –, bevor er 1697 in den kaiserlichen Militärdienst eingetreten war. Seckendorffs Geheimauftrag war es nun, die Höfe in Berlin und London wieder zu entfremden, um so das Heiratsprojekt der Königin zu Fall zu bringen. Im Spätsommer 1726 kam Seckendorff offiziell als österreichischer Gesandter nach Berlin, die Taschen reichlich gefüllt mit Bestechungsgeldern, die schon bald so manche Zunge lockern sollten.

Wohl einer der Ersten, der in den Genuss dieser »Schmiergelder« kam, war Friedrich Wilhelms alter Vertrauter Friedrich Wilhelm von Grumbkow, ein ehemaliger Kriegskamerad Seckendorffs. Auf jeden Fall scheinen sich die beiden Herren gleich ausführlich über das Heiratsprojekt unterhalten zu haben. Schon kurz nach seiner Ankunft am Berliner Hof teilte Seckendoff dem österreichischen »Politiker« Prinz Eugen, mit dem er Seite an Seite im Türkenkrieg gekämpft hatte, ein paar interessante Neuigkeiten mit: »Im Heranfahren vertraute mir Grumbkow an, dass die vom König so sehr gewünschte Mariage der Kronprinzessin (Wilhelmine) mit dem englischen Prinzen Friedrich auch noch in weitem Felde sei und dass wohl niemals etwas daraus werden würde. Denn aus einem mir gezeigten Zirkularbrief [Rundschreiben] von Wallenrodt* erfuhr ich, dass man den Aufschub von dieser Heirat allein mit dem lächerlichen Prätext entschuldige, weil der englische Prinz zum Heiraten nicht imstande sei, worüber der König, welcher eine Kopie dieses Briefes erhielt, so erzürnt worden, dass er den Brief in tausend Stücke zerrissen, weil er augenscheinlich gesehen, dass man ihn nur so lange mit der Hoffnung auf Heirat flattiere [umschmeichele] und aufzuhalten gedenke, bis man seiner nicht mehr nötig habe, indem allerorten bekannt, dass der in England als unschuldig angesehene Prinz von Hannover mit Damen so tätlichen

---

* Johann Christoph Julius Ernst von Wallenrodt (1670–1727) war preußischer Gesandter in London.

Umgang gehabt, der den König von England jüngst veranlasst, genaue und scharfe Obacht auf des Prinzen Umgang und Conduite [Benehmen] wieder anzubefehlen, welches er ehedem zu unterlassen verdient in der Hoffnung, der Prinz werde sich selbst moderat aufführen und nicht durch allzu große Exzesse seine Gesundheit ruinieren.«

Friedrich Heinrich von Seckendorff wurde nun Sophie Dorotheas neuer Gegenspieler. Als Diplomat alter Schule war er feiner und geschliffener, aber auch weitaus gefährlicher als Grumbkow und der »Alte Dessauer« zusammen. Grumbkow, der einen äußerst aufwendigen Lebensstil pflegte, war nur allzu gern bereit, gegen großzügige Bestechungsgelder wichtige Informationen preiszugeben. Schon bald wusste Seckendorff alles, was er für seine Mission wissen musste, vor allem, dass Friedrich Wilhelm »deutsch« dachte und dem Bündnis von Herrenhausen eher widerwillig beigetreten war. Es folgten wohl ein paar längere »Männergespräche«, bei denen auch reichlich Alkohol floss. Auf jeden Fall wurde der Preußenkönig unter Seckendorffs beharrlicher Bearbeitung allmählich weich. Doppelhochzeit hin oder her – Wien stand ihm näher als London! Ausschlaggebend für den Gesinnungswechsel aber war letztlich das Versprechen, der Kaiser werde ihn bei seinen Ansprüchen auf Jülich-Berg unterstützen. Schon im Oktober 1726 rückte Friedrich Wilhelm mit dem Bündnis von Wusterhausen wieder von England ab und verpflichtete sich ganz dem Kaiser.

Damit war Seckendorff bereits einen großen Schritt weiter. Es schien nur noch eine Frage der Zeit zu sein, bis die preußisch-englischen Heiratspläne Makulatur waren. Seckendorff hatte vermutlich durch Grumbkow in Erfahrung gebracht, dass der Preußenkönig zwar die Hochzeit Wilhelmines mit dem englischen Thronfolger befürwortete, für seinen ältesten Sohn aber eine andere Frau wollte als Prinzessin Amalie. Er fürchtete nämlich, dass der ohnehin schon verwöhnte und Pracht liebende Kronprinz durch die kapriziöse Engländerin nur noch mehr »verdorben« werden würde. So bestand die Gefahr, dass Friedrich eines Tages als König in Saus und Braus leben und die Armee, die Lebensader des preußischen Staates, vernachlässigen würde. Als Friedrich Wilhelm freilich den englischen Gesandten Charles Hotham davon unterrichtete, biss er auf Granit. Die Antwort lautete: Entweder gäbe es eine Doppelhochzeit – oder überhaupt keine.

Die große Erbschaft

Noch ahnte Sophie Dorothea nichts davon, dass sie ihr Spiel praktisch schon jetzt verloren hatte. Im Gegenteil, sie fühlte sich stark wie nie zuvor und war bereit, notfalls jedermann die Stirn zu bieten, selbst ihrem cholerischen Gemahl, dessen wütende Reaktionen sie bislang so gefürchtet hatte.

Am 13. November 1726 starb die Mutter der Preußenkönigin, die unglückliche »Prinzessin von Ahlden«, die über 30 Jahre lang unter Hausarrest gestanden hatte, die Hälfte ihres Lebens. Für die inzwischen knapp 40-jährige Sophie Dorothea dürfte sich der Kummer über den Tod ihrer Mutter in Grenzen gehalten haben. Oder gab es vielleicht etwas, das sie bereute? Im Spätsommer 1725 hatte die Gefangene nämlich von der Allianz von Herrenhausen und der allem Anschein nach bevorstehenden Doppelhochzeit erfahren. Dass es sich bei Braut und Bräutigam jeweils um ihre Enkelkinder handelte, gab ihr die Hoffnung, aus diesem Anlass endlich die Freiheit wiederzuerlangen. So nahm sie durch Mittelsleute Kontakt zu ihrer Tochter auf, die sich gerade bei ihrem königlichen Vater Georg I. in Herrenhausen aufhielt.

Doch alle Hoffnungen, Sophie Dorothea würde sich für die Freilassung ihrer Mutter einsetzen, waren vergebens. Für die Preußenkönigin zählte allein das Projekt der Doppelhochzeit, und sie wollte keinesfalls riskieren, mit einer solch heiklen Bitte womöglich bei Vater und Gemahl anzuecken. Daher vertröstete sie ihre Mutter auf später: In einer politisch günstigeren Situation würde sie alles daransetzen, ihr doch noch zur Freiheit zu verhelfen. Eine solche Situation hat es bekanntlich nicht gegeben.

Weil es zunächst keinerlei Anordnungen gab, wie mit dem Leichnam der »Prinzessin von Ahlden« zu verfahren sei, wurde sie erst Monate später mit Erlaubnis Georgs I. in der Stadtkirche St. Marien in Celle heimlich beigesetzt.

Als einziges Kind ihrer herzoglichen Eltern Georg Wilhelm (†1705) und Eleonore d'Olbreuse (†1722) war Sophie Dorothea »von Ahlden« die Alleinerbin eines gewaltigen Vermögens gewesen, das jetzt an ihre beiden Kinder überging. Königin Sophie Dorothea, die bislang ihrem Mann über jeden Taler Rechenschaft schuldig war, schien mit einem Mal reich zu sein – und das hatte offenbar auch Auswirkungen auf ihre Ehe. Zumindest will Seckendorff damals Folgendes beobachtet haben: »Jedermann, der den Zustand des Hofes von ehedem und die Bescheidenheit kennt, mit der die Königin vordem dem König begegnet, und die Furcht, die sie vordem vor ihm gehabt, wundert sich über diese Veränderung«, schrieb Seckendorff nach Wien. »Die Ursache soll die Hoffnung wegen der großen Erbschaft ihrer verstorbenen Mutter sein, die sich vielleicht auf drei Millionen belaufen soll. Diese nun in seine Verwahrung zu bekommen, so liebkoset er die Königin auf alle Art und Weise und verträgt alles, welches sich aber vermutlich mindern dürfte, wenn entweder das Geld in die Schatzkammer gebracht ist oder keine Hoffnung mehr, solches zu erlangen. In Absicht des Ersteren hat der König den Geheimen Rat Ludwig nach Hannover geschickt, nebst vielen leeren Kisten das Geld hineinzupacken, auch Ordre gegeben, ihm solches zu überbringen.«

Die Aussicht auf die reiche Erbschaft festigte Sophie Dorotheas Position scheinbar so sehr, dass sie es wagte, ihrem »Wilcke« offen Paroli zu bieten. Als der Preußenkönig während einer Hoftafel über die Hannoveraner lästerte, giftete ihn Sophie Dorothea an: »Wollen Sie Krieg haben?« Damit aber schien jetzt Seckendorff der Wind ins Gesicht zu blasen: »Nie war ihr Kredit größer, ihre Hardiesse [Kühnheit] geht so weit, dass sie all diejenigen, die nicht von ihrer hannoverschen oder englischen Partei sein wollen, durch alle erdenklichen Drohungen abzuschrecken sucht«, heißt es in seinem Schreiben an den Kaiserhof. »Gegen den von Grumbkow ist die Rache der Königin so weit gegangen, dass sie ihm durch den von Wallenrodt hat ankündigen lassen: Sie und ihr Haus würden zwar den Fürsten von Anhalt, aber niemals den von Grumbkow pardonnieren (!), sondern ihn samt den Seinigen ewig verfolgen. Um ihn auch öffentlich zu prostituieren, hat sie ihm kürzlich ein von ihr gegebenes großes Porträt, so nebst des Königs seines indes von Grumbkow neu erbauten Hause in die Wand festgemacht worden, wieder abfordern und durch einen Kammerlakai sagen lassen, man solle es mit Gewalt herausbrechen.«

Mit knapp 40 Jahren war Sophie Dorothea endgültig zu »Olympia« geworden. Selbstbewusst vertrat sie ihre Interessen, ging auf Konfrontationskurs zu Grumbkow und Seckendorff und, wenn es sein musste, auch zum Preußenkönig selbst. Ihr neues Selbstwertgefühl verstellte Sophie Dorothea allerdings den Blick auf die Realität. Hatte sie zuvor geschickt versucht, gegenüber dem polternden Gemahl Gehorsam und Verständnis zu heucheln, so legte sie nun alle diesbezüglichen Hemmungen ab und verfolgte ihre Interessen direkt und ohne diplomatisches Fingerspitzengefühl. Denn noch etwas anderes kam hinzu: Während Sophie Dorothea trotz kleinerer Unpässlichkeiten auch nach 13 Schwangerschaften und Geburten vor Gesundheit nur so strotzte, wurde Friedrich Wilhelm immer wieder von heftigen Gichtanfällen geplagt, die seine ehemals schier unerschöpfliche Energie spürbar verminderten. Auf jeden Fall fühlte sich die Königin bereit, den Kampf aufzunehmen und die geplante Doppelhochzeit allen Widerständen zum Trotz zu einem glücklichen Ende zu bringen.

Zunächst einmal jedoch nutzte sie das reiche Erbe ihrer Mutter, um Schloss Monbijou endlich so zu gestalten, wie es ihren Vorstellungen entsprach. Mit edlen Möbeln, Teppichen, Seidentapeten und prächtigem Zierrat machte sie aus ihrem Besitz endgültig ein »Schmuckkästchen«.

Dresdner Geschichten

Am 12. Juni 1727 starb Sophie Dorotheas Vater Georg I. überraschend im Alter von 67 Jahren. Er reiste gerade durch Osnabrück und wollte den Sommer wieder in seinem geliebten Herrenhausen verbringen, als ein schwerer Schlaganfall sein Leben beendete. Jetzt fand er neben seiner 1714 verstorbenen Mutter Sophie die letzte Ruhestätte in der Kapelle des alten Leineschlosses in Hannover.

Mit der Thronbesteigung von Sophie Dorotheas Bruder geriet das große Heiratsprojekt erneut ins Wanken. Während zwischen Georg I. und Friedrich Wilhelm persönlich gutes Einvernehmen geherrscht hatte, konnten sich der Preußenkönig und sein englischer Cousin Georg II. überhaupt nicht leiden, nachdem sie einander schon als Kinder spinnefeind gewesen waren. Das blieb nicht ohne politische Folgen, wie ein Chronist in seinen Auszeichnungen vermerkt: »Der Tod des Königs von England hatte den König von der großen Allianz endgültig entfernt. Er schloss endlich einen Vertrag mit dem Kaiser, Russland und Sachsen.* Als Entgelt dafür sicherte ihm der Kaiser die Gebiete von Jülich und Berg zu. Die Königin verzehrte sich vor Leid, all ihre Pläne vernichtet zu sehen, und konnte ihre Erbitterung, die sich allein gegen Grumbkow und Seckendorff richtete, nicht verbergen.«

Dieser Berliner Vertrag bestätigte im Wesentlichen die Vereinbarungen des Vertrags von Wusterhausen zwei Jahre zuvor, mit dem Friedrich Wilhelm die Pragmatische Sanktion – ein Hausgesetz der Habsburger hinsichtlich der Unteilbarkeit und Untrennbarkeit ihrer Erbkönigreiche – anerkannt hatte und im Gegenzug vom Kaiser Unterstützung in der Sache Jülich-Berg erhielt.

Vorangegangen war dem Vertragsabschluss ein Besuch des Preußenkönigs und des Kronprinzen bei August dem Starken in Dresden. Glaubt man Wilhelmines Erinnerungen, dann hätte diese Reise freilich einen ganz anderen Zweck gehabt, nämlich ihre Verlobung mit dem seit 1727 verwitweten sächsischen Kurfürsten. Sie schreibt in ihren Memoiren

---

* Der Vertrag von Berlin vom 23.12.1728 widersprach allerdings den bereits im Mai des Jahres getroffenen Versprechungen des Kaisers zugunsten des Pfalzgrafen von Sulzbach bezüglich Jülich und Berg.

etwas von einem geheimen Vertrag, dessen Unterzeichnung
bei einem Gegenbesuch Augusts des Starken in Berlin erfol-
gen sollte, dann jedoch am Widerspruch des Kurprinzen gescheitert sei.

Tatsächlich ist hier offenbar wieder einmal die Phantasie
mit der Markgräfin durchgegangen. Es ist schließlich höchst
unwahrscheinlich, dass der Preußenkönig seine älteste Tochter mit dem fast sechzigjährigen Witwer verheiraten wollte,
der vom Leben und vermutlich auch von der Syphilis ge-
zeichnet war. Und obendrein war er auch noch katholisch!
Deshalb gibt es auch keine einzige andere Quelle, die von
einem solchen Geheimvertrag und der beabsichtigten Verlobung berichtet. Offenbar konnte es Wilhelmine nur schwer
ertragen, einmal nicht im Mittelpunkt des Geschehens zu
stehen.

Sophie Dorothea glaubte derweil an ein anderes Heiratsprojekt, über das am Hohenzollernhof getratscht wurde.
Jedenfalls schrieb sie am 25. Januar 1728 an Friedrich Wilhelm nach Dresden: »Man liest in den Gazetten, dass Sie
nach Dresden gereist sind, um die Hochzeit der Markgräfin
Philipp mit dem König von Polen zu vereinbaren, und dass
der Fürst von Anhalt und Ilgen* mit dabei sind, um die
Angelegenheit zu bezeugen. Ich habe mich mit ihr unterhalten. Sie hatte gute Laune und meine Fragen fröhlich beant-
wortet.«

Sollten der Preußenkönig und der »Alte Dessauer« tatsächlich an eine Verbindung Augusts des Starken mit der
46-jährigen Markgräfinwitwe Johanna Charlotte gedacht
haben, so stießen sie in Dresden auf taube Ohren. Der säch-

---

* Heinrich Rüdiger von Ilgen (1654–1728), königlich-preußischer
  Staatsmann

sische Kurfürst lehnte dankend ab und antwortete nur launig, er werde vielleicht mit der Markgräfin »Mazurka tanzen«.

Die politischen Gespräche, die Friedrich Wilhelm und August der Starke führten, brachten eine erneute Annäherung der beiden Staaten. Trotzdem war der Aufenthalt in Dresden dem sparsamen Preußenkönig eher zuwider, wie er an Seckendorff schrieb: »Ich gehe nach Hause fatiguieret von alle gute Tage und Wohlleben: ist gewiss nit christlich Leben hier. Aber Gott ist mein Zeuge, dass ich kein Plaisir daran gefunden habe und noch so rein bin als ich von Zuhause hergekommen bin und mit Gottes Hilfe beharren will bis an mein Ende.«

Aber weder Sophie Dorothea noch sonst jemand am Berliner Hof hatte wohl ernsthaft befürchtet, der Preußenkönig werde sich, dem Beispiel Augusts des Starken folgend, in Dresden mit schönen Frauen vergnügen. Natürlich widerstand er sämtlichen Verlockungen und blieb seinem »Fiekchen« auch weiterhin treu. Aber möglicherweise sammelte der Kronprinz in Sachsen seine ersten sexuellen Erfahrungen und infizierte sich vielleicht sogar mit einer Geschlechtskrankheit, denn er kam leidend nach Berlin zurück, mit dem König wieder einmal völlig zerstritten. Was auch immer geschehen sein mag – Sophie Dorothea stellte sich natürlich bedingungslos hinter ihren ältesten Sohn, wie aus ihrem Schreiben an den König hervorgeht: »Sie können ganz sicher sein, dass ich ihm (Fritz) ganz bestimmt nichts von dem bestellen werde, was Sie mir über ihn geschrieben haben. Wüsste er, wie sehr Sie ihn hassen und wie sehr Sie ihm den Tod wünschen, er würde verzweifeln und sterben. Er ist nur allzu krank. Ihnen aber möge Gott Ihre schlimmen Gedanken nehmen und Ihr Herz lenken.«

Ob der Kronprinz tatsächlich eine »galante Krankheit« aus Sachsen mitgebracht ist, ist nicht bewiesen. Auf jeden Fall aber machte er in Dresden Bekanntschaft mit dem Flötisten und Komponisten Johann Joachim Quantz (1697–1773), der soeben zum Mitglied der königlich-sächsischen Kapelle ernannt worden war. Begeistert von dessen brillantem Spiel auf der Querflöte, erwuchs auch in Friedrich der Wunsch, dieses Instrument zu lernen. August der Starke genehmigte daraufhin, dass Quantz zweimal im Jahr nach Berlin reiste, um dem Kronprinzen Unterricht zu erteilen. Gegenüber dem Preußenkönig sollte das jedoch geheim bleiben, denn der fürchtete schließlich, dass die musischen Interessen den Sohn von seinen militärischen Pflichten abhielten. Sophie Dorothea jedoch hielt auch diesmal wieder zu ihrem Friedrich und stellte ihm für den Flötenunterricht selbstverständlich Schloss Monbijou zur Verfügung, wo der Kronprinz in Zukunft heimlich musizieren konnte.

Unterdessen musste auch Sophie Dorothea feststellen, dass ihre ehrgeizigen Hochzeitspläne ins Stocken geraten waren. Die Briefe, die sie in dieser Angelegenheit an ihren Bruder Georg II. schickte, blieben lange Zeit unbeantwortet, und die Antwort fiel schließlich sehr vage aus. Zum einen bestand der englische König nach wie vor auf der Doppelhochzeit, zum anderen berief er sich auf die noch fehlende Zustimmung des Parlaments, ohne die er keine weiteren Versprechungen machen könne. Doch dann schöpfte Sophie Dorothea im Mai 1728 wieder neue Hoffnung. Dazu schreibt Wilhelmine: »Wir kehrten Anfang Mai nach Berlin zurück. Die Königin fand dort Briefe aus Hannover, in welchen ihr angekündigt wurde, dass der Prinz von Wales sich inkognito nach Berlin verfügen würde, um mich zu sehen. Über diese Nachricht empfand die Königin eine maßlose Freude; sie

setzte mich sofort davon in Kenntnis … Die Ankunft mehrerer Damen und Kavaliere aus Hannover brachte meine
Mutter auf den Gedanken, dass der Prinz von Wales sich
unter ihnen befände. Kein Esel und kein Maultier, hinter
dem sie nicht ihren Neffen wähnte, sie schwor sogar, sie habe
ihn in Monbijou unter der Menge gesehen. Allein ein zweiter
Brief aus Hannover klärte sie über ihren Irrtum auf. Sie
erfuhr, dass dieses Gerücht nur durch einen Scherz entstanden sei, den der Prinz von Wales abends bei der Tafel gemacht
hatte, wodurch die Meinung hervorgerufen wurde, er würde
sich wirklich nach Berlin verfügen.«

August der Starke in Berlin

Beim Besuch des Preußenkönigs in Dresden war vereinbart
worden, dass man August den Starken noch im gleichen Jahr
im Hohenzollernschloss empfangen wolle. Am 29. Mai 1728
kam der sächsische Kurfürst und König von Polen wie geplant in Berlin an. Der Hofmaler Antoine Pesne hat den Besuch des Königs in einer Ölskizze festgehalten, auf der auch
die gesamte – noch nicht komplette – preußische Königsfamilie abgebildet ist.

Friedrich Wilhelm wusste, was er seinem verwöhnten
Gast schuldig war. Allein für diesen Staatsbesuch ließ er im
Berliner Stadtschloss die prunkvollen »Polnischen Kam-
mern« errichten, die August der Starke während seines Aufenthalts an der Spree bewohnte. Gleichzeitig wurde der
»Weiße Saal« im Nordwestflügel, gewissermaßen die »gute
Stube« des Berliner Schlosses, komplett renoviert. Den Namen hatte er übrigens aufgrund seiner reichen Ausstattung
mit weißem Stuckmarmor und zahlreichen versilberten Or-

namenten erhalten. Hier wurde auch der große königliche
Silberschatz ausgestellt, was das edle Ambiente des Raumes
zusätzlich verstärkte. Nach Wilhelmines Aussage befand sich
hier »für zwei Millionen Silbergerät«, angeblich weil der
königliche Vater etwas haben wollte, »was kein Monarch in
Europa noch gesehen hatte«.

Nach seiner Ankunft wurde August der Starke zunächst
von Sophie Dorothea empfangen. Auch wenn sie selbst noch
nie am Dresdner Hof gewesen war, so dürfte sie sich doch
anhand der Erzählungen Friedrich Wilhelms und des Kronprinzen eine gewisse Vorstellung von der Pracht gemacht
haben, die das berühmte »Elbflorenz« ausstrahlte. Ganz anders als im »Sparta des Nordens« legte man in Dresden
großen Wert auf höfischen Prunk und entsprechendes Amü-
sement. Die Palette reichte von Ballettaufführungen, französischen und italienischen Komödien, Festessen und Masken-
bällen bis zu vergnüglichen Schlittenfahrten, Jagdausflügen,
Ringrennen und Schützenfesten. Dass der Preußenkönig
der Ansicht war, hier herrsche kein »christlich Leben«,
konnte Sophie Dorothea wohl leicht nachvollziehen. Natürlich wusste sie auch von den zahlreichen Mätressen Augusts
des Starken, darunter einstmals Aurora von Königsmarck,
die Schwester des unglücklichen Philipp Christoph, der die
Liebe zu Sophie Dorotheas Mutter bekanntlich mit seinem
Leben bezahlt hatte. Dass August allerdings, wie Wilhelmine
in ihren Memoiren kolportiert, 354 Kinder in die Welt gesetzt haben soll, gehört ganz ohne Zweifel ins Reich der Phantasie. Außer seinem ehelichen Sohn mit Christiane Eberhar-
dine hatte er weitere neun Kinder von seinen Mätressen, die
er allesamt anerkannt und gut versorgt hat.

Schätzungsweise 50 bis 60 Tage pro Jahr waren am Dresdner Hof aufwendigen Festlichkeiten gewidmet. Zentrum der

höfischen Vergnügungen war der Dresdner Zwinger, ursprünglich ein Festplatz für Spiele und Turniere, der zwischen 1709 und 1728 durch den Baumeister Matthäus Daniel Pöppelmann errichtet worden war, eines der bedeutendsten Bauwerke des Barock. Damit hatte man gewissermaßen einen »Festsaal unter freiem Himmel«, gesäumt von reich geschmückten Galerien und Pavillons.

Natürlich hatte Sophie Dorothea auch vom legendären »Grünen Gewölbe« im Dresdner Schloss gehört, in dem August der Starke seine märchenhaften Schätze in einer »Wunderkammer« zur Schau stellte. Sie enthielt über 3000 Exponate aus Gold, Silber und Edelsteinen, aber auch aus Elfenbein, Ebenholz, Bernstein, Glas, Messing und Bronze. Die kurfürstliche Schatzkammer war die größte Preziosensammlung in ganz Europa!

Aber wenigstens während des Aufenthalts Augusts des Starken in Berlin wurde zu Sophie Dorotheas großer Genugtuung auch an der Spree ein Höchstmaß fürstlicher Pracht entfaltet. An die früheren Zeiten prächtiger »Märchenschlösser« hatte sie schließlich nur noch eine vage Erinnerung. Über den protokollarischen Ablauf informiert uns Wilhelmine: »Am nächsten Tag, einem Sonntag, verfügten wir uns alle nach der Predigt in die großen Staatsgemächer des Schlosses. Die Königin, von ihren Töchtern und den Prinzessinnen von Geblüt begleitet, schritt von einem Ende der Galerie herauf, während von dem anderen die beiden Könige vortraten. Alle Damen der Stadt in ihrem Schmuck bildeten die Galerie entlang Spalier; der König und der Prinz von Polen und ihr Gefolge, das aus dreihundert Würdenträgern, sowohl polnischen als auch sächsischen, bestand, trugen prachtvolle Gewänder; sie stachen sehr gegen die Preußen ab.« Es folgte ein Galadiner mit all jenen exquisiten Köstlichkeiten, die Sophie Dorothea an der königlichen Tafel sonst schmerzlich vermisste. »Am folgenden Abend wurde die Stadt illuminiert«, berichtet Wilhelmine weiter. »Alle Häuser in den Hauptstraßen waren mit so vielen brennenden Lampions geschmückt, dass es das Auge blendete. Zwei Tage darauf war ein Ball in den großen Schlosssälen angesetzt ... Am folgenden Tag wurde in Monbijou ein großes Fest gegeben, die ganze Orangerie wurde illuminiert, was prächtig aussah. In Berlin nahmen die Feste nur ein Ende, um in Charlottenburg wieder anzufangen. Es gab deren mehrere sehr glänzende.« Und zum Schluss verrät uns Wilhelmine noch von einer Besonderheit, die es damals im Charlottenburger Schloss gegeben hat, ein unterirdisches »Tischlein-deck-dich«, die sogenannte Konfidenztafel: »Am Tage vor der Abreise des Königs von Polen hielten beide Könige, was man eine Vertrauenstafel nennt. Sie heißt so, weil dabei nur ausgewählte Freunde zugezogen werden. Diese Tafel ist so eingerichtet, dass man sie mittels Rollen herablassen kann. Man braucht keine Dienerschaft; statt ihrer dienen trommelähnliche Dinger, auf welche jeder Gast aufschreibt, was er essen will, und sie hinablässt; sie steigen dann mit dem Gewünschten wieder in die Höhe.«

Als August der Starke mit seinem Gefolge zurück nach Dresden reiste, gingen in Berlin die Lichter wieder aus, und die Spreemetropole wurde erneut zum »Sparta des Nordens«. Auf Schloss Monbijou jedoch zog jetzt ein Hauch von »Elbflorenz« ein.

Sächsische Musikvirtuosen für Preußens Königin

Möglicherweise hatte August der Starke ein wenig Mitleid
mit der Pracht liebenden und kunstsinnigen Sophie Dorothea, die von ihrem königlichen Gemahl in dieser Hinsicht
so kurz gehalten wurde. Auf jeden Fall bemühte er sich,
ihrem Musikensemble zumindest vorübergehend ein wenig
mehr Glanz zu verleihen, wie uns Wilhelmine berichtet:
»Überdies sandte der König von Polen seine geschicktesten
Virtuosen an die Königin wie den berühmten Weiss, der so
herrlich Laute spielte, dass ihm nie wieder ein anderer gleich-
kam … Dann Buffardin, der große Flötenbläser, und Quantz,
welcher dasselbe Instrument spielt und ein großer Komponist war, dessen Geschmack und hohe Kunst der Flöte den
Klang der schönsten weiblichen Stimme verleihen konnte …«
Anders als in Berlin gab es am Dresdner Hof zahlreiche
Künstler von namhaftem Ruf. Zu ihnen gehörte der großartige Lautenspieler Silvius Leopold Weiss (1686–1750), ein
Freund Johann Sebastian Bachs und Kammermusiker in
Dresden seit 1718. Ein weiterer Virtuose war der Franzose
Pierre-Gabriel Buffardin (1690–1768), Lehrer von Quantz
und Soloflötist im königlich-sächsischen Orchester. Durch
die großartigen Künstler und die intensive Pflege der italienischen Oper erlebte Dresden damals eine musikalische Blüte-
zeit. Einen Hauch davon konnte nun auch Sophie Dorothea
auf ihren eigenen Musikabenden genießen. Friedrich Wilhelm nahm nie daran teil, obwohl er keineswegs so unmu-
sisch war, wie ihm oft unterstellt wurde. Allein aus Kostengründen leistete er sich kein eigenes Orchester, sondern
begnügte sich mit den Oboisten des Potsdamer Garderegi-
ments. Vor allem in den Wintermonaten ließ er sich mehr-

mals pro Woche Arien und Chöre aus heroischen Opern vorspielen, vorzugsweise Werke von Georg Friedrich Händel. Bei diesen Konzerten standen die Musiker an einem Ende des langen Saals, während der König ganz allein am anderen saß und versunken dem Klang der Blasinstrumente lauschte. Sophie Dorothea und ihre Kinder fanden solche Vorstellungen natürlich äußerst peinlich und spotteten heimlich über den »primitiven« Musikgeschmack des »Soldatenkönigs«.

Nicht weniger als die klangvolle Kammermusik vermisste Sophie Dorothea die prachtvollen Opern- und Theateraufführungen, die sie in ihrer Jugend in Hannover erlebt hatte. In Berlin gab es nichts dergleichen. Zu Beginn seiner Regierungszeit hatte Friedrich Wilhelm die Komödien noch geduldet, freilich nur unter der Bedingung, dass ja »nichts Skandalöses« dargeboten würde. Aber Beschwerden der pietistischen Prediger hatten ihn bereits 1715 dazu veranlasst, alle »Tempel des Satans« zu verbieten. Den strenggläubigen Pietisten, die damals großen Einfluss auf zahlreiche Menschen ausübten, galten die vergnüglichen Seiten des Lebens wie Musik, Tanz oder Komödienbesuche als sündhaft und dem Seelenheil abträglich. Schon Friedrich I. hatte 1711 auf Druck der Pietisten ein Edikt gegen die Sonntagsentheiligung erlassen, das den Berlinern Spazierfahrten, Glücksspiele und Trunkenheit in der Öffentlichkeit untersagte.

Erst später befreite sich Preußenkönig Friedrich Wilhelm I. ein wenig von dem Druck, den die Geistlichen auf ihn ausübten. 1731 erlaubte er Johann Karl von Eckenberg (1684–1748), in Berlin sein Theater zu stationieren und dort »honette Sachen, keineswegs aber skandalöse Zoten und sündhafte Reden und Aktionen« aufzuführen. Im gleichen Jahr ernannte der König Eckenberg sogar zum Hofkomödianten, stellte ihm im Marstall Räumlichkeiten zur Verfügung und gab ihm einige tausend Taler als Zuschuss. Tatsächlich besuchte der König jetzt häufiger die Theateraufführungen oder ließ die Komödianten im Schloss auftreten. Zu ihrem Repertoire gehörten seichte italienische Possen und ihre deutschen Nachahmungen. Eine äußerst beliebte Figur des volkstümlichen Theaters war der Hanswurst mit seiner derben Komik, gewissermaßen ein Vorgänger des »Kasperl«. Er vollführte gewöhnlich dumme Scherze, die nicht unbedingt im Zusammenhang mit der eigentlichen Handlung standen, sondern nur den Zweck hatten, die Zuschauer zum Lachen zu bringen.

Solche Komödien mochten das »einfache Volk« begeistern, die gebildeten Berliner zeigten daran nur wenig Interesse, und auch Sophie Dorothea konnte darüber nur die Nase rümpfen. Anspruchsvolle deutsche Theaterstücke existierten damals noch nicht. Das Erwachen der deutschen Literatur kam erst mit den Werken des Dichters Gotthold Ephraim Lessing (1729–1781), der 1767 das Lustspiel »Minna von Barnhelm« auf die Bühne brachte. Zu den Förderern Lessings, seit 1770 Hofbibliothekar in Wolfenbüttel, gehörte auch Sophie Dorotheas Tochter Charlotte, Herzogin von Braunschweig und Lüneburg, die sich als erstes Mitglied der Hohenzollernfamilie für die deutsche Sprache und Literatur starkmachte. Diesem Beispiel folgte später auch ihre Tochter Anna Amalia, Freundin Goethes und Begründerin des Weimarer Musenhofs.

Brandenburg-Ansbach

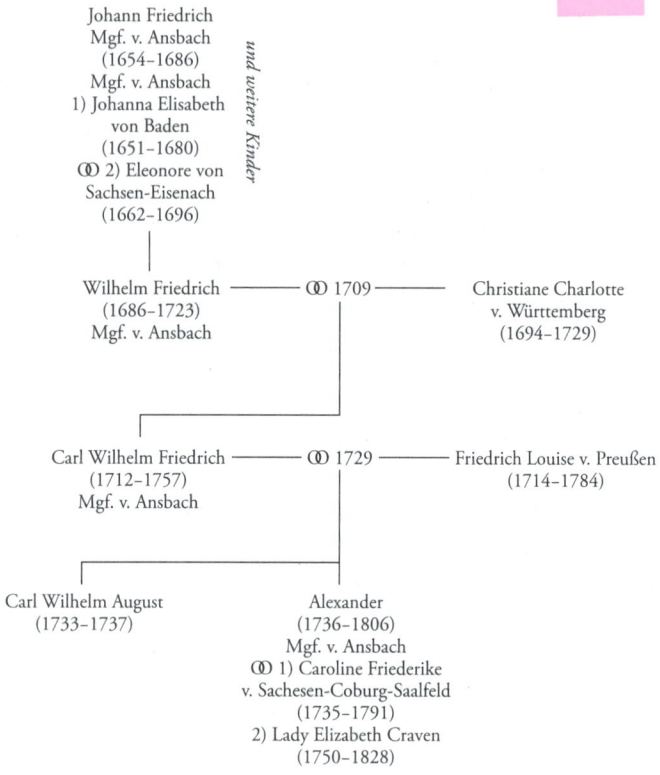

Johann Friedrich
Mgf. v. Ansbach
(1654–1686)
Mgf. v. Ansbach
1) Johanna Elisabeth
von Baden
(1651–1680)
∞ 2) Eleonore von
Sachsen-Eisenach
(1662–1696)

und weitere Kinder

Wilhelm Friedrich ——— ∞ 1709 ——— Christiane Charlotte
(1686–1723)   v. Württemberg
Mgf. v. Ansbach   (1694–1729)

Carl Wilhelm Friedrich ——— ∞ 1729 ——— Friedrich Louise v. Preußen
(1712–1757)   (1714–1784)
Mgf. v. Ansbach

Carl Wilhelm August   Alexander
(1733–1737)   (1736–1806)
                                   Mgf. v. Ansbach
                                   ∞ 1) Caroline Friederike
                                   v. Sachesen-Coburg-Saalfeld
                                   (1735–1791)
                                   2) Lady Elizabeth Craven
                                   (1750–1828)

Hochzeit von Friederike

Der Besuch Augusts des Starken in Berlin war für die ganze Königsfamilie eine angenehme Abwechslung gewesen, ein letzter Glanzpunkt, bevor sich die Situation am Hohenzollernhof dramatisch zuzuspitzen begann. Noch immer lagen die englischen Hochzeitspläne auf Eis, denn Georg II. beharrte darauf, nur in die Ehe des Prinzen von Wales mit Wilhelmine einzuwilligen, wenn sich auch Friedrich mit Amalie vermählte. Das konnte Sophie Dorothea freilich nicht davon abhalten, ihr Ziel weiter mit Verbissenheit zu verfolgen. Im Zweifelsfall war sie sogar bereit, Bestechungsgelder an die Dienerschaft zu zahlen, um so an neue Informationen zu kommen, die ihr der König möglicherweise vorenthielt. Gleichzeitig setzte sie ihren Briefwechsel mit Englands neuer Königin Caroline fort.

Die Stimmung, die ohnehin schon angespannt war, wurde durch die schmerzhafte Gichterkrankung des erst 40-jährigen Preußenkönigs im Sommer 1728 noch unerträglicher: »Wir folgten ihm bald darauf nach Potsdam, wo er an beiden Füßen von heftigen Gichtschmerzen befallen wurde«, berichtet Wilhelmine. »Diese Krankheit im Verein über seine zerstörten Hoffnungen machten, dass er von unerträglich schlechter Laune war. Die Leiden des Fegefeuers konnten den unseren nicht gleichkommen … Den ganzen Tag überhäufte er meinen Bruder und mich mit Schmähungen. Der König nannte mich nur noch die englische Canaille, und mein Bruder hieß der Schuft von einem Fritz … In seiner Ungeduld hielt es der König im Bett nicht aus, er ließ sich im Rollstuhl durch das ganze Schloss fahren. Seine beiden Arme waren auf zwei Krücken gestützt … Der arme König hatte große Schmerzen, und seine schwarze Galle, die sich in sein Blut ergossen hatte, war der Grund seiner üblen Laune.« Darunter litt natürlich auch Sophie Dorothea, zumal der kranke Friedrich Wilhelm sein »Fiekchen« stets in seiner Nähe haben wollte – leider meist in der Funktion des personifizierten »Blitzableiters« für seine schlechte Laune.

Als es dem Preußenkönig wieder besser ging, überraschte er Sophie Dorothea mit der Nachricht, dass er die 1714 geborene Tochter Friederike mit dem jungen Markgrafen von Ansbach verheiraten wollte. Sophie Dorothea fiel aus allen Wolken, denn die Prinzessin war noch nicht einmal 15 Jahre alt und hatte bislang nie im Fokus entsprechender Pläne gestanden. Aber offenbar hatte die Königin nichts dagegen einzuwenden, solange ihr eigenes Projekt nicht davon betroffen war.

Friedrich Wilhelm hatte sich aus zwei Gründen entschlossen, Friederike mit dem 17-jährigen Markgrafen von Ansbach zu verheiraten: Die Ehe sollte nicht nur die verwandte fränkische Linie enger an das preußische Königshaus binden, sondern auch den Erbanspruch auf die kleine Markgrafschaft weiter festigen. Der künftige Bräutigam Carl Wilhelm Friedrich von Brandenburg-Ansbach (1712–1757) hatte sich im Rahmen seiner Kavalierstour bereits 1726 längere Zeit am Berliner Hof aufgehalten und war ein gern gesehener Gast in Friedrich Wilhelms berühmtem Tabakskollegium gewesen. Der junge Prinz hatte noch nicht einmal den elften Geburtstag gefeiert, als sein Vater, Markgraf Wilhelm Friedrich, 1723 an den Folgen eines Schlaganfalls starb. Seither stand er unter der Vormundschaft seiner klugen Mutter Christiane Charlotte, die auch dem kleinen Ansbacher Ländchen eine gute Regentin war.

Der Hochzeitstermin wurde auf den 30. Mai 1729 festgesetzt, vermutlich so früh, weil Christiane Charlotte spürte, dass ihr nicht mehr allzu viel Zeit blieb. Sie litt an einer Krebserkrankung und starb bereits an Weihnachten 1729 im Alter von erst 35 Jahren.

Damit war Friederike die erste Tochter Sophie Dorotheas, die das königliche Elternhaus verließ. Die Hochzeit wurde im Berliner Stadtschloss mit all der üblichen Pracht gefeiert, und Friedrich Wilhelm präsentierte sich bester Laune. Wie es in einem Hofbericht heißt, soll er sogar begonnen haben, »à la polonaise zu tanzen, und viele folgten also nach, so wie ganz modester Art getanzt wurde«. Zwei Wochen später reisten die frischgebackene Markgräfin und ihr junger Gemahl nach Ansbach ab, doch allzu großen Trennungsschmerz scheint Sophie Dorothea nicht verspürt zu haben.

Erste Fluchtpläne des Kronprinzen

Seit der Rückkehr aus Dresden hatte sich das Verhältnis von Vater und Sohn weiter verschlechtert. Sooft er konnte, zog sich Kronprinz Friedrich nach Monbijou zurück, in das Reich seiner Mutter. Hier hatte er in den vergangenen Jahren, unterstützt von Sophie Dorothea und seinem Erzieher Durhan de Jadun (1685–1746), einem gebildeten Hugenotten, eine Bibliothek von fast 4000 Bänden zusammengetragen, meist französische Werke über Staatslehre und Philosophie, darunter auch die Schriften Voltaires. Trost und Ablenkung fand Friedrich vor allem in der Lektüre und der Musik. Seitdem Quantz ihm Unterricht erteilte, spielte der Kronprinz leidenschaftlich gern auf der Querflöte, heimlich natürlich, mit Rückendeckung Sophie Dorotheas. Immer

wieder aber wurde er vom Vater beim Musizieren erwischt –
mit der Folge, dass der Preußenkönig wutentbrannt das
geliebte Instrument des Sohnes in zwei Stücke zerbrach. Mit
dieser völlig ungeeigneten Methode der »schwarzen Päda-
gogik« und dem hemmungslosen Einsatz des Rohrstocks
versuchte Friedrich Wilhelm vergebens, seinem Sohn »die
Schlafmütze aus dem Kopp zu vertreiben« und doch noch
einen »richtigen Kerl« und tüchtigen Soldaten aus ihm zu
machen.

Friedrich, inzwischen 17 Jahre alt, hielt die demütigenden
Misshandlungen nicht länger aus. Wilhelmine gibt in ihren
Memoiren »ungefähr im Wortlaut« einen Brief wieder, den
der Kronprinz damals an Sophie Dorothea geschrieben
haben soll: »Ich bin in der größten Verzweiflung. Was ich
immer befürchtete, ist mir soeben widerfahren. Der König
hat nämlich gänzlich vergessen, dass ich sein Sohn bin, und
mich wie den niedrigsten aller Menschen behandelt. Ich trat
heute Morgen wie gewöhnlich in sein Zimmer. Kaum hatte
er mich erblickt, als er mich am Kragen packte und in der
grausamsten Weise mit seinem Stock auf mich losschlug. Ich
versuchte vergeblich, mich zu wehren; er war in einem so
schrecklichen Zustand, dass er sich nicht mehr beherrschte,
und hielt erst inne, als sein Arm vor Müdigkeit erlahmte. Ich
habe zu viel Ehrgefühl, um derartige Behandlungen zu ertragen, ich bin entschlossen, ihnen auf die eine oder andere
Weise ein Ende zu machen.«

Sophie Dorothea muss beim Lesen dieser Zeilen zu Tode
erschrocken gewesen sein. Drohte ihr geliebter Sohn etwa
mit Selbstmord? Oder deutete er womöglich an, dass er aus
Berlin zu fliehen beabsichtigte? Die Königin war ratlos und
sah sich nicht in der Lage, dem Kronprinzen zu helfen. Ihr
Stolz und Ehrgeiz ließen es einfach nicht zu, dem rebelli-

schen Friedrich ins Gewissen zu reden und ihm zu raten, dem Vater gehorsam zu sein – die einzige Möglichkeit, den Frieden in der Königsfamilie wiederherzustellen. So aber spitzte sich die Situation weiter zu.

Wilhelmine und der »dicke Johann Adolf«

Friedrich Wilhelm wusste durch seine Spione am Berliner Hof jedoch ganz genau, dass Sophie Dorothea hinter seinem Rücken ihre eigenen Interessen verfolgte und sich um die königlichen Befehle keinen Deut kümmerte. Im Dezember 1729 erhielt General Albrecht Konrad Reinhold Finck von Finckenstein (1660–1735), preußischer Feldmarschall und Prinzenerzieher, vom Preußenkönig daher das folgende Schreiben: »Sobald Borcke und Grumbkow bei Ihnen gewesen sein werden, haben Sie sich alle drei zu meiner Frau zu verfügen. Sie werden ihr in meinem Auftrag sagen, dass ich von all ihren Intrigen weiß, dass sie mir missfallen und dass meine Geduld am Ende ist. Ich will nicht länger das Spielzeug meiner Familie sein, die mich unwürdig behandelt, ich will ein für alle Mal meine Tochter Wilhelmine verheiraten. Als letzte Gunst will ich meiner Frau erlauben, noch einmal an den König von England zu schreiben und eine förmliche Erklärung von ihm wegen der Heirat meiner Tochter zu verlangen. Sagen Sie ihr, falls die Antwort nicht meinem Wunsch gemäß ausfällt, ich unbedingt darauf bestehe, meine Tochter mit dem Herzog von Weißenfels oder dem Markgrafen von Schwedt zu vermählen.«

Der Markgraf von Schwedt war bekanntlich schon vor längerer Zeit als Bräutigam für Wilhelmine gehandelt worden, damals freilich war die Prinzessin noch viel zu jung zum

Heiraten gewesen. Jetzt aber, mit 20 Jahren, hatte sie das beste Alter schon fast überschritten. Für Sophie Dorothea müssen aber beide Ehekandidaten ein »rotes Tuch« gewesen sein.

Johann Adolf II. (1685–1746), Herzog der kursächsischen Sekundogenitur – der Herrschaft des zweitgeborenen Sohnes – Sachsen-Weißenfels, General im Dienst Augusts des Starken, war nach den Worten der Königin »ein lumpiger Niemand, der nur von der Gnade des Königs von Polen lebt«. Sie erinnerte sich noch gut an dessen Besuch in Berlin im Jahr zuvor, was man auch in Wilhelmines Memoiren nachlesen kann: »Der reizende Gatte, den man mir zugedacht hatte, kam am Abend des 27. September 1728 an. Der König meldete es alsbald der Königin und befahl ihr, ihn als einen Prinzen, der als ihr Schwiegersohn ausersehen sei, zu empfangen, da beschlossen sei, mich sofort zu verloben. Dies veranlasste eine neue Szene, und zum Schluss verharrten wir beide auf ihrem Standpunkt … Die Königin sagte mir erzürnt, dass sie wohl merke, wie ich schon eingeschüchtert und entschlossen sei, den dicken Johann Adolf zu heiraten; dass sie mich aber lieber tot als mit ihm vermählt sähe und mich tausendmal verfluchen würde, wenn ich fähig wäre, mich so weit zu vergessen. Ja, mit ihren eigenen Händen möchte sie mich erdrosseln, wenn ich zu einer solchen Absicht fähig wäre.«

Bekanntlich blieb Wilhelmine am Leben. Es hat ohnehin nicht den Anschein, als habe es Friedrich Wilhelm mit dem »dicken Johann Adolf« wirklich ernst gemeint. Tatsächlich handelte es sich wohl eher um einen seiner groben »Scherze«, um Frau und Tochter ein wenig Angst einzujagen und zum Gehorsam zu zwingen. Aus welchem Grund hätte er auch eine Verbindung mit dem unbedeutenden Sachsen-Weißenfels anstreben sollen, zumal es aus der ersten Ehe des verwitweten Herzogs bereits männliche Erben gab.*

Weiter heißt es im Brief Friedrich Wilhelms, dass ihm Sophie Dorothea schließlich ihr Ehrenwort gegeben habe, »sich meinem Willen nicht weiter zu widersetzen, und dass, sofern sie mich weiterhin durch ihre Weigerungen reizt, ich für immer mit ihr brechen und die Königin samt ihrer nichtswürdigen Tochter ... nach Oranienburg verbannen will, wo sie ihren Eigensinn bereuen mag. Kommen Sie als treuer Diener meinem Befehle nach, und trachten Sie, die Königin zum Gehorsam zu bringen, ich werde es Ihnen danken ...«

Wie sich die Begegnung der drei Herren mit Königin Sophie Dorothea abgespielt hat, schildert Wilhelmine ebenfalls in ihren Memoiren: »Sie begaben sich zuerst zur Königin. Diese war auf den Besuch nichts weniger als gefasst. Ich befand mich bei ihr, als man ihr meldete, dass die drei Herren im Auftrag des Königs sie zu sprechen wünschten. Ich sagte ihr gleich, dass es wahrscheinlich mich betreffen würde. Sie zuckte die Achseln und antwortete mir: ›Gleichviel, man darf den Mut nicht verlieren, und dafür ist bei mir keine Gefahr.‹

Zugleich betrat sie ihren Audienzsaal, wo die Herren auf sie warteten. Graf Finck richtete ihr den Auftrag aus und überreichte ihr den Brief des Königs. Nachdem sie ihn gelesen hatte, ergriff Grumbkow das Wort und wollte ihr durch eine große Rede über Politik demonstrieren, wie die Ehre und die Politik des Königs es erforderten, dass sie sich seinem Willen füge, falls die Antwort aus England nicht ihren Wün-

---

* Johann Adolf II. hat seine fünf Söhne jedoch überlebt. Als er 1746 starb, kam Sachsen-Weißenfels zurück an die Kurlinie.

schen entspräche … Hier hielt sie plötzlich inne und sagte, sie fühle sich nicht wohl, und fügte hinzu, dass man sie mit mehr Schonung behandeln solle aus Rücksicht auf ihren Zustand.* Zwar gebe ich nicht dem König die Schuld, fuhr sie fort, indem sie Grumbkow ins Auge fasste, ich weiß, wem ich diese Unbilden verdanke. Indem sie diese letzten Worte sprach, ging sie hinaus, ihm einen Blick zuwerfend, der ihm zur Genüge zu erkennen gab, wie sehr sie gegen ihn aufgebracht war. Sie kam mit sehr ergriffener Miene in ihr Zimmer zurück. Sobald wir allein waren, hinterbrachte sie mir das ganze Gespräch und zeigte mir den Brief des Königs. Wir zerflossen in Tränen, als wir ihn lasen. Sie sah sehr wohl ein, dass sie nur noch eine sehr geringe Hoffnung auf England setzen konnte, aber sie würde wenigstens Zeit gewinnen, bis die Antwort eintraf, die sie zu erhalten hatte. Sie wollte jedoch alles aufbieten, um eine günstige zu erzielen. Sie trug mir also auf, meinem Bruder zu schreiben, ihm alles zu melden, was vorgefallen war, und ihm das Konzept eines zweiten Briefes zu schicken, den er der Königin von England schreiben sollte …«

Ob sich diese Szene wirklich so zugetragen hat, wie uns Wilhelmine berichtet, lässt sich leider nicht mehr nachprüfen. Doch anstatt weiter Tränen zu vergießen, setzte sich Sophie Dorothea an ihren Schreibtisch und verfasste am 14. Dezember 1729 folgenden Brief an ihren Gemahl: »Gestern, nachdem Sie mir geschrieben hatten, kam General Finck, um mit mir zu sprechen, er müsse mir dringend etwas sagen … Ich war sehr erstaunt über seine Mitteilungen und wusste nicht, was ich antworten sollte. Ich habe ihn daher

---

* Sophie Dorothea war erneut schwanger, mit Ferdinand, der am 23. Mai 1730 zur Welt kam.

gebeten, am Nachmittag noch einmal wieder zu kommen. Ich habe ihm dann gesagt, dass ich an meine Schwester (Königin Caroline) schreiben würde, um zu erfahren, ob noch die Aussicht besteht, Wilhelmine mit dem Prinzen von Wales zu verheiraten. Ich sende Ihnen dann eine Kopie dieses Briefes … Der Wind, der uns in dieser Angelegenheit ins Gesicht bläst, könnte jedoch verhindern, dass die Antwort rechtzeitig eintrifft. Wahrscheinlich müssen mein Bruder und meine Schwester noch mit den Ministern darüber sprechen. Die Antwort könnte dann ein wenig zu spät kommen. Ich hoffe aber, dass ein paar Tage mehr oder weniger nichts ausmachen werden.«

Fest steht, dass sich Sophie Dorothea durch die Mahnung des Preußenkönigs, er werde sie und ihre Tochter notfalls nach Oranienburg verbannen, in keiner Weise einschüchtern ließ. Das genaue Gegenteil scheint der Fall gewesen zu sein, denn jetzt lief Sophie Dorothea regelrecht zur Höchstform auf, bereit, alle Widerstände zu überwinden und das Unmögliche doch noch durchzusetzen.

»*Machen Sie Ihre Familie nicht unglücklich!*«

Erneut setzte sich Sophie Dorothea an den Schreibtisch und flehte Königin Caroline geradezu an, alles in Bewegung zu setzen, damit Wilhelmines Verlobung mit Prinz Friedrich Ludwig doch noch zustande kommen konnte. Wie angekündigt, schickte sie Friedrich Wilhelm zunächst eine Kopie des Briefes und fieberte dann seiner Antwort entgegen. Als der Preußenkönig jedoch nichts von sich hören ließ, drängte Sophie Dorothea am 16. Dezember 1729: »Ich hatte gehofft, Sie würden mir antworten und schreiben, was Sie von dem

Brief an meine Schwester halten. Aber da ich noch keine
Antwort erhalten habe, warte ich weiter, ob Sie mir vielleicht
morgen Ihre Meinung mitteilen. Wenn ich nichts von Ihnen
höre, dann gebe ich den Brief morgen zur Post, weil sonst die
Zeit viel zu knapp werden könnte.«

Nachdem Sophie Dorothea am nächsten Tag noch immer
nichts vom König gehört hatte, schickte sie den Brief nach
England kurzerhand ohne dessen Zustimmung ab. Darin
heißt es: »Sie haben, meine liebe Schwester, stets so viel von
der Heirat Ihres Sohnes mit meiner ältesten Tochter gehalten, dass ich glaube, auch Sie sind der Meinung, diese Angelegenheit sollte so schnell wie möglich zu Ende gebracht
werden. Vor allem, weil ich glaube, wenn sie sich noch länger
hinzieht, wird der König andere Möglichkeiten ins Auge fassen …« Spätestens bis zum 1. Februar 1730 musste eine Entscheidung fallen. So hatte es Friedrich Wilhelm beschlossen.

Um der Sache genügend Nachdruck zu verleihen, zwang
Sophie Dorothea auch den Kronprinzen, einen Brief nach
England zu schreiben, dessen Inhalt sie ihm in die Feder dik-
tierte:

»Gnädigste Frau Schwester und Tante,
obwohl ich schon die Ehre hatte, Eurer Majestät zu schreiben und Ihnen die traurige Lage zu schildern, in der sowohl
ich als auch meine Schwester uns befinden, hat mich doch
die wenig günstige Antwort, die ich erhielt, nicht entmutigt.
Ich kann nicht glauben, dass eine Fürstin, deren Tugenden
und Verdienste die allgemeine Bewunderung erregen, eine
ihr zärtlich ergebene Schwester im Stich lässt, indem sie sich
weigert, in die Heirat meiner Schwester mit dem Prinzen von
Wales einzuwilligen, nachdem sie doch durch den hannoveranischen Vertrag feierlich beschlossen wurde. Ich habe Eurer
Majestät mein Ehrenwort schon gegeben, dass ich nie jemand

anderen als die Prinzessin Amalie, Ihre Tochter, heiraten werde. Ich wiederhole dieses Versprechen für den Fall, dass Sie Ihre Einwilligung in die Heirat meiner Schwester zu geben geruhen. Wir sind in die denkbar schlimmste Lage geraten, und alles wird verloren sein, wenn Eure Majestät fortfahren wollen, mit einer günstigen Antwort zu zögern. Ich würde mich dann aller soeben gemachten Versprechen entbunden und mich genötigt sehen, den Wünschen des Königs, meines Vaters, nachzukommen und diejenige Partie einzugehen, die er mir vorschlägt. Allein, ich bin überzeugt, dass ich von dieser Seite nichts zu befürchten habe und dass sich Eure Majestät das hier Gesagte reiflich überlegen ...«

Friedrich Wilhelm aber war verständlicherweise wütend, weil ihm Sophie Dorothea die Kopie des Briefes an Englands Königin Caroline vorenthalten hatte. Stattdessen ließ sie ihm am 18. Dezember nur lapidar wissen: »Gestern kam Eversmann*, um in Ihrem Auftrag den Brief abzuholen. Er kam zu spät, ich habe ihn bereits gestern abgeschickt.«

Trotzdem versuchte Sophie Dorothea, ihren erzürnten Gemahl wieder etwas milder zu stimmen und ihm die anvisierten Ehekandidaten für Wilhelmine auszureden. Sie schrieb ihm am 23. Januar 1730: »Ich habe den von Eversmann überbrachten Brief mit einiger Überraschung gelesen. Auf die Mission der Herren Grumbkow, Finck und Borcke habe ich nicht antworten können. Erstens bin ich auf den auf Ihr Ersuchen an meine englische Schwägerin geschriebenen Brief noch ohne Antwort. Dubourgay (der englische Gesandte in Berlin) sagte mit, dass er diese Antwort jeden Augenblick erwartet. Was aber den Markgrafen von Schwedt anbetrifft,

---

* Rudolf Wilhelm Eversmann (1680–1744) war Schlosskastellan und Vertrauter Friedrich Wilhelms I.

so ist sein Ruf bekanntermaßen schauderhaft. Wilhelmine
würde mit ihm nur unglücklich werden. Der andere ist zwar
ein Fürst von Verdienst, aber eben jüngerer Sohn und besitz-
los. Sie erklären mir in Ihrem Brief wieder einmal, dass Sie
sich scheiden lassen wollen. Ich kenne den Grund nicht und
bin einigermaßen überrascht ... Ich weiß besonders in meinem jetzigen Zustand nicht, was aus allem werden soll. Ich
bitte Sie, darüber nachzudenken und sich nicht in Heiratspläne zu stürzen, die Sie Ihr ganzes Leben lang bereuen werden.«

Doch Friedrich Wilhelm drohte erneut, er würde, sollte
sich Sophie Dorothea nicht seinem Willen unterwerfen, sie
umgehend nach Oranienburg verbannen. Fassungslos antwortete die Königin am 26. Januar 1730: »Ich habe die ganze
Nacht über Ihren Brief nachgedacht. Sie können sich vorstellen, welche Auswirkungen er auf meine Gesundheit hat,
gerade in meinem Zustand. Aber davon spreche ich nicht
mehr; ich weiß jetzt genau, dass Sie mich nicht mehr lieben.«

Unterdessen war sich wohl auch Wilhelmine nicht mehr
ganz so sicher, ob sie tatsächlich den Prinzen von Wales heiraten wollte. Sie hatte Friedrich Ludwig selbst noch nie zu
Gesicht bekommen und nur über ihre Mutter von dessen
»hervorragenden Qualitäten« erfahren. Jetzt aber kursierten
am Hohenzollernhof ganz andere Gerüchte, die möglicherweise der Preußenkönig selbst geschickt lanciert hatte. Dabei
ging es um den Lebenswandel des Prinzen, der scheinbar
Anlass zur Beunruhigung gab. Ähnliches hatte Grumbkow
auch schon dem österreichischen Gesandten Seckendorff
erzählt. Friedrich Ludwig, der erst seit 1728 in London lebte,
schien sein freies Leben in Hannover weidlich ausgenutzt zu
haben. Plötzlich kamen Wilhelmine nach eigenem Bekunden ernste Zweifel: »Ich ahnte wohl, dass der Prinz von Wales

sich nicht für mich eignete, da er nicht alle Eigenschaften besaß, die ich forderte.« Davon wollte Sophie Dorothea natürlich nichts wissen.

Dann aber kam aus England die niederschmetternde Antwort von Königin Caroline: »Eure Majestät weiß sehr wohl, dass der König längst erklärt hat, er werde, sobald der König von Preußen die im Alter geeignete Tochter anfordert, seinerseits die Prinzessin für den Prinzen von Wales anfordert. Der König (Georg II.) wird aber keineswegs gestatten, dass in einer Sache, in der das Glück seiner Tochter auf dem Spiel steht, irgendwelche Bedingungen eingemengt werden, die nicht unmittelbar mit ihrer Versorgung zusammenhängen.«

Doch Sophie Dorothea gab die Hoffnung noch immer nicht auf und schrieb am 27. Januar 1730 an Friedrich Wilhelm: »Ich schicke Ihnen hier die Antwort meiner Schwester. Wie Sie sehen, sprechen sie in London noch immer von einer doppelten Heirat. Da das aber Sie zu nichts verpflichtet, so bitte ich Sie, zu warten und die Heirat mit einem der vorgeschlagenen Prinzen nicht zu überstürzen … Man müsste doch zumindest auf eine Heirat bedacht sein, die der Ehre unseres Hauses entspricht. Machen Sie um Gottes willen Ihre Familie nicht unglücklich, und kompromittieren Sie uns nicht vor der ganzen Welt … Mich erdrücken Trauer und körperliche Schwäche. Ich kann weder essen noch schlafen …«

Die ganze Aufregung und die Enttäuschung über die Antwort der englischen Königin waren wohl zu viel für Sophie Dorothea. Zwei Tage später, am 29. Januar 1730, schrieb sie an ihren Gemahl: »Eversmann wird Ihnen von meinem Zustand berichtet haben, der sich von Tag zu Tag verschlechtert. Mehr habe ich dazu nicht zu sagen.« In Wilhelmines Erinnerungen heißt es ebenfalls: »Meine Mutter, die Königin, fühlte sich über diese Handlungsweise höchst verletzt. Der Kummer, den sie darüber empfand, machte uns um ihre Gesundheit besorgt.« Es ist nicht klar, woran Sophie Dorothea damals wirklich litt oder ob sie, wie Wilhelmine an anderer Stelle andeutet, die Krankheit nur simuliert hat: »Die Königin, immer die Kranke fingierend, lag zu Bett.« Aber bedenkt man, dass Sophie Dorothea inzwischen fast 43 Jahre alt und obendrein mit dem vierzehnten Kind im fünften Monat schwanger war, kann man sich gut vorstellen, dass sie körperlich und seelisch tatsächlich völlig erschöpft war. Seit Ende Januar 1730 zog sie sich völlig von ihrer Umgebung zurück und verließ das Bett nur noch in seltenen Ausnahmefällen. Ein Brief vom 30. Januar 1730 zeigt anscheinend ihre völlige Resignation, denn sie schrieb an Friedrich Wilhelm: »Eversmann brachte mir gerade Ihren Brief, der mich sehr überrascht hat, denn ich kann Ihnen versichern, dass ich nicht mehr an die englische Heirat denke. Ich habe Finck, Grumbkow und Borck gebeten, sich im Reich nach einem passenden Ehemann für Wilhelmine umzusehen … Sie sehen, dass ich nicht mehr an eine englische Heirat denke und dass ich mich ganz Ihrem Willen unterwerfe. Deshalb weiß ich nicht, warum Sie immer von Scheidung sprechen. Eine solche Behandlung habe ich nicht verdient.« Und am gleichen Tag heißt es dann weiter: »Frau von Kameke* sagt, dass Sie Befehl gegeben haben, nach einer anderen Heirat für Wilhelmine zu suchen. Ich habe Finck, Grumbkow und Borcke gebeten, zu mir zu kommen und mir bei den Überlegungen zu helfen, welcher Mann infrage käme. Wir werden zusammen eine Liste erstellen, und Sie können dann denje-

---

* Sophie von Kameke (1675–1749) war Sophie Dorotheas Oberhofmeisterin.

nigen auswählen, der Ihnen am meisten zusagt.« Listig fügte Sophie Dorothea allerdings noch hinzu: »Es wird aber noch eine Weile dauern. Im Moment bin ich noch so schwach, dass ich meine Gedanken nicht richtig ordnen kann.« Damals soll erstmals der Name des jungen Erbprinzen Friedrich von Bayreuth als Ehemann für Wilhelmine gefallen sein. Auf Sophie Dorotheas »Liste« stand er vermutlich ganz unten, auf der des Preußenkönigs jedoch an erster Stelle.

Ruhe vor dem Sturm

Von einer Versöhnung des Königspaares konnte jedoch trotz Sophie Dorotheas scheinbarem Entgegenkommen keine Rede sein. Am 18. Februar 1730 brach Friedrich Wilhelm wie so oft ohne Abschied aus Berlin auf, um zu politischen Gesprächen nach Dresden zu reisen. War er womöglich verärgert über einen Brief, den ihm Wilhelmine geschrieben hatte? Am 30. Januar, also ausgerechnet an dem Tag, an dem sich Sophie Dorothea in ihrem Schreiben so unterwürfig gegeben hatte, war seine Tochter mit einer äußerst merkwürdigen Bitte an ihn herangetreten. Steckte die Preußenkönigin auch hinter diesem Brief, weil sie sich nicht mit den Gegebenheiten abfinden und Zeit gewinnen wollte, Zeit, um zumindest Wilhelmines Hochzeit mit dem Prinzen von Wales doch noch auf den Weg zu bringen? Wilhelmine schrieb: »Mein lieber Herr Papa, ich habe von Fräulein Sonsfeld (Wilhelmines Gouvernante) mit Erstaunen und Verwunderung die Anordnungen meines lieben Herrn Papa erhalten. Ich hatte immer geglaubt, mich Ihrer Gnade zu erfreuen … Jetzt aber bin ich ganz verzweifelt, da ich erkennen muss, dass mein lieber Herr Papa vorhat, mich zu verheiraten. Ich bin ganz außer mir, denn ich hatte schon immer eine ganz schreckliche Abneigung gegen eine Heirat und habe sie noch immer. Es wäre für mich das größte Unglück, das mir widerfahren könnte, wenn mein lieber Herr Papa darauf bestehen würde. Ich habe schon vor längerer Zeit bemerkt, dass ich bei ihm in Ungnade gefallen bin und kann gar nicht ausdrücken, wie sehr mich das schmerzt. Gott allein weiß, dass ich nie etwas anderes wollte, als Gott und meinem lieben Papa zu gehorchen. Wenn ich ihn nun unglücklicherweise verärgert habe, dann habe ich das auf keinen Fall gewollt. Ich bitte ihn daher sehr untertänig um Verzeihung und um die Gnade, mich nicht zu verheiraten …«

Gewiss wird der Preußenkönig gespürt haben, wie stark Sophie Dorotheas Geist aus dem Brief seiner Tochter sprach. Es war wohl mehr als zweifelhaft, dass sein »Fiekchen« tatsächlich nicht mehr an die englische Heirat dachte, wie sie ihm einreden wollte. Doch nur kurze Zeit später erreichte Friedrich Wilhelm in Dresden eine erschreckende Nachricht. Der königliche Leibarzt Stahl informierte ihn darüber, dass sich Sophie Dorotheas besorgniserregender Zustand weiter verschlechtert habe; möglicherweise drohe sogar eine Fehlgeburt. Wilhelmine erinnert sich: »Einige Tage nach der Abreise des Königs wurde die Königin gefährlich krank, ein plötzlicher Anfall kostete ihr nahezu das Leben. Ihre Schmerzen waren so groß, dass sie trotz ihrer Standhaftigkeit in laute Wehrufe ausbrach.« Friedrich Wilhelm kehrte darauf unverzüglich nach Berlin zurück, eilte in Sophie Dorotheas Schlafgemach, konnte aber erleichtert feststellen, dass sich sein »Fiekchen« schon wieder auf dem Weg der Besserung befand. Fürs Erste waren alle Differenzen vergessen. Tatsächlich erholte sich die Königin langsam und war an ihrem 43. Geburtstag, dem 23. März 1730, wieder so weit hergestellt, dass sie an ihrem Krankenbett Gäste zu Plaudereien empfangen und die Glückwünsche der Hofgesellschaft entgegennehmen konnte.

Hinsichtlich der englischen Hochzeit aber war alles unverändert. Am 2. April 1730 überbrachte der Londoner Gesandte Hotham ein Schreiben, in dem es erneut hieß, England willige in die Eheschließung von Wilhelmine mit dem Prinzen von Wales ein, bestehe aber nach wie vor auf der gleichzeitigen Vermählung von Kronprinz Friedrich und Amalie. Während die genesende Sophie Dorothea noch hoffte und bangte, war für den Preußenkönig dieses Kapitel aber bereits abgeschlossen. Wie sehr er sich durch Seckendorffs unermüdliches Engagement bereits dem Kaiserhaus in Wien angenähert hatte, zeigte seine Bereitschaft, Tochter Charlotte mit Karl, dem Erbprinzen von Braunschweig-Wolfenbüttel-Bevern, zu verloben. Die Tante des jungen Mannes war nämlich keine Geringere als Kaiserin Elisabeth Christine (1691 – 1750), die Gemahlin Karls VI.

Anders als Wilhelmine hatte sich die 1716 geborene Charlotte stets aus der königlich-preußischen Familienfehde herausgehalten, hatte nie gegen ihren Vater rebelliert und sich auch nicht an den mütterlichen Intrigen beteiligt. Sie war, wie Wilhelmine meint, »stets freundlich, gefällig und sanft«, auch wenn sie vielleicht nur den Weg des geringsten Widerstandes gehen wollte. So hatte sie auch gegen eine Ehe mit dem Bevern-Prinzen nichts einzuwenden, obwohl bis dahin noch drei Jahre vergehen sollten, in denen die »dulle Lotte« allmählich erwachsen werden musste. Als aber schon am 19. Mai 1730 im Berliner Schloss Verlobung gefeiert wurde, war Sophie Dorothea längst wieder auf den Beinen. Nur sechs Tage später brachte sie einen gesunden Sohn zur Welt, das »Nesthäkchen« Ferdinand.

Braunschweig-Wolfenbüttel

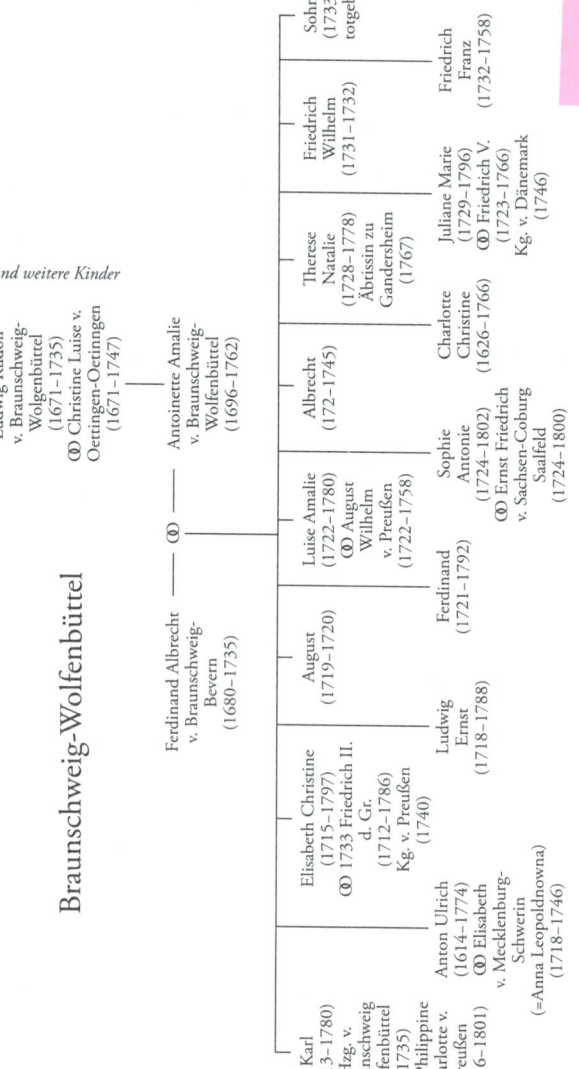

Ludwig Rudolf
v. Braunschweig-
Wolgenbüttel
(1671–1735)
⚭ Christine Luise v.
Oettingen-Oettingen
(1671–1747)

und weitere Kinder

Ferdinand Albrecht   ⚭   Antoinette Amalie
v. Braunschweig-   v. Braunschweig-
Bevern   Wolfenbüttel
(1680–1735)   (1696–1762)

Karl
(1713–1780)
Hzg. v.
Braunschweig
Wolfenbüttel
(1735)
⚭ Philippine
Charlotte v.
Preußen
(1716–1801)

Elisabeth Christine
(1715–1797)
⚭ 1733 Friedrich II.
d. Gr.
(1712–1786)
Kg. v. Preußen
(1740)

Anton Ulrich
(1614–1774)
⚭ Elisabeth
v. Mecklenburg-
Schwerin
(=Anna Leopoldnowna)
(1718–1746)

Ludwig
Ernst
(1718–1788)

August
(1719–1720)

Ferdinand
(1721–1792)

Luise Amalie
(1722–1780)
⚭ August
Wilhelm
v. Preußen
(1722–1758)

Sophie
Antonie
(1724–1802)
⚭ Ernst Friedrich
v. Sachsen-Coburg
Saalfeld
(1724–1800)

Albrecht
(172–1745)

Charlotte
Christine
(1626–1766)

Therese
Natalie
(1728–1778)
Äbtissin zu
Gandersheim
(1767)

Juliane Marie
(1729–1796)
⚭ Friedrich V.
(1723–1766)
Kg. v. Dänemark
(1746)

Friedrich
Wilhelm
(1731–1732)

Friedrich
Franz
(1732–1758)

Sohn
(1733)
totgeb.

Die Verhaftung des Kronprinzen

Doch die Ruhe war trügerisch, denn Kronprinz Friedrich schickte sich an, seine schon länger gehegten Fluchtpläne endlich in die Tat umzusetzen. Inzwischen hatte er auch in seinem Regiment einen Vertrauten gefunden, mit dem er über seine missliche Lage und den Konflikt mit dem Vater offen reden konnte: den 1704 geborenen Hans Hermann von Katte, einen jungen Mann, der auch die musischen und philosophischen Neigungen des Kronprinzen teilte.

Wilhelmine äußerste sich in ihren Memoiren jedoch eher skeptisch und sprach von einem »gefährlichen Günstling«: »Es war ein junger Gendarmeriehauptmann namens Katte … Er war belesen, geistreich und weltgewandt; er hatte sich viel in guter Gesellschaft bewegt und dort höfliche Manieren aufgenommen, was damals in Berlin ziemlich selten war; sein Gesicht war eher unangenehm als sympathisch; zwei schwarze Augenbrauen bedeckten fast die Augen; sein Blick hatte etwas Unheilvolles, als künde er sein Schicksal voraus … er gab sich für einen Freigeist aus, und seine Liederlichkeit kannte keine Schranken; sehr viel Ehrgeiz und Leichtsinn kamen noch dazu. Ein solcher Freund war nicht geeignet, meinen Bruder von seinen Verwirrungen abzubringen.«

Bei dieser negativen Beurteilung muss man natürlich berücksichtigen, dass sie nach der eigentlichen Katastrophe geschrieben wurde, die sich jetzt erst langsam anbahnte. Vielleicht war Wilhelmine aber auch eifersüchtig, dass ihr »kleiner« Bruder außer ihr noch einen zweiten Menschen gefunden hatte, dem er sich bedingungslos anvertrauen konnte. Aber wie auch immer – Friedrich weihte die Schwester jedenfalls in sein Vorhaben ein: »Täglich bin ich denselben Gefahren ausgesetzt, und meine Leiden sind so verzweifelt, dass ich ihnen nur gewaltsam ein Ende machen kann. Katte ist mir ergeben, ich bin seiner sicher, er folgt mir bis ans Ende der Welt, wenn ich will; Keith wird sich auch zu mir gesellen. Diese beiden Leute werden meine Flucht erleichtern und mir helfen, sie durchzuführen. Der Königin werde ich nichts mitteilen …«

Es ist also tatsächlich anzunehmen, dass Sophie Dorothea nichts von den konkreten Fluchtplänen ihres Sohnes ahnte, obwohl er so etwas bereits in seinem Brief vom Vorjahr angedeutet hatte. Aber die Königin konnte sich wohl kaum vorstellen, dass Friedrich nicht nur vor seinem tyrannischen Vater fliehen, sondern sich auch ihrem eigenen fatalen Einfluss entziehen wollte. Sie glaubte nach wie vor, der Kronprinz ziehe hinsichtlich der Heiratspläne mit ihr an einem Strang. Dass Friedrich selbst überhaupt keine Lust zu einer Hochzeit mit wem auch immer hatte, konnte zu diesem Zeitpunkt noch niemand am Berliner Hof ahnen.

Friedrich Wilhelm hingegen dürfte gespürt haben, was sein ältester Sohn vorhatte. Die königlichen Spione agierten schließlich überall und dürften auch Hans Hermann von Katte heimlich beobachtet haben. Vermutlich wurden sogar Briefe abgefangen, die Sophie Dorothea und ihre Tochter Wilhelmine mit dem Kronprinzen wechselten. Aus einzelnen »Puzzleteilen« setzte sich allmählich ein Bild zusammen, aus dem sich die konspirativen Strukturen am Hohenzollernhof recht gut erahnen ließen.

Nichtsdestotrotz plante Friedrich Wilhelm gemeinsam mit dem Kronprinzen eine Reise in den Westen des Reiches, um dort einige Fürstenhöfe zu besuchen und auch bei der seit einem Jahr verheirateten Friederike in Ansbach nach dem Rechten zu sehen. Die Nachrichten, die aus der kleinen Markgrafschaft nach Berlin vorgedrungen waren, verhießen nämlich nichts Gutes. Friederike gab dort die stolze preußische Königstochter und ließ ihre Umgebung von Anfang an spüren, dass sie eigentlich etwas Besseres verdient hatte. Der junge Carl Wilhelm Friedrich, der Launen seiner verwöhnten Gemahlin bald überdrüssig, ging seinen eigenen Interessen nach, vorzugsweise der Falkenjagd, einer höfischen Liebhaberei, die Friederike zutiefst verabscheute. Sie selbst fand hingegen keine angemessene Beschäftigung, langweilte sich und beklagte sich ständig über ihr trostloses Dasein. »Der Markgraf von Ansbach war ein sehr schlecht erzogener junger Prinz«, behauptet Wilhelmine in ihren Memoiren, »der mit meiner Schwester wie Hund und Katz lebte und sie fortwährend malträtierte.« Auch dem Kronprinzen fiel sofort auf, wie unglücklich seine Ansbacher Schwester in dieser Ehe war: »Sie hassen sich wie die Pest«, schrieb er im Sommer 1730 an Wilhelmine. Sophie Dorothea hatte nur wenig Mitleid mit ihrer Tochter und ermahnte die junge Ehefrau nur immer wieder zu »Sanftmut und Geduld«. Aller Anfang war bekanntlich schwer, das wusste die Preußenkönigin schließlich aus eigener Erfahrung.

Nachdem Friedrich Wilhelm und sein ältester Sohn am 15. Juli 1730 zu der geplanten Reise aufgebrochen waren, verbrachte Sophie Dorothea die folgenden Wochen auf Monbijou und empfing dort zahlreiche Gäste, wie Wilhelmine berichtet: »Während der Abwesenheit des Königs hielt die Königin viermal wöchentlich Cercle auf Monbijou.« Das lenkte sie wohl ein wenig von ihren Sorgen ab. Denn auch wenn sie wohl nichts von den Fluchtplänen des Kronprinzen wusste, so ahnte sie doch, dass die gemeinsame Reise von Vater und Sohn nur in einer Katastrophe enden konnte, so konfliktbelastet, wie sich das Verhältnis der beiden inzwischen gestaltete. Es war jedenfalls nicht davon auszugehen, dass sich Friedrich dem Preußenkönig in dieser Zeit unterordnen würde.

Das Leben in Berlin ging derweil seinen gewohnten Gang: »Am 15. August, dem Geburtstag des Königs, kamen alle der Königin zu gratulieren, und die Gesellschaft war sehr zahlreich«, berichtet Wilhelmine. »Die Königin wollte uns tags darauf eine Überraschung bereiten. Sie gab in Monbijou dem König zu Ehren einen Ball. Der Speisesaal war mit Schildern und Lampions geschmückt, und die Tafel stellte ein Blumenbeet dar. Jeder von uns fand ein Geschenk unter seinem Gedeck. Wir waren alle in trefflicher Laune … Nach dem Souper fing der Ball von Neuem an.« Doch die fröhliche Gesellschaft nahm ein abruptes Ende. Wie Wilhelmine in ihren Memoiren berichtet, sah sie ihre Mutter plötzlich kreidebleich im Gespräch mit ihrer Oberhofmeisterin Frau von Kameke: »Ein paar Augenblicke später brach die Königin auf und stieg mit mir in einen Wagen. Sie sagte mir kein Wort während der ganzen Fahrt, was mich so beunruhigte.« Schließlich aber erzählte sie ihrer Tochter, Frau von Kameke habe am Morgen eine Stafette vom König mit Briefen an seine Gemahlin erhalten, und nun sollte die Oberhofmeisterin Königin Sophie Dorothea schonend auf eine schockierende Nachricht vorbereiten. Als die Kutsche am Berliner Stadtschloss ankam, wurde Sophie Dorothea gleich der fragliche Brief des Preußenkönigs ausgehändigt, den sie nun mit zitternden Händen las: »Madame, ich habe den Schuft von Fritz arretieren lassen, ich werde ihn traitieren [behandeln], wie sein Verbrechen und seine Feigheit es meritieren [verdienen]. Ich erkenne ihn nicht mehr für meinen Sohn, er hat mich und mein ganzes Haus entehrt; ein solch elender

Mensch ist nicht mehr wert zu leben.« Als Sophie Dorothea
diese Zeilen gelesen hatte, war ihr wohl noch nicht ganz klar,
was tatsächlich geschehen war: Fritz, ihr geliebter Sohn, war
gefangen genommen worden! Aber warum nur? Was hatte er
verbrochen?

Fahnenflucht im roten Rock

Erst später erfuhr Sophie Dorothea, was sich während dieser
verhängnisvollen Reise tatsächlich ereignet hatte. Inzwischen
stand eines fest: Der Kronprinz hatte von Anfang an vor-
gehabt, die nächstbeste Gelegenheit zu nutzen, vor seinem
tyrannischen Vater (und der intriganten Mutter) aus Deutschland zu fliehen. Nur wenige Menschen waren in den riskan-
ten Plan eingeweiht, darunter Hans Hermann von Katte,
mit dem Friedrich mehrere vertrauliche Gespräche geführt
hatte.

Ursprünglich sollte die Flucht schon während des Aufenthalts in Ansbach im Juli 1730 stattfinden. Scheinbar arglos
hatte der Kronprinz seinen Schwager, den Markgrafen Carl,
darum gebeten, ihm ein paar Pferde zur Verfügung zu stellen, angeblich, um mit seinen Leuten ein wenig auszureiten.
Doch bei dem jungen Ansbacher schrillten gleich die Alarmglocken, denn er war nur allzu gut über das angespannte Verhältnis von Vater und Sohn informiert. Deshalb lehnte er
kategorisch ab. Wilhelmine schreibt dazu: »Zunächst wollte
er sich schon in Ansbach davonmachen. Der Fehler, den er
beging, als er dem Markgrafen seine Unzufriedenheit anvertraute, bereitete ihm das erste Hindernis. Dieser Fürst bemerkte seine tiefe Erbitterung gegen den König, vermutete
etwas von seinen Plänen und störte sie, indem er die Pferde

verweigerte, die der Kronprinz unter dem Vorwand eines Spazierritts gefordert hatte.« Deshalb musste sich Friedrich noch eine Weile gedulden. Erst als der königliche Tross auf dem Weg nach Mannheim in dem kleinen Dorf Steinsfurt* übernachtete, war die Stunde gekommen. Der Kronprinz hatte seinen Pagen Peter Karl Christoph von Keith** angewiesen, am 5. August 1730 früh um 3 Uhr morgens mit zwei Pferden vor seinem Quartier zu erscheinen. Doch kaum war Friedrich in der Dunkelheit vor das Haus getreten, da tauchte plötzlich Leutnant Friedrich Wilhelm von Rochow (1689 – 1757) auf und verwickelte den überraschten Kronprinzen in ein unverfängliches Gespräch. Als sich nach und nach noch weitere Herren dazugesellten, war an eine Flucht nicht mehr zu denken. Friedrich blieb keine andere Wahl, als in sein Quartier zurückzukehren und am Morgen die Reise wie geplant mit seinem Vater fortzusetzen.

Die Frage ist allerdings: Wie ernst war dieser dilettantisch geplante Fluchtversuch tatsächlich? Wieso erschien Friedrich in jener Nacht ausgerechnet in auffallender Kleidung, einem knallroten Rock, der selbst in der Dunkelheit jedem ins Auge stechen musste? Wollte er seinen königlichen Vater vielleicht nur ein weiteres Mal provozieren? Wie auch immer – diesmal hatte er den Preußenkönig, über den er sich so oft lustig gemacht hatte, völlig unterschätzt! Friedrich Wilhelm wusste über die Fluchtpläne seines Sohnes offenbar längst Bescheid.

---

* Heute gibt es im pfälzischen Sinsheim-Steinsfurt eine »Gedenkstätte« an den missglückten Fluchtversuch des Kronprinzen: ein Fachwerkhaus aus dem frühen 17. Jahrhundert, vor dem Friedrichs Flucht doch noch vereitelt wurde.
** Peter Karl Christoph von Keith (1711 – 1756) war ein aus einer schottischen Adelsfamilie stammender enger Vertrauter Friedrichs.

Was Friedrich geplant und, wenn auch nur ansatzweise ver-
wirklicht hatte, war nichts anderes als Fahnenflucht – und
darauf stand die Todesstrafe!

Jetzt kam die Lawine ins Rollen. Während der in Berlin
zurückgebliebene Katte unverzüglich verhaftet wurde, brachte
man den Kronprinzen als Gefangenen über das preußische
Wesel auf die Festung Küstrin am Zusammenfluss von Oder
und Warthe.

In purer Verzweiflung

Nachdem sich Sophie Dorothea wieder einigermaßen gefasst
hatte, ließ sie sich Feder und Tinte bringen und schrieb
scheinbar demütig an Friedrich Wilhelm: »Ihr Brief hat mich
in Verzweiflung gebracht angesichts des schlechten Beneh-
mens, das Fritz unter Ihren Augen sich geleistet hat. Ich weiß
nicht, welchen vernünftigen Grund Fritz für eine derartige
Dummheit geltend machen könnte, ich verurteile sie ganz
und gar und stehe vor der Tatsache, dass er sich gegen Sie
vergangen hat, und weiß nicht, wie ich das alles entschuldigen soll … Von Fritz spreche ich nicht mehr. Ich verurteile
sein Benehmen, aber ich bitte Sie, daran zu denken, dass Sie
Vater sind. Ich bin verzweifelt über die Ihnen zugefügte
Beleidigung … und die einzige Entschuldigung, die ich vor-
zubringen wüsste, ist seine große Jugend und dass er in Verwirrung gehandelt hat.«

Sophie Dorothea befand sich in einem Zustand schierer
Panik. Wäre Friedrich Wilhelm tatsächlich in der Lage, seinen ältesten Sohn und Nachfolger, sein eigen Fleisch und
Blut, hinrichten zu lassen? »Ein solch elender Mensch ist
nicht mehr wert zu leben«, hatte er voller Zorn geschrieben,

und sie traute ihm zu, dass er diesen Satz tatsächlich bitter-
ernst meinte. Doch die Königin bangte nicht nur um das
Leben ihres Sohnes, sondern auch um ihr eigenes und das
ihrer Tochter Wilhelmine. Hinter dem Rücken Friedrich
Wilhelms hatte es zwischen Sophie Dorothea, Wilhelmine
und dem Kronprinzen bekanntlich eine rege Korrespondenz
gegeben, in der es wohl im Wesentlichen um die englische
Heirat ging. Was war aus diesen verräterischen Schreiben
geworden? Tatsächlich hatte Fritz die verfänglichen Briefe
nicht vernichtet, sondern in einer Kassette aufbewahrt, die er
vor der Abreise mit seinem Vater Hans Hermann von Katte
anvertraute. Doch da man Katte bereits verhaftet hatte, war
mit Sicherheit anzunehmen, dass seine Räume bereits gründlich durchsucht worden waren und man konspiratives Mate-
rial beschlagnahmt hatte. Aber Sophie Dorothea kam noch
einmal mit dem Schrecken davon. Wilhelmine erzählt in
ihren Memoiren eine obskure Geschichte von vier maskier-
ten Männern, die das Corpus Delicti bei Nacht und Nebel
der Königin ausgehändigt haben sollen. Die Wirklichkeit ist
freilich auch dieses Mal wesentlich unspektakulärer. Ganz
offensichtlich war es nämlich der alte Generalfeldmarschall
Dubislav Gneomar von Natzmer (1654–1739) gewesen, der
die Situation rettete. Er hatte Katte verhaftet, die belastenden Briefe entdeckt und dann wohl entschieden, sie besser
nicht dem König auszuhändigen. Natzmer war ein Mensch
von großem Einfühlungsvermögen und diplomatischem Ge-
schick. Immer wieder gelang es ihm, beruhigend auf den
König einzuwirken und ihn in seinem Überschwang zu
mäßigen. Natzmer hatte sich stets loyal verhalten, und im
Grunde tat er es auch jetzt, indem er Sophie Dorothea die
verräterischen Briefe übergab. Nicht auszudenken, was geschehen wäre, hätte der Preußenkönig die Briefe gelesen,

deren Existenz er sehr wohl ahnte. Die Katastrophe, die sich soeben am Hohenzollernhof anbahnte, hätte nur ungleich größere Ausmaße angenommen. Vielleicht wäre es für Sophie Dorothea und Wilhelmine ja noch schlimmer gekommen, als nach Oranienburg verbannt zu werden. Jetzt aber konnte die Königin erleichtert aufatmen und die geheimen Briefe noch vor der Rückkehr Friedrich Wilhelms dem Feuer übergeben.

Gefangen in Küstrin

Die Rückkehr des Preußenkönigs begann für Sophie Dorothea mit einem Paukenschlag: »Sie war allein, als er bei ihr ankam«, schreibt Wilhelmine. »Wie er sie von ferne sah, rief er ihr zu: ›Ihr nichtswürdiger Sohn ist nicht mehr: Er ist tot!‹« Sophie Dorothea musste das Schlimmste befürchten: War der König tatsächlich so barbarisch gewesen, seinen eigenen Sohn hinrichten zu lassen? Doch dann stellte sich heraus, dass der zornige Gemahl ihr nur einen tüchtigen Schrecken einjagen wollte. Fritz lebte – noch. Nach wie vor war nämlich unklar, was mit dem Kronprinzen geschehen würde, der als Gefangener in Küstrin einem ungewissen Schicksal entgegensah. Würde man ihn als Deserteur hinrichten? Alles schien möglich. Friedrich Wilhelm, der sich von seiner ganzen Familie verraten und hintergangen fühlte, schien bereit, an seinem Sohn ein grausames Exempel zu statuieren.

Tatsächlich trat am 22. Oktober 1730 auf Schloss Köpenick ein Kriegsgericht zusammen, um über die Strafe für die beiden Angeklagten zu beraten. Im Falle des Kronprinzen erklärten sich die Herren jedoch für nicht zuständig, und selbst Katte sollte sein konspiratives Verhalten eigentlich nur

mit lebenslanger Festungshaft büßen. So zumindest lautete
der Beschluss vom 28. Oktober. Doch dann sprach der Preußenkönig ein Machtwort. Irgendwie musste er seinem Sohn
schließlich vor Augen führen, was denjenigen erwartete, der
dem König den unbedingten Gehorsam verweigerte. Er ließ
das Gericht noch einmal beraten – und bestand ausdrücklich
auf der Todesstrafe für Katte!

Das Urteil wurde am 6. November 1730 auf der Festung
Küstrin vollstreckt. Auf Befehl des Vaters hatte Friedrich der
Hinrichtung seines Freundes beizuwohnen. Als er aber ans
Fenster seiner Gefängniszelle geführt wurde und Katte in
brauner Häftlingskleidung auf dem Richtplatz stehen sah,
brach er ohnmächtig zusammen – oder tat zumindest so, um
den blutigen Akt nicht mit eigenen Augen sehen zu müssen.

Katte war tot, Friedrich blieb jedoch als Gefangener in
Küstrin. Der Zorn des Preußenkönigs war noch längst nicht
verraucht. Sophie Dorothea bangte also auch weiterhin um
das Leben ihres Sohnes und tat alles, um den wütenden
Friedrich Wilhelm nicht weiter zu reizen. Die Situation entspannte sich erst, nachdem der Kronprinz am 28. November
einen reuevollen Brief an seinen Vater geschrieben hatte, in
dem er für die Zukunft unbedingten Gehorsam versprach:
»Allerdurchlauchtigster König und Vater, ich erkenne mit
aller Submission die Gnade, die Sie mir erwiesen und mir
öfters erlauben, an Sie zu schreiben und meinen untertänigs-
ten Respekt und Treue zu versichern, und versichere hierbei
alleruntertänigst, dass Sie aus meiner ganzen Conduite erse-
hen werden, dass ich aus Submission und Gehorsam alles tun
werde, Dero Befehl Genüge zu tun. Erlauben Sie mir, dass
ich mir versichern darf, dass der Gott, der die Herzen der
Könige regieret wie die Wasserbäche, Ihres, o mein Vater,
also regieren wird, dass nach so langer wohlverdienter Erzie-

hung Ihrer Gnade, ich mich inskünftige so viel von Dero Gnade werde zu rühmen haben, als wie ich bishero über Ihre väterlichen Züchtigungen habe klagen können.«

Doch Friedrich musste auch weiterhin in Küstrin bleiben, wenngleich der Vater nun gewisse Hafterleichterungen verfügte und anordnete, Friedrich solle sich nun mit dem Verwaltungswesen vertraut machen und in den Küstriner Kanzleien die Akten der Finanz- und Domänenbehörden bearbeiten, um sich so auf sein künftiges Amt als preußischer König vorzubereiten. Freilassen wollte Friedrich Wilhelm den Kronprinzen erst, wenn der Auslöser der ganzen Affäre, der verfluchte Plan der Doppelhochzeit, endgültig vom Tisch war.

Brandenburg-Bayreuth

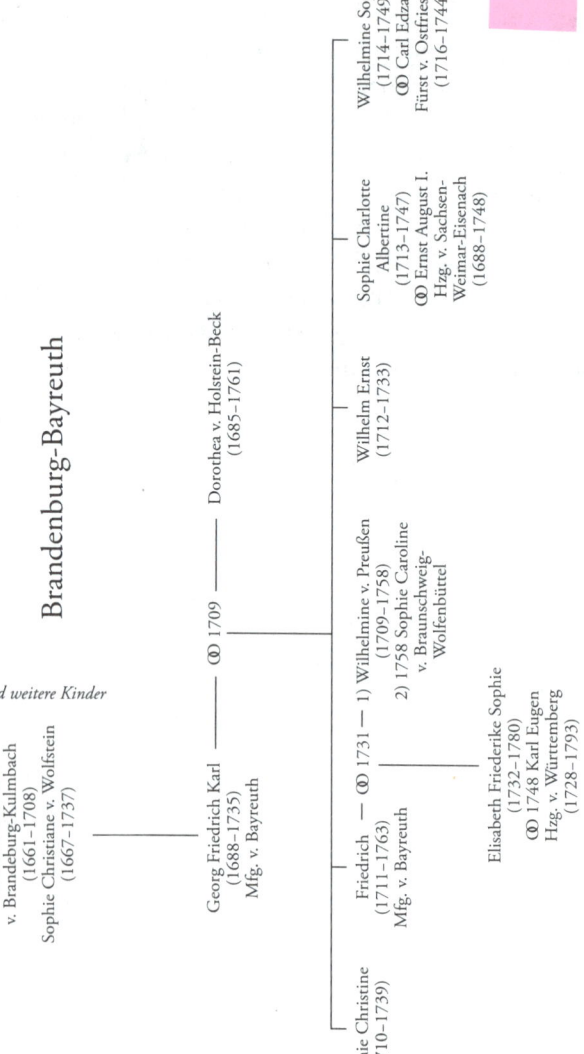

und weitere Kinder

Christian Heinrich
v. Brandenburg-Kulmbach
(1661–1708)
Sophie Christiane v. Wolfstein
(1667–1737)

⚭ 1709 ———— Dorothea v. Holstein-Beck
(1685–1761)

Georg Friedrich Karl
(1688–1735)
Mfg. v. Bayreuth

Sophie Christine
(1710–1739)

Friedrich — ⚭ 1731 — 1) Wilhelmine v. Preußen
(1711–1763)   (1709–1758)
Mfg. v. Bayreuth   2) 1758 Sophie Caroline
                                v. Braunschweig-
                                Wolfenbüttel

Elisabeth Friederike Sophie
(1732–1780)
⚭ 1748 Karl Eugen
Hzg. v. Württemberg
(1728–1793)

Wilhelm Ernst
(1712–1733)

Sophie Charlotte
Albertine
(1713–1747)
⚭ Ernst August I.
Hzg. v. Sachsen-
Weimar-Eisenach
(1688–1748)

Wilhelmine Sophie
(1714–1749)
⚭ Carl Edzard
Fürst v. Ostfriesland
(1716–1744)

Wilhelmines Hochzeit mit dem Erbprinzen von Bayreuth

Eigentlich sollte man annehmen, dass auch Sophie Dorothea nach dem schrecklichen Familiendrama ihre Lektion gelernt und den Traum von der Doppelhochzeit endgültig begraben hätte. Doch so leicht wollte »Olympia« nicht aufgeben. Dabei war zumindest Wilhelmines Schicksal längst besiegelt.

Schon im Januar 1730 war am Berliner Hof der Name des Erbprinzen von Bayreuth als potenzieller Ehemann für Wilhelmine aufgetaucht, aber Sophie Dorothea hatte nie ernsthaft daran geglaubt, dass ihre kluge und begabte Tochter statt Königin von England nur eine unbedeutende Markgräfin von Bayreuth werden würde. Doch genau das hielt Friedrich Wilhelm nun für die beste Lösung. So wie Friederikes Hochzeit die preußischen Ansprüche auf Ansbach gefestigt hatte, würde auch Wilhelmines Ehe mit dem jungen Friedrich von Bayreuth den gleichen Zweck erfüllen. Oder wollte er der eingebildeten Wilhelmine und ihrer ambitionierten Mutter damit einen Denkzettel verpassen? Ganz gleich, welche Motive wirklich dahintersteckten – Friedrich Wilhelms Entschluss stand jedenfalls fest, und darüber setzte er seine älteste Tochter unverzüglich in Kenntnis. Man könnte auch sagen, eigentlich setzte er ihr die Pistole auf die Brust, denn er verband die Information mit einer unmissverständlichen Drohung: Sollte sich Wilhelmine weigern, Friedrich von Bayreuth zu heiraten, dann müsste der Kronprinz auch weiter in Festungshaft schmoren. Würde sie jedoch zusagen, dann diene das der Rehabilitierung ihres Bruders.

Die königlichen Pläne waren bald auch in Küstrin bekannt, denn im Frühjahr 1731 schrieb Friedrich an Wilhelmine: »Die widerwärtigen Heiratsgerüchte schwirren wieder.

Bei der Revue wird man Dir mit einem jungen Prinzen kommen. Vielleicht wird man Dir nahelegen, darauf einzugehen, damit ich von hier loskomme ... Tue es aber niemals aus diesem Grunde, wenn Du keinen besseren hast.« Doch zum Entsetzen von Sophie Dorothea stimmte Wilhelmine der Hochzeit spontan und ohne Einschränkungen zu. Sie war jetzt 21 Jahre alt und der klaustrophobischen Atmosphäre ihres Elternhauses längst überdrüssig. Mochte Sophie Dorothea noch immer ihren Luftschlössern nachjagen – eine englische Hochzeit würde es ohnehin niemals geben.

Glaubt man Wilhelmines Memoiren, dann war Sophie Dorothea außer sich vor Zorn, dass die Tochter zum ersten Mal nicht ihr, sondern dem königlichen Vater gehorsam war. Sie warf ihr »Verrat« vor, »Bosheit des Herzens« und »niedere Gesinnung« und soll sogar gedroht haben: »Ich schwöre ewigen Hass und werde niemals verzeihen.«

Doch das änderte nichts an der Tatsache, dass Sophie Dorothea ihr Spiel verloren hatte. Jahrelang hatte sie von einer Krone für Wilhelmine geträumt, jetzt musste sie all ihre Hoffnungen begraben. Am 27. Mai 1731 kam Erbprinz Friedrich nach Berlin, um sich mit Wilhelmine zu verloben: »Das Medusenhaupt hat nie einen schrecklicheren Eindruck erweckt, als diese Nachricht bei der Königin hervorrief«, heißt es in dem Memoiren der Markgräfin. »Sie stand ganz verwirrt und wechselte so oft die Farbe, dass wir alle eine Ohnmacht befürchteten ... Am 28. vormittags kamen die Fürstlichkeiten zur Königin. Den Prinzen von Bayreuth würdigte sie kaum eines Blickes.«

Dessen ungeachtet fand am 3. Juli 1731 die Verlobungsfeier statt, die Hochzeit sollte am 20. November des Jahres ausgerichtet werden. Sophie Dorothea konnte sich also ausrechnen, dass ihr noch gut vier Monate Zeit blieben, um das

»Schlimmste« möglicherweise doch noch zu verhindern und ihren königlichen Bruder Georg II. zu bewegen, der Ehe des Prinzen von Wales mit Wilhelmine doch noch zuzustimmen. Noch war nichts verloren.

Die nächsten Monate brachten aber keine Entscheidung; England hielt die Preußenkönigin weiter hin. Oder sollte man besser sagen: Man hielt sie zum Narren? Vielleicht aber war Sophie Dorothea vor lauter Ehrgeiz auch nur blind für die Wirklichkeit.

Als Wilhelmine und Friedrich von Bayreuth am 20. November 1731 wie geplant vor den Traualtar traten, wartete die Brautmutter noch immer auf positive Nachrichten aus England – vergebens. Vorsorglich instruierte sie Wilhelmine, wie sich die Tochter in der Hochzeitsnacht verhalten müsse: Komme, was da wolle, auf keinen Fall dürfe sie das Bett mit ihrem frisch angetrauten Gemahl teilen, denn nur wenn die Ehe nicht vollzogen würde, gäbe es die Möglichkeit, sie doch noch zu annullieren.

Als die Hochzeitsfeierlichkeiten am nächsten Tag fortgesetzt wurden, mischte sich zur großen Freude von Sophie Dorothea und Wilhelmine ein neuer Gast unter die Hofgesellschaft: Kronprinz Friedrich. Der König hatte also Wort gehalten und dem geläuterten Sohn nach einem Jahr die Freiheit wiedergegeben.

Noch knapp zwei Monate blieb das junge Ehepaar in Berlin. Am 11. Januar 1732 nahmen Wilhelmine und der Erbprinz von Bayreuth Abschied von der Familie und fuhren ihrer neuen fränkischen Heimat entgegen. Was Sophie Dorothea zu diesem Zeitpunkt noch nicht wusste: In ihrer Hochzeitsnacht hatte Wilhelmine den mütterlichen Befehl in den Wind geschlagen. Die Ehe war damit nicht nur vollzogen und rechtsgültig, Wilhelmine war bei ihrer Abreise bereits schwanger. Am 31. August 1732 brachte sie ihr erstes und einziges Kind zur Welt, Tochter Elisabeth Friederike Sophie. Sophie Dorothea hat ihrer Tochter niemals verziehen, dass sie ihr so in den Rücken gefallen ist. Das Verhältnis der beiden blieb bis zum Tod der Königin unterkühlt.

»Sie ist dumm wie Stroh« – *eine Braut für den Kronprinzen*

Kaum hatte sich Sophie Dorothea von diesem Schock erholt, da drohte auch schon neues Ungemach. Im Berliner Schloss kursierten nämlich allerlei »widerwärtige Heiratsgerüchte«, die nunmehr den Kronprinzen betrafen. Seit seiner Freilassung hatte Friedrich dem königlichen Vater keinerlei Anlass mehr zur Kritik gegeben und seine Arbeit in der Verwaltung zu dessen vollster Zufriedenheit erledigt. Jetzt aber ging es darum, eine passende Braut für ihn zu finden. Die englische Prinzessin Amalie war bekanntlich schon längst von der Liste gestrichen worden, nicht nur, weil sie dem Preußenkönig zu anspruchsvoll und kapriziös erschien, sondern auch, weil Graf Friedrich Heinrich von Seckendorff auf eine erneute Bindung an das Kaiserhaus drängte. Was Prinzessin Charlotte betraf, so hatte der österreichische Gesandte bereits ganze Arbeit geleistet und schon vor zwei Jahren die Verbindung der Preußenprinzessin mit Karl von Braunschweig-Wolfenbüttel-Bevern in die Wege geleitet, einem Neffen des Kaisers. Da traf es sich gut, dass der junge Karl eine Schwester hatte, die zumindest altersmäßig wunderbar zum Kronprinzen passte: die 1715 geborene Elisabeth Christine, das Patenkind ihrer gleichnamigen Tante, der Kaiserin.

Am 4. Februar 1732 schrieb Friedrich Wilhelm seinem

Fritz folgenden Brief: »Ihr wisst, mein lieber Sohn, wenn
meine Kinder gehorsam sind, ich sie sehr lieb habe, so, wie
Ihr zu Berlin gewesen, ich Euch alles von Herzen vergeben
habe und … auf nichts gedacht, als auf Euer Wohlsein und
Euch zu etablieren, sowohl bei der Armee als auch mit einer
ordentlichen Schwiegertochter, und Euch suchen bei meinem Leben noch zu verheiraten. Ihr könnt wohl persuadieret
[überzeugt/versichert] sein, dass ich die Prinzessinnen des
Landes durch andere, so viel als möglich ist, habe examinie-
ren lassen, was sie für Conduite und Education; da sich denn
die Prinzessin, die älteste von Bevern gefunden, die da wohl
aufgezogen ist, modeste und eingezogen, so müssen die Frauen
sein … Die Prinzessin ist nit hässlich und auch nit schön. Ihr
sollt keinem Menschen was davon sagen, wohl aber der
Mama schreiben, dass ich Euch geschrieben habe …«

Friedrich kam dem väterlichen Befehl unverzüglich nach
und informierte Sophie Dorothea über die Pläne des Preußenkönigs. Ihr Antwortschreiben lässt nichts von dem Entsetzen erkennen, das sie beim Lesen des Briefes verspürt
haben muss, als sie erfuhr, dass ihr geliebter Sohn die völlig
unbedeutende Bevern-Prinzessin heiraten sollte. Doch es
blieb ihr nichts anderes übrig, als gute Miene zum »bösen
Spiel« zu machen, schließlich wusste sie nur zu genau, dass
ihr Brief den Augen des Königs auf keinen Fall entgehen
würde. Deshalb schrieb sie am 7. Februar 1732 an Fritz: »Euer
Brief, mein lieber Sohn, hat mich sehr erfreut, weil ich es als
Zeichen nehme, dass Ihr Euch besser befindet, was mir recht
angenehm ist. Was Ihr mir schreibt, dass Euch der König so
gnädig geschrieben und versichert hat, dass er für Euer Etab-
lissement sorgen wolle, ist sehr gut; auch dass er Euch die
älteste Prinzessin von Bevern zur Frau geben will, approbiere
ich ganz. Eure Submission, die Ihr Euren Vater erweist in

dieser Sache, ist rühmlich und wie es sich gehört. Gott gebe
Euch allen Segen, den ich Euch wünsche, so werdet Ihr alle
Zeiten glücklich sein. Seid Ihr nun versichert, mein lieber
Sohn, dass ich Eure treue Mutter verbleibe Sophie D.«

Wie viel Überwindung muss es Sophie Dorothea gekostet
haben, diese Zeilen zu schreiben und die Verbindung des
Kronprinzen mit Elisabeth Christine scheinbar gutzuheißen!
In Wirklichkeit muss es in ihrem Inneren »gekocht« haben,
aber das konnte sie keinesfalls zugeben, erst recht nicht
schriftlich. In ihren weiteren Briefen verliert sie jedenfalls
kein Wort über die Bevern-Prinzessin, schreibt nur Unverfängliches wie über das bitterkalte Wetter, das im März 1732
den Berlinern zu schaffen machte, und die orkanartigen
Stürme, die selbst durch die dicken Schlossmauern drangen.

Und doch überlegte Sophie Dorothea schon jetzt, ob sich
die Hochzeit ihres Ältesten mit Elisabeth Christine nicht
doch noch irgendwie verhindern ließe. Der englische Traum
war keineswegs ausgeträumt. Es kränkte den Stolz der Preußenkönigin, dass die ins Auge gefasste Braut ihres Sohnes
völlig unbedeutend war und offenbar weder besonders
hübsch noch geistreich. Zwar hatte Sophie Dorothea noch
nie ein Wort mit ihrer künftigen Schwiegertochter gewech-
selt, trotzdem behauptete sie wohl steif und fest, die junge
Frau sei eine »dumme Gans«, und schürte so die ohnehin
schon vorhandene Abneigung des Kronprinzen gegen Elisabeth Christine. Das heißt, eigentlich wollte Friedrich überhaupt nicht heiraten, weder die Bevern-Prinzessin noch eine
andere Frau. Schon im Dezember 1731 hatte er an Friedrich
Wilhelm von Grumbkow geschrieben: »Solange man mich
Junggeselle bleiben lässt, werde ich Gott danken, es zu sein;
und wenn ich mich verheirate, werde ich gewiss ein schlechter Ehemann sein, denn ich fühle in mir weder genug Bestän-

digkeit noch Liebe zum weiblichen Geschlecht, um glauben zu können, ich würde sie in der Ehe in mich aufnehmen. Der bloße Gedanke an meine Frau ist mir eine so verhasste Sache, dass ich nicht ohne Abneigung daran denken kann. Trotzdem würde ich aus Gehorsam alles tun, aber niemals in guter Ehe leben.« Damit war eigentlich klar, dass Friedrich auch seine langjährige englische »Verlobte« niemals heiraten wollte und sich die ganze Zeit nur dem Druck seiner ehrgeizigen Mutter gebeugt hatte. Die Preußenkönigin hatte wohl trotzdem leichtes Spiel, ihrem Sohn die Bevern-Prinzessin madig zu machen: »Ich will nicht, dass meine Frau dumm ist«, schrieb Friedrich entsetzt an Grumbkow, »ich muss vernünftige Gespräche mit ihr führen können.« Doch der Kronprinz hatte gar keine Wahl, er musste seinem Vater gehorchen. Am 22. Februar 1732 versprach er dem König, die »arme Person« zu heiraten, auch wenn er Grumbkow vorher anvertraut hatte: »Ich bedaure diese arme Person, denn dadurch wird es eine unglückliche Prinzessin mehr auf der Welt geben.«

Dumm war Elisabeth Christine keineswegs, auch wenn sie ihre freie Zeit nicht gerade mit der Lektüre der französischen Philosophen verbrachte. Ihr Vater Ferdinand Albrecht II. von Braunschweig-Wolfenbüttel-Bevern stand als apanagierter Herzog in den Diensten des Kaisers und musste sich anstrengen, seine große Familie zu ernähren. Das knappe Geld floss in erster Linie in die Ausbildung der Söhne; vor allem Erbprinz Karl, Charlottes Verlobter, musste auf seine spätere Aufgabe gründlich vorbereitet werden. Denn schon jetzt stand fest, dass er eines Tages regierender Herzog von Braunschweig-Wolfenbüttel sein würde. Weil der Großvater mütterlicherseits, Ludwig Rudolf, keine männlichen Erben hatte, sollte nach seinem Tod zunächst Schwiegersohn Ferdinand

Albrecht, später dann Karl das Herzogtum regieren. So
wuchs Elisabeth Christine im Kreis ihrer Geschwister auf
Schloss Wolfenbüttel auf. Hier erhielt sie eine eher konven-
tionelle Erziehung, lernte französische Konversation, ein
wenig Musik, Malerei und Religion, ohne sich durch besondere Begabungen hervorzutun. Von Kindesbeinen an hatte
die 1715 geborene Prinzessin Bescheidenheit lernen müssen –
und auch das war für die Wahl des Preußenkönigs entschei-
dend gewesen. Anders als die verwöhnte Engländerin Amalie
würde Elisabeth Christine am Hohenzollernhof keine großen
Ansprüche stellen – und mit ihrer Zurückhaltung hoffentlich auch den verwöhnten Kronprinz beeinflussen.

Bescheidenheit – das war das Allerletzte, was sich Sophie
Dorothea wünschte. Sie wollte eine elegante und glamouröse
Gemahlin für ihren Sohn, keinen »Bauerntrampel« aus der
norddeutschen Provinz! Doch die Entscheidung des Königs
stand fest. Am 10. März 1732 sollte sich der Kronprinz mit
Elisabeth Christine von Braunschweig-Wolfenbüttel-Bevern
verloben.

Der Termin rückte näher. Als schließlich die Kutsche der
Herzogsfamilie vor dem Berliner Stadtschloss eintraf, konnte
Sophie Dorothea ihre Abneigung nur mühsam hinter höfischer Etikette verbergen. Es war ihr ein kleiner Trost, dass
Friedrich seine berühmte schlechte Laune wieder einmal
demonstrativ zur Schau trug, auch wenn er von seiner Braut
eher angenehm überrascht zu sein schien. Während der
Verlobungsfeierlichkeiten musste sich die Königin noch
zurückhalten, doch nur, um ihr Gift danach umso heftiger
zu verspritzen, zumindest wenn man den Memoiren von
Wilhelmine Glauben schenkt: »Die Prinzessin ist hübsch«,
soll sie nach Bayreuth geschrieben haben, »aber dumm wie
Stroh. Sie hat gar keine Erziehung. Ich weiß nicht, wie sich

mein Sohn dieser Äffin anpassen soll.« Aber sollte sich Sophie Dorothea tatsächlich in einem Brief an ihre Tochter so abfällig über Elisabeth Christine geäußert haben? Dagegen spricht zweierlei: Zum einen war das Verhältnis der Preußenkönigin zu Wilhelmine ausgesprochen frostig, nachdem diese den Erbprinzen von Bayreuth geheiratet hatte. Ein derart vertraulicher Briefwechsel ist deshalb kaum vorstellbar. Zum anderen hatte Sophie Dorothea viel zu viel Angst, dass ihre Post von königlichen Spionen abgefangen und gelesen werden könnte. Noch immer hing die Verbannung nach Oranienburg wie ein Damoklesschwert über ihr. In ihrem Brief vom 12. April 1732 heißt es daher auch ganz unverfänglich, Elisabeth Christine sei sehr liebenswürdig »und mein Sohn kann sich glücklich schätzen, eine solch verdienstvolle Prinzessin gefunden zu haben. Ich bin ganz entzückt über seine Wahl.«

Aus der Traum! – Die Hochzeit des Kronprinzen

Die Hochzeitsfeierlichkeiten sollten am 12. Juni 1733 auf Salzdahlum stattfinden, dem idyllisch zwischen Braunschweig und Wolfenbüttel gelegenen Lustschloss der Herzogsfamilie. Elisabeth Christines Großvater Ludwig Rudolf, Herzog von Braunschweig-Wolfenbüttel, stürzte sich in erhebliche Unkosten, um aus der 1694 errichteten Anlage wieder ein »Versailles der Welfen« zu machen, wie das Schloss in einer Mischung aus Spott und Bewunderung von den Zeitgenossen genannt wurde. Heute können wir Salzdahlum leider nicht mehr besuchen, es wurde bereits 1813 wegen Baufälligkeit aus Kostengründen abgerissen.

Das Schmuckstück des Schlosses war der wundervolle Garten, über den Sophie Dorotheas Großmutter, die Kurfürstinwitwe von Hannover, 1710 geschrieben hatte: »Der, welcher in der Schwärmerkomödie von einem herrlichen Schloss und Garten phantasiert, hat sich nichts eingebildet, was an die hiesigen Herrlichkeiten heranreicht.« Anders als die französischen Gärten Ludwigs XIV. diente der Park von Salzdahlum weniger der Demonstration fürstlicher Größe als vielmehr dem ungestörten Kunstgenuss. Dazu gehörten die reich ornamentierten Beete ebenso wie die Marmorstatuen und vergoldeten Vasen. Der Park war von blickdichten Zäunen und hohen Mauern begrenzt, sodass man sich hier in paradiesischer Abgeschiedenheit wähnte.

Während Salzdahlum für die Hochzeit des Kronprinzenpaares herausgeputzt wurde, erhielt man in Berlin erfreuliche Neuigkeiten aus Ansbach: Am 7. April 1733 hatte Friederike nach vierjähriger Ehe ihr erstes Kind zur Welt gebracht, Karl Friedrich August. Sophie Dorothea, inzwischen 46 Jahre alt, war zum zweiten Mal Großmutter geworden! Die Geburt des Ansbacher Erbprinzen machte der Königin ein wenig Hoffnung, dass sich die Ehe ihrer Tochter nun endlich etwas harmonischer gestalten würde. Das aber war leider nicht der Fall. Während Friederikes zweiter Schwangerschaft – 1736 wurde Sohn Alexander geboren – schrieb Charlotte besorgt nach Berlin: »Ich habe Nachrichten aus Ansbach, welche besagen, dass meine Schwester sehr traurig und melancholisch war. Ich fürchte, weil sie schwanger ist, dass ihr der Kummer nicht guttut …« Friederikes Depressionen wurden immer schlimmer, vor allem nach dem Tod ihres ältesten Sohnes, der 1737 mit nur vier Jahren aus ungeklärten Gründen starb. Anscheinend gab man ihr die Schuld daran, zumal sich der Markgraf völlig von ihr zurückzog und künftig mit seiner Mätresse zusammenlebte. Friederike bezog Schloss Unterschwaningen, baute es aus und kehrte selbst nach dem

Tod des Markgrafen 1757 nicht nach Ansbach zurück. In Unterschwaningen starb sie 1784 in geistiger Umnachtung. Doch zurück ins Jahr 1733.

Am 10. Juni 1733 reiste die preußische Königsfamilie in Salzdahlum an, wo Friedrich und Elisabeth Christine zwei Tage später unter Glockengeläut und Kanonendonner getraut wurden. Für Sophie Dorothea dürfte es einer der traurigsten Tage ihres Lebens gewesen sein, denn damit war ihr großer Traum endgültig geplatzt. Jahrelang hatte sie alles für die englische Doppelhochzeit getan, und jetzt waren ihre beiden ältesten Kinder mit Partnern verheiratet, denen Glanz und Glamour völlig abging.

Kaum waren die Feierlichkeiten in Salzdahlum beendet, da wurden sie in Berlin fortgesetzt. Am 2. Juli 1733 heiratete Charlotte den Erbprinzen Karl von Braunschweig-Wolfenbüttel-Bevern. Es folgten die üblichen Bälle, Bankette, Empfänge und musikalischen Darbietungen, doch angesichts der sommerlichen Hitze war die Hochzeitsgesellschaft sicherlich froh, als alles ein Ende nahm. Am 17. Juli 1733 verließen Charlotte und Karl Berlin, und damit reiste bereits Sophie Dorotheas dritte Tochter einer ungewissen Zukunft entgegen. Wie würde es der recht kindlichen »dullen Lotte« in Wolfenbüttel wohl ergehen? Würde wenigstens diese Ehe glücklich werden?

Die bleierne Zeit – Jahre der Resignation

Sorge um den Preußenkönig

Der ehrgeizige Traum, der Sophie Dorotheas Leben fast zwanzig Jahre lang beherrscht und mit großer Hoffnung erfüllt hatte, war nun endgültig geplatzt. Im Kronprinzenpalais Unter den Linden lebte jetzt statt der englischen Prinzessin Amalie die schüchterne und unscheinbare Elisabeth Christine, zu der die Preußenkönigin – verständlicherweise – keinen engeren Kontakt wollte. Man traf sich nur zu offiziellen Anlässen.

Sophie Dorothea konnte sich höchstens damit trösten, dass sich das Verhältnis des Kronprinzen zu seinem königlichen Vater inzwischen spürbar entspannt hatte. Sie musste nicht mehr um das Leben ihres Sohnes bangen. Nachdem ihm der Kronprinz unbedingten Gehorsam geschworen hatte, war Friedrich Wilhelm bereit gewesen, dem »Schurken Fritz« eine zweite Chance zu geben. Er hatte ihn 1732 zum Obersten eines Regiments ernannt, das in der märkischen Kleinstadt Ruppin stationiert war. Hier bewies der Kronprinz, dass wider Erwarten doch ein »richtiger Kerl« in ihm steckte. Künftig verbrachte er seine Zeit entweder auf dem Exerzierplatz oder in den Bürostuben der Verwaltung, wo er sich gründlich auf seine spätere Aufgabe als preußischer König vorbereitete.

Hingegen hatten die Eheleute Sophie Dorothea und Friedrich Wilhelm noch keinen Frieden miteinander geschlossen.

Als der Kronprinz im März 1734 zu Besuch in Berlin war, schrieb er an Wilhelmine: »Liebste Schwester! Ich beneide Dich, dass Du nicht hier bist, denn unser huldvoller Souverän und die Souveränin haben sich das Wort gegeben, abwechselnd schlechter Laune zu sein. Man weiß gar nicht mehr, woran man mit ihnen ist. Heute wird man mit Liebkosungen überhäuft, und morgen gibt es nur mürrische Mienen und unfreundliche Worte. Kurz, ihre Laune wechselt von einem Tag zum anderen.«

Aber die Zeit der ganz großen Kämpfe war vorbei, der zermürbende Ehekrieg weitgehend ausgestanden. Es herrschte so etwas wie Waffenstillstand im Berliner Schloss. Heftige Szenen und lautstarke Auseinandersetzungen gehörten der Vergangenheit an. Sophie Dorothea, inzwischen 47 Jahre alt, war des Kämpfens müde geworden. Der Plan der Doppelhochzeit hatte sie so viel Kraft gekostet, und letzten Endes war doch alles vergebens gewesen. Auch die vielen Schwangerschaften hatten ihre Spuren hinterlassen. Die Königin war korpulent und schwerfällig geworden, auch wenn sie nach wie vor die Aura der »Olympia« ausstrahlte. Anders als Friedrich Wilhelm klagte sie auch nicht über ernsthafte gesundheitliche Probleme. Dem Preußenkönig hingegen machte bereits seit Ende der Zwanzigerjahre eine schmerzhafte Gichterkrankung zu schaffen, und inzwischen kamen die Anfälle in immer kürzeren Abständen. Sophie Dorothea hat über die Krankheit ihres Gemahls keine schriftlichen Aufzeichnungen hinterlassen, doch durch Friedrichs regen Briefwechsel mit seiner Schwester Wilhelmine sind wir über Verlauf und Symptome bestens informiert: »Dienstag Nachmittag kam ich hier an«, schrieb der Kronprinz am 14. Oktober 1734. »Der König befand sich in einem trostlosen Zustand. Die Beine sind bis zum Oberschenkel angeschwollen, der Fuß

zwischen Wade und Knöchel scharlachrot und offenbar ver-
eitert. Der Leib hängt herab, er ist zwei Hände breit stärker
als sonst. Arme und Gesicht sind schrecklich mager, das
Gesicht hat blaue Flecken, die Farbe ist gelb und der Atem so
kurz, dass er kaum Luft bekommt. Er kann so gut wie nichts
essen noch schlafen. Wenn er schlummert, muss er sich auf
seine Hände stützen und im Bett sitzen. Manchmal sagt er
mit rührend trauriger Miene zu mir: ›Ich bin erst 46 Jahre
alt, habe auf Erden alles, was ich wünschen kann, und der
liebe Gott hat mich zu einem glücklichen Herrscher gemacht.
Und nun bin ich den grausamsten Qualen preisgegeben, die
es vielleicht auf der Welt gibt. Aber ich will alles geduldig
ertragen …‹«

Friedrich Wilhelm war ein todkranker Mann, der sich fast
nur noch mithilfe eines Rollstuhls fortbewegen konnte und
bisweilen unter unerträglichen Schmerzen litt. Die sogenannte Wassersucht hatte den Körper des Königs unförmig
aufgetrieben, sodass sein Taillenumfang bei einem Gewicht
von zweieinhalb Zentnern zuletzt 2,40 Meter betrug. Ursache war allem Anschein nach eine Herzinsuffizienz, denn
Friedrich Wilhelm litt an den typischen Symptomen: Was-
seransammlungen in den Organen, besonders in der Leber,
sowie geschwollenen Beinen, vor allem im Knöchelbereich.
Die unteren Gliedmaßen waren von Geschwüren bedeckt,
denn die Schwellungen brachten es nicht nur mit sich, dass
die Haut austrocknete, auch der Druck im Gewebe wurde so
groß, dass Ekzeme entstanden, die sich zu regelrechten offenen Wunden weiterentwickelten. Durch die ungenügende
Blutzufuhr kam es zu Entzündungen, die nicht mehr richtig
abheilten.

Die starken Schmerzen, unter denen Friedrich Wilhelm
litt, waren – wie schon immer – mit heftigen Zornesausbrü-

chen gepaart, die die ganze Familie abbekam. Wieder dient uns Kronprinz Friedrich als Zeuge, der am 25. Oktober 1734 Wilhelmine über den schlimmen Zustand des Vaters informierte: »Seit seine Beine aufgebrochen sind, fühlt er sich erleichtert und atmet freier, obgleich sein Leib noch stark angeschwollen ist. Er hält sich jedoch für gerettet und hat in Folge seine schlechte Stimmung verloren. Ist er sehr schlechter Laune, dann schlägt, kratzt und misshandelt er alles, was ihm nahe kommt, und spricht von aller Welt schlecht außer seiner Wenigkeit. Die Königin wird sich jetzt viel leichter trösten als je zuvor.«

Leider wissen wir rein gar nichts über die Gefühle, die Sophie Dorothea damals bewegten. Hatte sie Mitleid mit dem gequälten Gemahl? Oder empfand sie womöglich Genugtuung und sah in der Krankheit die »gerechte Strafe« für all das, was er ihr in der Vergangenheit zugefügt hatte? Bereitete sie sich vielleicht schon heimlich auf seinen baldigen Tod vor und fieberte der Thronbesteigung ihres geliebten ältesten Sohnes entgegen? Dann würde endlich aus dem »Sparta des Nordens« wieder das »Spree-Athen« werden, das sie in den letzten zwanzig Jahren so schmerzlich vermisst hatte. Alle Fragen nach Sophie Dorotheas Empfindungen müssen wohl unbeantwortet bleiben. Fest steht hingegen, dass auch sie eine schwere Zeit durchmachte. In früheren Jahren hatte sie sich monatelang auf ihr geliebtes Schloss Monbijou zurückziehen können, hatte Empfänge, Musikabende und Maskenbälle veranstaltet. Jetzt aber verlangte der Preußenkönig, dass sein »Fiekchen« stets an seiner Seite blieb und sich nicht weiter entfernt als in Rufnähe aufhielt. Sophie Dorothea blieb nichts als quälendes Warten – auf eine vorübergehende Besserung des Zustands von Friedrich Wilhelm oder auf den Tod des Preußenkönigs. Es sah tatsächlich nicht gut aus. Am

2. November 1734 schrieb Friedrich nach Bayreuth: »Der König ist denkbar übelster Laune, sodass man weder ein noch aus weiß. Sein Zustand ist sehr schlimm, denn seit vierzehn Tagen läuft ihm eine unglaubliche Menge Wasser aus dem linken Bein, bis zu zwei Maß täglich, ohne dass sein Körper wesentlich abschwillt. An seiner Wade hat sich eine brandige Geschwulst gebildet, die in ein bis zwei Tagen aufgehen wird. Je nachdem, was herauskommt, wird man auf den Tod des Königs schließen. Sieht es übel aus, so wird er noch diese Woche sterben, wenn nicht, hat er noch drei Wochen ... Die Königin ist reizend. Infolge der unerträglichen Laune des Königs tröstet sie sich über alles, was geschehen mag. Sophies Hochzeit ist auf den 20. festgesetzt. Ich glaube, der König erlebt sie nicht mehr ...«

Brandenburg-Schwedt

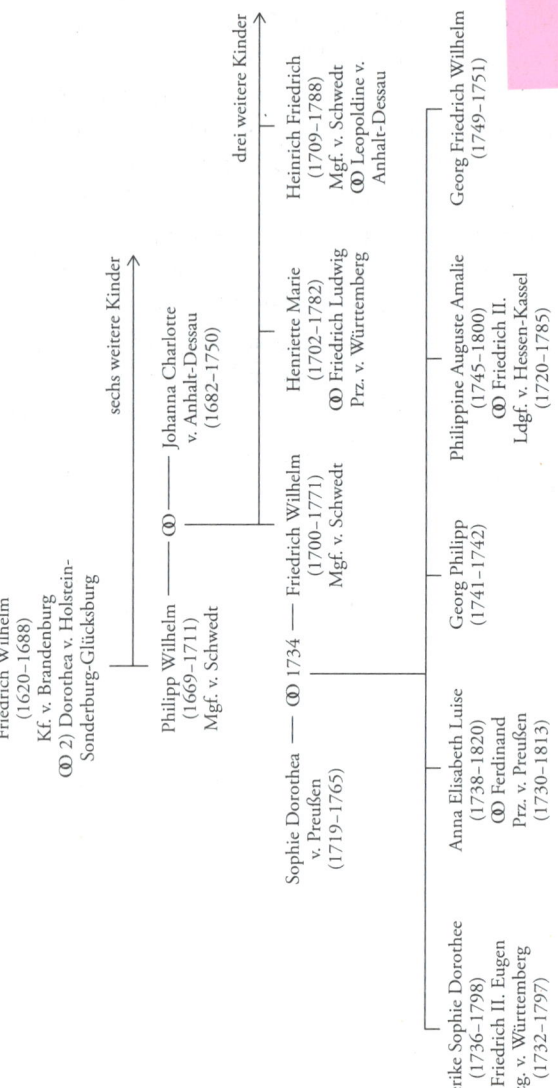

Friedrich Wilhelm
(1620–1688)
Kf. v. Brandenburg
∞ 2) Dorothea v. Holstein-
Sonderburg-Glücksburg

Philipp Wilhelm ———— ∞ ———— Johanna Charlotte
(1669–1711)   v. Anhalt-Dessau
Mgf. v. Schwedt   (1682–1750)

sechs weitere Kinder

Sophie Dorothea ——— ∞ 1734 ——— Friedrich Wilhelm
v. Preußen   (1700–1771)
(1719–1765)   Mgf. v. Schwedt

Henriette Marie
(1702–1782)
∞ Friedrich Ludwig
Prz. v. Württemberg

Heinrich Friedrich
(1709–1788)
Mgf. v. Schwedt
∞ Leopoldine v.
Anhalt-Dessau

drei weitere Kinder

Friederike Sophie Dorothee
(1736–1798)
∞ Friedrich II. Eugen
Hzg. v. Württemberg
(1732–1797)

Anna Elisabeth Luise
(1738–1820)
∞ Ferdinand
Prz. v. Preußen
(1730–1813)

Georg Philipp
(1741–1742)

Philippine Auguste Amalie
(1745–1800)
∞ Friedrich II.
Ldgf. v. Hessen-Kassel
(1720–1785)

Georg Friedrich Wilhelm
(1749–1751)

Sophie wird Markgräfin von Schwedt

Nach Friederike, Wilhelmine und Charlotte sollte also nun auch Sophie Dorotheas vierte Tochter verheiratet werden, obwohl die »engelsgleiche« Sophie noch keine sechzehn Jahre alt war. Damit blieben künftig nur noch die Prinzessinnen Ulrike und Amalie im Hohenzollernschloss sowie die Söhne August Wilhelm, Heinrich und Ferdinand.

Inzwischen hatte sich Sophie Dorothea damit abgefunden, dass der Preußenkönig seine künftigen Schwiegersöhne allein aussuchte, ohne sich mit ihr zu beraten oder sie doch zumindest nach ihrer Meinung zu fragen. Denn auch der Kandidat für Sophie hätte vor ihren Augen keine Gnade gefunden. Es handelte sich ausgerechnet um den 1700 geborenen Friedrich Wilhelm von Brandenburg-Schwedt, der vor Jahren schon als Gemahl für Prinzessin Wilhelmine im Gespräch gewesen war. In der Zwischenzeit hatte sich der Markgraf zu einem eingefleischten Junggesellen entwickelt, der gerne aß und trank, zur Jagd ging, aber auch schöne Frauen liebte. Trotzdem hatte sich der Preußenkönig für den 34-Jährigen entschieden, vielleicht in der Hoffnung, dass er in der Ehe mit Sophie ruhiger werden würde. Auf jeden Fall hatte er den »wilden Markgrafen« in den vergangenen Jahren häufiger nach Berlin eingeladen, wo der sich tatsächlich von seiner besten Seite präsentierte. Er plauderte charmant mit der jungen Sophie, machte ihr zahllose Komplimente, schöne Augen und schließlich auch den Hof.

Und so geschah, was niemand für möglich gehalten hatte: Die hübsche Prinzessin, die von ihren eigenen Eltern nicht gerade mit Liebe und Aufmerksamkeit überschüttet worden war, fühlte sich geschmeichelt – und verliebte sich Hals über

Kopf in den achtzehn Jahre älteren Markgrafen von Schwedt. Damit waren Sophie Dorothea natürlich die Hände gebunden, und sie musste hinnehmen, dass jetzt auch ihre vierte Tochter mit einem »Habenichts« verheiratet wurde. Wilhelmine, die im Vorfeld der Verlobung gerade in Berlin zu Besuch war, schrieb am 4. April 1734 an den Kronprinzen: »Die Königin ist in Verzweiflung darüber. Ich fürchte, dass dieser Kummer ihr den Rest geben wird. Stellen Sie sich vor, was ich leide. Bitte erweisen Sie mir den Gefallen und verlassen Sie die arme Sophie nicht.«

Die Familie mochte jammern, so viel sie wollte, doch der Hochzeitstermin war sogar extra vorgezogen worden, um dem besorgniserregenden Zustand des Preußenkönigs Rechnung zu tragen. Anders als Friedrich noch Anfang des Monats vermutet hatte, erlebte sein Vater den 20. November 1734 sehr wohl, auch wenn sich Sophie und Friedrich Wilhelm von Brandenburg-Schwedt das Jawort an seinem Krankenbett im Potsdamer Stadtschloss gaben. Als das frisch vermählte Paar wenig später an die Oder abreiste, glaubte niemand daran, dass Friedrich Wilhelm seine Tochter jemals wiedersehen würde.

Doch dann sorgte der Preußenkönig für eine große Überraschung. Völlig unerwartet siegte sein unbändiger Lebenswille, angetrieben vielleicht von einem großen Verantwortungsgefühl für sein Land, denn noch wusste er nicht genau, ob er in seinem ältesten Sohn wirklich einen guten Nachfolger haben würde. Jedenfalls konnte der Kronprinz am 10. Januar 1735 an Wilhelmine schreiben: »Zu meinem größten Erstaunen muss ich Dir mitteilen, dass sich der König völlig erholt. Er beginnt wieder zu gehen und ist wohler als ich. Gestern habe ich bei ihm gespeist. Ich kann Dir versichern, er isst und trinkt für drei. In acht Tagen geht er nach

Berlin, und ich bin sicher, in zwei Wochen kann er wieder reiten. Dies ist ein Wunder sondergleichen.« Und tatsächlich, der Genesungsprozess machte weitere Fortschritte: »Dem König geht es von Tag zu Tag besser«, konnte Friedrich am 29. Januar 1735 nach Bayreuth melden.

Damit musste Sophie Dorothea weiter auf unbestimmte Zeit im »Sparta des Nordens« ausharren. Zumindest aber gewann sie nun wieder mehr Bewegungsfreiheit, nachdem sie monatelang am Krankenbett ihres Gemahls verbracht und seine Launen und Wutausbrüche mit scheinbar stoischer Gelassenheit ertragen hatte.

Es dauerte nicht lange, da kamen schlechte Nachrichten aus Schwedt an der Oder. Die große Liebe oder zumindest das gute Einvernehmen zwischen Sophie und dem Markgrafen waren nur von kurzer Dauer gewesen. Zunächst hatte sich die junge Preußin recht gut im komfortablen Residenzschloss eingelebt. Als sie im Januar 1735 ihren 16. Geburtstag feierte, veranstaltete der Gemahl ihr zu Ehren ein riesiges Fest mit Maskeraden, Bällen und einem prächtigen Feuerwerk. Doch dem Alltag hielt die Ehe nicht stand. Bald zeigte sich, wie bedeutsam der Altersunterschied tatsächlich war, zumal sich hier ein unerfahrenes Mädchen und ein erwachsener reifer Mann gegenüberstanden. Hinzu kam, dass der Markgraf keineswegs reich war, sodass auch im Schwedter Schloss gespart werden musste. Wie er es auch bei seinen anderen Töchtern getan hatte, reiste der Preußenkönig schon bald nach der Hochzeit zu Sophie. Im Juli 1735 machte er sich persönlich ein Bild von ihrem Befinden. Es war offenbar schlimmer als befürchtet. Friedrich Wilhelm versuchte, den Eheleuten ins Gewissen zu reden, und als alles nichts half, setzte er die weinende Sophie kurzerhand in seine Kutsche und nahm sie mit nach Berlin. Auf Schloss Monbijou sollte sie der »Frau Mama« zunächst einmal ihr Herz ausschütten und dann ein wenig zur Ruhe kommen.

Sophie Dorothea war von dem Überraschungsbesuch jedoch alles andere als begeistert und nicht bereit, sich die Geschichten vom Schwedter Ehedrama anzuhören. So etwas wie Trost und Zuspruch waren von der Preußenkönigin eigentlich auch nicht zu erwarten gewesen. Sie blieb stets hart gegen sich selbst – und war es auch gegen andere, selbst wenn es sich um ihre eigenen Töchter handelte. Vielleicht hatte sich Sophie Dorothea schon früh ein »dickes Fell« zulegen müssen, auf jeden Fall ließ sie den Kummer ihrer Mitmenschen nie an sich heran. Auch von Sophie verlangte sie nur, Contenance zu bewahren, und mahnte wie üblich zu Nachsicht und Geduld. Abgesehen davon, war Sophie Dorothea auch keine unparteiische Ratgeberin, zumal sie die Ehe ihrer Tochter mit dem Markgrafen von Schwedt, diesem bedeutungslosen »Habenichts«, nach wie vor ablehnte. Doch das machte die Situation für ihre unglückliche Tochter nicht besser. Diese konnte ja nicht ewig in Berlin bleiben, sondern musste in absehbarer Zeit wieder an die Oder zurückkehren, sich mit ihrem Gemahl arrangieren und womöglich auch ein wenig an sich selbst arbeiten. Zumindest vorübergehend schien ihr das nach ihrer Rückkehr auch zu gelingen. Auf jeden Fall kam am 18. Dezember 1736 ihr erstes Kind zur Welt, Tochter Friederike Dorothea Sophie.

Blick nach Bayreuth, London und Wolfenbüttel

Sophie Dorotheas Töchter Wilhelmine und Charlotte hatten es da wesentlich besser getroffen.

Die anspruchsvolle und stets unzufriedene Wilhelmine

fühlte sich in Bayreuth inzwischen recht wohl. Hatte sie zunächst noch unter der Sparsamkeit ihres Schwiegervaters gelitten, so änderte sich ihre Situation grundlegend mit dem Tod des alten Markgrafen im Mai 1735. Jetzt nämlich bestieg ihr Gemahl den Thron des kleinen Fürstentums, und der schien bereit, seiner Ehefrau jeden Wunsch zu erfüllen. Zu ihrem 26. Geburtstag am 3. Juli 1735 schenkte Friedrich von Bayreuth Wilhelmine das Schloss Eremitage, wenige Meilen östlich der Residenzstadt. Hatte sie sich bislang stets über die »ärmlichen Bedingungen« beklagt, so konnte sie jetzt all jene Pracht entfalten, die ihrer Ansicht nach einer Markgräfin von Bayreuth und geborenen Preußenprinzessin zustand. Mit großem Eifer stürzte sie sich in die Planungen zur Verschönerung ihres Schlosses: »Den ganzen Monat August hindurch war ich damit beschäftigt, die Wege nach der Eremitage instand setzen zu lassen und legte jede Menge Spazierwege an. Täglich fuhr ich hinaus, und es machte mir Spaß, die Pläne selbst zu entwerfen und diesen Ort anziehend zu machen«, schrieb Wilhelmine später in ihren Memoiren. Dabei kümmerte sie sich nicht nur um die Neugestaltung der Außenanlagen, sondern sorgte auch für frischen Glanz in dem in die Jahre gekommenen Schloss selbst. Weil die Finanzierung offenbar keine Rolle spielte, gab sie ein Japanisches Zimmer, ein Musikzimmer sowie ein Spiegelkabinett in Auftrag, um dem Interieur des Schlosses ihre persönliche Note zu verleihen. Es ist fraglich, ob sie als Prinzessin von Wales die gleichen Freiräume gehabt hätte, um ihre vielfachen Talente zu entfalten. Die Bayreuther Untertanen aber beurteilten das kostspielige Engagement ihrer Markgräfin durchaus ambivalent, schließlich waren sie es, die die Hauptlast der erheblichen Unkosten tragen mussten. Außerdem hatte Wilhelmine ihre wichtigste Aufgabe noch immer nicht erfüllt: die Geburt eines gesunden Thronfolgers, der den Fortbestand der Markgrafschaft auch in Zukunft sichern sollte.

Anders als Friedrich Wilhelm und der Kronprinz hat Sophie Dorothea ihre Tochter nie in Bayreuth besucht. So erfuhr sie nur aus Briefen oder mündlichen Erzählungen von der wachsenden Pracht der fränkischen Residenzstadt. War sie stolz auf Wilhelmine? Oder dachte sie immer noch mit Wehmut an die verpassten Chancen der englischen Heirat?

Dieses Kapitel war jedenfalls nun endgültig abgeschlossen. 1736 heiratete der »englische Bräutigam« Friedrich Ludwig die deutsche Prinzessin Augusta (1719–1772) aus dem Hause Sachsen-Gotha-Altenburg. Er lebte seit 1736 mit seiner Frau und den zwischen 1737 und 1751 geborenen neun Kindern meist zurückgezogen auf dem Landsitz Kew, wo er 1751 im Alter von nur 44 Jahren überraschend verstarb. Über die Todesursache ist nichts Genaues bekannt, möglicherweise erlag er den Folgen einer Lungenentzündung. Vielleicht hätte es Sophie Dorothea ja getröstet, wenn sie schon damals gewusst hätte, dass Wilhelmine niemals Königin von England geworden und von der Nachwelt wahrscheinlich schon bald vergessen worden wäre. Prinzessin Amalie hingegen, die für Kronprinz Friedrich gedacht gewesen war, blieb bis zu ihrem Tod unverheiratet.

Anders als die verwöhnte Wilhelmine hatte sich Charlotte gleich nach ihrer Hochzeit mit Erbprinz Karl gut in ihre neue Rolle am Hof von Wolfenbüttel eingelebt. Selbst ihre kritische Schwiegermutter Antoinette Amalie hatte ihre anfängliche Skepsis gegenüber der »dullen Lotte« abgelegt. Doch dann kam es zu einschneidenden Veränderungen. Am 1. März 1735 starb der regierende Herzog Ludwig Rudolf von Braunschweig-Wolfenbüttel, jener spendable Großvater, der Schloss Salzdahlum mit viel Geld zu einem Kleinod gemacht hatte. Weil er keine männlichen Erben hatte, folgte ihm, wie geplant, sein 55-jähriger Schwiegersohn als Ferdinand Albrecht II. auf den Thron Die Nebenlinie Bevern verschwand damit aus der Geschichte.

Doch kaum hatte die Herzogsfamilie die Trauerkleidung abgelegt, da starb auch Ferdinand Albrecht II. am 13. September des Jahres völlig unerwartet. Jetzt wurde der junge Karl I. neuer Herzog von Braunschweig-Wolfenbüttel, an seiner Seite die erst 19-jährige Charlotte. Doch neben den repräsentativen Aufgaben, die nun auf sie zukamen, musste sich die »dulle Lotte« auch um ihren Nachwuchs kümmern. Am 9. Oktober 1735 kam das erste Kind zur Welt, Erbprinz Karl Wilhelm Ferdinand. Ihm folgten in den nächsten Jahren noch zwölf weitere Kinder, von denen aber nur acht das Erwachsenenalter erreichten.

Vier Töchter der preußischen Königsfamilie waren inzwischen versorgt, die übrigen Kinder noch zu jung, um ernsthafte Heiratspläne zu schmieden. Mit der 1720 geborenen Ulrike hatte der Preußenkönig ohnehin andere Pläne. Sie sollte später einmal Äbtissin des protestantischen Damenstifts Quedlinburg werden und somit über eigene Einkünfte verfügen. In diesem Fall würde sich die teure Mitgift erübrigen. Um die drei Jahre jüngere Amalie machte man sich noch keine Gedanken. Das würde allein die Zeit ergeben.

Preußen am Scheideweg

Unterdessen war durch den Tod Augusts des Starken im Februar 1733 wieder Bewegung in die europäische Politik gekommen. Fast 39 Jahre lang hatte August das Kurfürstentum Sachsen regiert und war seit 1697 – mit Unterbrechungen –

auch König von Polen gewesen. Jetzt erbte sein Sohn Friedrich August II. (1696–1763) zwar das Amt des sächsischen Kurfürsten, nicht aber die polnische Königskrone. Weil sich der dortige Adel seine alten Privilegien nicht beschneiden lassen wollte, hielt er auch weiterhin an einem Wahlkönigtum fest – wobei reiche Bestechungsgelder gerne angenommen wurden und die Chance der Kandidaten aus verschiedenen Monarchien Europas ganz erheblich erhöhten, König von Polen zu werden. So schickte auch der junge sächsische Kurfürst seine Bewerbung nach Warschau, doch gewählt wurde am 10. September 1733 zunächst Stanisław Leszczynski – mit Unterstützung Frankreichs. Das aber verletzte die Interessen Österreichs und Russlands, die beide den jungen Sachsen favorisiert hatten. Im Polnischen Erbfolgekrieg mussten deshalb wieder einmal die Waffen entscheiden. Auch Preußen bot ein Truppenkontingent auf, denn Friedrich Wilhelm I. hoffte noch immer inständig, durch die Unterstützung des Kaisers endlich in den Besitz der niederrheinischen Gebiete zu gelangen, was ihm Karl VI. schon vor Jahren versprochen hatte. Aber das kaiserliche Wort besaß kein Gewicht. Als der Erbfolgekrieg 1735 schließlich beendet war und der junge Wettiner Friedrich August II. als August III. tatsächlich König von Polen wurde, ging Preußen wieder einmal leer aus. Und nicht nur das: Friedrich Wilhelm wurde sogar vom Kaiser gezwungen, ein für alle Mal auf die niederrheinischen Gebiete zugunsten der Wittelsbacher aus dem Hause Pfalz-Neuburg zu verzichten.

Die Reaktion des Preußenkönigs auf den Wortbruch des Kaisers war erstaunlich moderat: »Der Kaiser traktiert mich und alle Reichsfürsten wie Schubjacks*«, meinte er resig-

---

* Schufte oder Taugenichtse

niert. Allerdings beendete er nun das Bündnis mit Österreich, das in den letzten Jahren für die erheblichen Turbulenzen im Leben der Hohenzollernfamilie gesorgt hatte. Der
kaiserliche Gesandte Friedrich Heinrich von Seckendorff,
der 1726 nach Berlin gekommen war, war ohnehin schon
1734 zur Reichsarmee zurückgekehrt und bekleidete inzwischen den Posten des Gouverneurs von Mainz.

Sophie Dorothea dürfte den Bruch mit dem Kaiser mit
einer gewissen Häme registriert haben, auch wenn sie sich
gewiss davor hütete, dies laut auszusprechen. Der Kronprinz
hingegen nahm kein Blatt vor den Mund und schrieb in
erstaunlicher Offenheit an Grumbkow: »Das Jahrhundert,
in dem wir leben, ist – unglücklicherweise für uns – mehr
berühmt durch Verhandlungen als durch kriegerische Taten.
Wir sind militärisch in guter Lage, aber unsere Verhandlungen haben keinen Nachdruck; es scheint, dass eine verderb-
liche Erschlaffung die auswärtigen Angelegenheiten einge-
schläfert hat.« Das waren ganz neue Worte des Kronprinzen,
der bislang doch eher als friedliebender Schöngeist aufgefal-
len war. Friedrich konnte es offenbar kaum erwarten, selbst
den Thron zu besteigen und die Geschicke seines Landes zu
bestimmen. Dass er dies mit Waffengewalt und Kanonendonner tun würde, konnte Sophie Dorothea zu diesem Zeitpunkt aber noch nicht ahnen.

Vorerst aber ging das Leben am Hohenzollernhof seinen
gewohnten Gang, das heißt: Es herrschte die übliche Tris-
tesse. Am 10. September 1737 schrieb Friedrich an Wilhelmine nach Bayreuth: »Der König liebt die Musik nicht mehr
als früher. Er begnügt sich mit seinen elenden Oboisten, die,
wie du weißt, feine Ohren nicht befriedigen können. Die
Königin wollte allerdings die Simonetti annehmen, denn sie
und ihr Gatte sind stellungslos, aber dabei ist es geblieben.«

Vermutlich waren »die Simonetti« und ihr Gatte dem sparsamen König schlichtweg zu teuer.

Nach dem Tod Augusts des Starken gab es zu Sophie Dorotheas großem Bedauern in Berlin überhaupt keine bedeutenden Musiker mehr. Bekanntlich hatte ihr der Kurfürst von Sachsen für eine Weile einen Teil seines Hoforchesters zur Verfügung gestellt, das auf Monbijou gut besuchte Konzertabende gab. Das war nun vorbei.

Anders als mehrere ihrer Kinder spielte Sophie Dorothea selbst kein Instrument, und sie scheint auf musikalischem Gebiet auch keine besondere Begabung gehabt zu haben. Für die Preußenkönigin waren die künstlerischen Darbietungen in erster Linie zur fürstlichen Repräsentation gedacht, wobei sie durch berühmte Namen natürlich noch mehr glänzen konnte. Wahrscheinlich beneidete sie ihren Bruder Georg II., an dessen Hof nach wie vor Georg Friedrich Händel (1685 – 1759) wirkte. Händel hatte seine Karriere einst am kurfürstlichen Hof von Hannover begonnen, wo er 1710 als 25-Jähriger zum Kapellmeister ernannt worden war. Später ging er dann nach England an den Hof Georgs I., wo er sich als Musiklehrer auch um die königlichen Enkelkinder kümmerte. Sophie Dorothea hatte Händel allerdings nicht mehr persönlich kennengelernt, sondern nur aus Briefen ihrer Großmutter Sophie von Hannover von dem begabten Musiker erfahren. Inzwischen brillierte Händel in London mit seinen Oratorien und Opernaufführungen.

Doch Sophie Dorothea beneidete nicht nur ihren königlichen Bruder, sondern auch ihren ältesten Sohn Friedrich, der seit 1736 mit seiner Gemahlin Elisabeth Christine auf Schloss Rheinsberg am Grienericksee lebte. Hier hatte der Kronprinz genau das etabliert, was er in Berlin so schmerzlich vermisste: ein geistig anregendes Ambiente, in dem geschrieben, gemalt, philosophiert und musiziert werden konnte. Die Konzerte des Violinisten Franz Benda (1709–1786) sowie der Brüder Carl Heinrich (1704–1759) und Johann Gottlieb Graun (1703–1771) brachten angenehme Abwechslung in die Rheinsberger Idylle. Zu gerne wäre auch Sophie Dorothea dorthin gereist, doch Friedrich war froh, dass er nun endlich ein freier Mann war, sieht man von der erzwungenen Bindung an Elisabeth Christine einmal ab. Er wollte sich weder von seinem Vater noch von der »Frau Mama« etwas vorschreiben lassen, sondern endlich einmal sein Leben genießen, solange noch Zeit dafür war.

Der Tod des Preußenkönigs

Dabei verstanden sich König und Kronprinz inzwischen recht gut. Einen erheblichen Anteil an der Versöhnung von Vater und Sohn konnte erstaunlicherweise Friedrich Wilhelm von Grumbkow für sich verbuchen. Der alte Haudegen hatte sich zwar seinerzeit von dem österreichischen Gesandten Seckendorff bestechen lassen, trotzdem jedoch die Interessen Brandenburg-Preußens nie aus den Augen verloren. Das spürte auch der Kronprinz. Spätestens nach seiner Hochzeit 1733 versöhnte sich Friedrich mit dem Ersten Minister seines Vaters. Bis zu Grumbkows Tod im März 1739 blieb die Beziehung der beiden ungetrübt.

Aus Berichten seiner Vertrauten erfuhr Friedrich Wilhelm zudem, dass sich der Kronprinz seit seiner Entlassung aus Küstrin ernsthaft mit Angelegenheiten befasste, die für einen künftigen König Preußens wichtiger waren als Philosophie und Flötenspiel. Dass sich der junge Friedrich nunmehr intensiv mit Verwaltung und Militär beschäftigte, beruhigte den König ungemein: »Es liegt mir nichts mehr am Leben, da ich meinen Sohn hinterlasse, der alle Fähigkeiten hat, gut zu regieren«, gestand er kurz vor seinem Tod. »Er hat mir versprochen, dass er die Armee beibehalten wird. Er hat Verstand, und alles wird gut gehen.«

Inzwischen konnte niemand mehr die Augen davor verschließen, dass es mit Friedrich Wilhelm zu Ende ging. Am 12. Februar 1740 schrieb der Kronprinz an seine Schwester Wilhelmine: »Dem König geht es sehr schlecht. Es ist nicht mehr die Gicht, sondern Wassersucht in den Füßen, die furchtbar geschwollen sind, pechdickes Blut, Verstopfung in den Unterleibsorganen und häufige Atemnot, dazu furchtbare Wutanfälle und hin und wieder Geistesgestörtheit. Dabei ist nichts mehr zu hoffen, es sind zu viele Krankheiten auf einmal. An manchen Tagen fühlt sich der König zwar wohler, aber es ist nicht auf Dauer.« Und im Schreiben vom 14. April 1740 heißt es: »Über den Zustand des Königs kann ich Dir nichts Besonderes melden, außer dass seine Beine aufbrechen und eine Kleinigkeit gelben, leicht geröteten Eiters hervorkommt.«

Wie immer, so wich Sophie Dorothea auch diesmal nicht von Friedrich Wilhelms Seite, hielt sich stets in Reich- und Rufweite auf, um unverzüglich ans Krankenbett eilen zu können, wenn der König das wünschte. Friedrich Wilhelms letzter Wunsch war es, in seinem geliebten Potsdam zu sterben. Und so siedelte Sophie Dorothea mit dem Todkranken Anfang Mai 1740 ins Potsdamer Stadtschloss um. Wir wissen nichts von den Gefühlen, die sie damals bewegten, und ob ihr der Abschied von dem Mann, der ihr das Leben mitunter zur Hölle gemacht hatte, wirklich schwerfiel. Aber genau wie der Kronprinz, der aus Rheinsberg ans Sterbebett seines Vaters eilte, war auch sie bei ihm, als Friedrich Wilhelm in den Nachmittagsstunden des 31. Mai 1740 im Alter von 51 Jahren seinen letzten Atemzug tat.

Sophie Dorotheas Tochter Wilhelmine zeigte sich zutiefst betroffen, als sie die Todesnachricht in Bayreuth erreichte: »Offen gestanden, ist mir der Tod des Königs sehr nahegegangen«, schrieb sie an ihren Bruder Friedrich, »obwohl er vielleicht nicht immer mit väterlicher Liebe gegen mich gehandelt hat. Aber sei es Vorurteil der Erziehung, sei es die Regung der Natur oder die Ehrfurcht, die man ihm als einem zweifellos großen Fürsten schuldet, sein Verlust hat mich tief erschüttert.«

27 Jahre lang hatte der »Soldatenkönig« über Brandenburg-Preußen geherrscht und in diesem Zeitraum eine kostenträchtige Armee von 80 000 Mann aufgebaut. Doch durch seine eiserne Sparsamkeit in anderen Bereichen und die »spartanische« Hofhaltung blieb unterm Strich ein Plus von rund acht Millionen Talern übrig. Auch wenn Friedrich Wilhelm außenpolitisch nicht viel Fortune gehabt hatte, so konnte er am Ende seines Lebens doch auf eine solide Leistung zurückblicken. Innenpolitisch war der Staat gefestigt, ein Fundament, auf dem der neue König Friedrich II. aufbauen konnte. In der von ihm erbauten Potsdamer Garnisonkirche fand der »Soldatenkönig« seine letzte Ruhestätte.

Nach 34-jähriger, teils dramatischer Ehe war Sophie Dorothea Königinwitwe geworden. Rein protokollarisch gesehen, hätte sie damit hinter ihrer Schwiegertochter Elisabeth Christine in die »zweite Reihe« zurücktreten müssen. Aber der neue König hatte andere Pläne. Er ernannte nämlich Sophie Dorothea zur Königinmutter und damit zur Ersten Dame am Hohenzollernhof – vor Königin Elisabeth Christine. Friedrich II. wusste genau, wie sehr er seiner Mutter damit schmeichelte. Nun konnte »Olympia« endlich so glänzen, wie sie es sich immer gewünscht hatte: als offizielle Gastgeberin auf Empfängen, Bällen und Banketten die Majestät repräsentieren, die sie so perfekt verkörperte. Mehr jedoch konnte und wollte Friedrich II. seiner Mutter nicht zugestehen, jetzt, da er der neue Herr über Preußen war. Nie wieder sollte ihm eine Frau in sein Leben hineinreden.

»Pracht und Geselligkeit liebte sie sehr« –
Königinmutter Sophie Dorothea

Zwischen Muse und Militär

Königinmutter Sophie Dorothea sah nun »herrlichen Zeiten« entgegen. Tatsächlich sah es nach dem Herrschaftsantritt Friedrichs II. so aus, als würde sich Berlin vom »Sparta des Nordens« wieder in das alte »Spree-Athen« zurückverwandeln. Unmittelbar nach seiner Thronbesteigung erteilte der neue König dem preußischen Baumeister Georg Wenzeslaus von Knobelsdorff (1699–1753) den Auftrag zum Bau eines Opernhauses in Berlin: »Nichts gibt einem Reich mehr Glanz, als wenn die Künste unter seinem Schutz stehen«, verkündete Friedrich II. Auch Sophie Dorothea erhielt von ihrem königlichen Sohn eine größere Summe, um Schloss Monbijou weiter ausbauen und einen östlichen Flügel sowie mehrere Nebengebäude errichten zu lassen. Ansonsten aber bekam sie den neuen König eher selten zu Gesicht. Er ging voll und ganz in seinen neuen Aufgaben auf, speiste zwar hin und wieder mit der Mutter, sprach jedoch nie mit ihr über das, was ihm an staatspolitischen Dingen durch den Kopf ging und welche Pläne er verfolgte.

So war auch Sophie Dorothea völlig überrascht, als ihr musisch und literarisch interessierter Sohn scheinbar aus heiterem Himmel einen Krieg vom Zaun brach. Am 20. Oktober 1740 starb Kaiser Karl VI. im Alter von 55 Jahren. Da er keine männlichen Erben hinterließ, wurde die älteste,

23-jährige Tochter Maria Theresia zu seiner Nachfolgerin,
die Cousine von Friedrichs Gemahlin Elisabeth Christine.
Bereits 1713 hatte der Kaiser die Pragmatische Sanktion erlassen, ein Hausgesetz, das zugunsten des Machterhalts unter
anderem die weibliche Erbfolge in den habsburgischen Lan-
den ermöglichen sollte. Die meisten europäischen Staaten
hatten damals nach langwierigen Verhandlungen zugestimmt,
darunter auch Brandenburg-Preußen. Als Gegenleistung
hatte der Kaiser dem »Soldatenkönig« bekanntlich versprochen, ihn bei der Erbfolge der Herzogtümer Jülich und Berg
zu unterstützen – und ihn damit 25 Jahre lang an der Nase
herumgeführt. Während Friedrich Wilhelm I. selbst nur seuf-
zend resigniert hatte, war der Kronprinz über das gebrochene
Versprechen so wütend gewesen, dass er damals gegenüber
Grumbkow von »kriegerischen Taten« gesprochen hatte.
Jetzt war die Stunde der Rache gekommen. Während sich
Friedrich selbst in den letzten Jahren intensiv mit dem
Kriegshandwerk beschäftigt hatte, beschäftigen musste, war
die junge Maria Theresia kaum auf eine militärische Auseinandersetzung vorbereitet. Dabei drohte ihr Ungemach nicht
nur von Preußen. Entsprechend der Pragmatischen Sanktion
trug die Erzherzogin jetzt zwar die Königskronen von Böhmen und Ungarn, nicht jedoch die Kaiserkrone des Heiligen
Römischen Reiches. Daher machte nun Karl Albrecht von
Bayern seine Ansprüche geltend. Der bayerische Kurfürst
bestand nämlich darauf, als Gemahl einer Tochter Josephs I.,
Vorgänger des verstorbenen Kaisers, darauf ein Anrecht zu
haben. Unterstützt wurde der ehrgeizige Wittelsbacher durch
Philipp V. von Spanien, der die Pragmatische Sanktion umgehend aufkündigte.

Es schien nur noch eine Frage der Zeit zu sein, bis Bayern
und Spanien Maria Theresia den Krieg erklärten, doch Fried-

rich II. kam ihnen zuvor. Am 16. Dezember 1740 fiel er mit seinen Truppen in Schlesien ein, das seit 1526 den Habsburgern gehörte. Als Kriegsgrund nannte er weit hergeholte Erbansprüche, tatsächlich aber wollte er mit der Eroberung Schlesiens die verstreut liegenden Gebiete seines Königreichs näher zusammenfügen und – wie er selbst schrieb – sein »Verlangen nach Ruhm« befriedigen. Um die Kaiserkrone ging es dabei nicht.

Sophie Dorothea hatte allen Grund, um das Leben ihres geliebten Sohnes zu fürchten, zumal sich Friedrich gleich todesmutig mitten ins Kampfgetümmel stürzte. Ablenkung fand sie glücklicherweise bei den repräsentativen Pflichten, die sie nun als Königinmutter zu übernehmen hatte. Auch die Beaufsichtigung der Umbauarbeiten von Schloss Monbijou beanspruchte einen großen Teil ihrer Zeit.

Aber Friedrichs hoher Einsatz wurde belohnt. Als der Erste Schlesische Krieg am 11. Juni 1742 mit dem Vorfrieden von Breslau zu Ende ging, musste Österreich gemäß des Friedensschlusses von Berlin im Juli 1742 Schlesien an Preußen abtreten. Sophie Dorothea hatte allen Grund, stolz auf ihren königlichen Sohn zu sein.

August Wilhelms Hochzeit

Sophie Dorothea konnte sich wahrscheinlich kaum noch daran erinnern, wann im Hohenzollernschloss das letzte fröhliche Fest gefeiert worden war. Die Hochzeit ihrer Tochter Sophie im November 1734 war angesichts des lebensbedrohlichen Zustands Friedrich Wilhelms eher einer Trauerfeier gleichgekommen, auch wenn sich der Preußenkönig bald danach wieder erholt hatte. Seither hatten die bleiernen Jahre

Sophie Dorotheas Gemüt niedergedrückt, und es hatte fast den Anschein gehabt, als würde das Leben nur noch in ewigem Gleichmaß dahingehen, ohne freudige Höhepunkte.

Jetzt aber bereitete man sich am Hohenzollernhof auf die Hochzeit ihres zweitältesten Sohnes vor. Auf ausdrücklichen Wunsch – oder vielleicht besser auf Befehl – Friedrichs II. sollte nun der 1722 geborene August Wilhelm mit der gleichaltrigen Luise Amalie von Braunschweig-Wolfenbüttel (1722 – 1780) verheiratet werden, einer Schwester von Königin Elisabeth Christine. Gewiss war Sophie Dorothea von der Brautwahl alles andere als begeistert, aber sie musste sich wohl oder übel in Zurückhaltung üben. Hatte Friedrich Wilhelm I. seinem »Fiekchen« zumindest vorübergehend ein gewisses »Mitspracherecht« bei der Wahl der Schwiegersöhne eingeräumt, so ließ sich Friedrich II. von niemandem hereinreden. Auch wenn er selbst alles andere als eine glückliche Ehe führte, so durften für ihn persönliche Befindlichkeiten in Heiratsfragen keine Rolle spielen. Es gab schließlich gute Gründe, das Band zwischen Braunschweig und Berlin noch enger zu knüpfen, und die waren militärischer Natur. Seit Beginn des Ersten Schlesischen Krieges stand der begabte junge Ferdinand von Braunschweig, Schwager Friedrichs II., in preußischen Diensten, und das sollte auch in Zukunft so bleiben.

Am 6. Januar 1742 fand im Berliner Stadtschloss die Hochzeit von August Wilhelm und Luise Amalie statt, eine Feier, auf der jeder erdenkliche Pomp entfaltet wurde. So heißt es in der Chronik: »Am Vermählungstag versammelte sich der ganze Hof in den prächtigen Paradezimmern. Sie waren hell erleuchtet, so wie der Weiße Saal, worin man unter einem rotsamtenen und mit Gold gestickten Himmel einen Altar errichtet hatte, unter welchem das hohe Paar die kirchliche

Einsegnung erhalten sollte. Die Damen waren in Roben, die Kavaliere in den prächtigsten Galakleidern. Überall glänzte Silber und Gold mit Perlen und Diamanten. Gegen sieben Uhr trat der König in den Saal. Er war von den beiden Prinzen und vielen Stabsoffizieren begleitet; sie erschienen sämtlich in reicher französischer Kleidung ... Bald darauf trat die Königin ein. Ihre grüne Samtrobe war reich mit Bouqueten und Diamanten besät und die Schleppe ebenso besetzt ... Der Königin folgte die königliche Mutter; sie trug eine mit Hermelin aufgeschlagene schwarze Samtrobe, reich mit Brillanten besetzt. Ihre Töchter, die Prinzessinnen Ulrike und Amalie, begleiteten sie in höchster Gala.«

Selbst wenn Sophie Dorothea auch an dieser Schwiegertochter einiges auszusetzen gehabt haben dürfte, weil Luise Amalie ebenso wenig kultiviert und glamourös war wie ihre Schwester Elisabeth Christine, so wird sie die Feierlichkeiten doch sehr genossen haben. Friedrich, ihr geliebter Sohn, war endlich König geworden, und sie sonnte sich in seinem Glanz. Im Gegenzug war sie gerne bereit, ihre früheren ehrgeizigen Pläne ein für alle Mal zu begraben und sich den Wünschen Friedrichs II. unterzuordnen. Dazu gehörte auch, dass der Preußenkönig inzwischen zumindest inoffiziell eingestanden hatte, dass er das Bett künftig nicht mehr mit seiner Gemahlin teilen würde. Sophie Dorothea selbst hatte gehofft, ihr Sohn würde sich nach seiner Thronbesteigung von Elisabeth Christine trennen, nachdem die Königin in siebenjähriger Ehe nicht schwanger geworden war. Doch Friedrich dachte überhaupt nicht daran. Er hatte seiner Gemahlin Schloss Schönhausen im Norden Berlins zum Geschenk gemacht und sah sie künftig nur noch, wenn es aus protokollarischen Gründen zwingend erforderlich war. Für Friedrich II. war es unvorstellbar, noch ein weiteres Mal zu heiraten. Mit dem weiblichen Geschlecht wollte er so wenig wie möglich zu tun haben, aus welchen Gründen auch immer. Um die Thronfolge dennoch sicherzustellen, hatte er schon 1741 seinen Bruder August Wilhelm zu seinem Nachfolger ernannt und ihn so mit der Aufgabe betraut, für zahlreichen Nachwuchs zu sorgen.

Inzwischen näherten sich auch die Umbau- und Renovierungsmaßnahmen auf Schloss Monbijou ihrem Ende. Im Sommer 1742 feierte Sophie Dorothea die Fertigstellung ihres »Schmuckkästchens« mit einem aufwendigen Fest – der ersten von zahlreichen prächtigen Feierlichkeiten, die von nun an im Schloss selbst oder in den Parkanlagen abgehalten wurden: Feuerwerke, Empfänge, Gartenfeste. Beliebt waren auch Bootspartien auf der Spree, die quer durch den Park von Monbijou hindurchfloss. Doch auch inmitten aller Lustbarkeiten gab Sophie Dorothea noch immer die »Olympia«, die unangefochtene Autorität des Hauses, die auf strenge Einhaltung der Etikette achtete: »Klatscht sie nach beendetem Mahl in die Hände«, schrieb ein höfischer Beobachter, »um den Lakaien das Zeichen zum Abräumen zu geben, so meint man, dass draußen die Sonne stillstehen müsste, und keiner wagt zu atmen, wenn sie die Gespräche durchschneidet und die Tafel aufhebt …«

Lang vermisste Opernklänge

Noch im gleichen Jahr konnte zu Sophie Dorotheas großer Freude endlich auch das Berliner Opernhaus Unter den Linden eröffnet werden, nachdem es die letzten Opernaufführungen in Berlin bekanntlich unter Friedrich I. gegeben hatte. Doch anders als in Sophie Dorotheas Heimatstadt

Hannover hatte man an der Spree bislang kein eigenes Gebäude gehabt, in dem man dem Musikgenuss standesgemäß
hätte frönen können. Unter dem »Soldatenkönig« war die
Begeisterung für die italienische Oper ohnehin eingeschlafen. So hatte Kronprinz Friedrich den Klang der Opernarien
erst 1728 bei seinem Besuch am Dresdner Hof kennen- und
lieben gelernt – und damit auch die hervorragende Eignung
musikalischer Darbietungen zur Repräsentation der Majestät. Das Berliner Opernhaus, das am 7. Dezember 1742 offiziell eröffnet wurde, sollte (theoretisch) allen Berlinern und
Besuchern der Stadt zugänglich sein, tatsächlich aber wurden
die kostenlosen Eintrittskarten nur an ein auserwähltes Pub-
likum vergeben. Zudem platzierte man die Zuschauer im
Saal entsprechend ihrer sozialen Rangordnung. Der erste
Rang mit der »Loge de la reine« war für die Mitglieder der
königlichen Familie und den Hochadel reserviert, der zweite
Rang den Ministern und der höheren Beamtenschaft vorbehalten.

Der Komponist und Kapellmeister Carl Heinrich Graun
(1704–1759) wurde mit dem Aufbau eines qualifizierten
Musikerensembles betraut und schrieb auch die Oper, die zur
Einweihung des Hauses gespielt wurde: *Cleopatra e Cesare*.

Im Frühjahr 1743 kam eine berühmte junge Tänzerin
nach Berlin, die den Bewohnern der preußischen Hauptstadt
vorübergehend reichlich Gesprächsstoff bot: die schöne Ita-
lienerin Barberina Campanini (1721–1799). Die Campanini
avancierte schon bald zum umschwärmten Bühnenstar, und
es wurde sogar geklatscht, sie habe eine Liaison mit Friedrich II. Aber über gemeinsame Soupers und Teestunden
dürfte es keine weiteren Zusammenkünfte gegeben haben,
zumindest keine intimen. Sophie Dorothea war von der jungen Dame jedenfalls sehr angetan: »Hier ist Fräulein Barbe-

rina in aller Munde«, schrieb August Wilhelm am 17. Mai 1743 seinem königlichen Bruder. »Gestern hat sie der Königinmutter ihre Aufwartung gemacht. Diese war sehr befriedigt …«

Der strahlend helle Stern der Campanini sank allerdings schon 1749, nachdem sie heimlich geheiratet hatte, obwohl ihr die Ehe vertraglich untersagt worden war. Schließlich sollte sie ihre gesamte Energie für die Berliner Oper aufbringen und ihre Karriere nicht durch eine mögliche Schwangerschaft vorzeitig beenden. Zum großen Bedauern von Sophie Dorothea verließ die vertragsbrüchige Campanini Berlin noch im gleichen Jahr. Sie folgte ihrem Gemahl nach dessen Entlassung aus dem preußischen Gefängnis ins schlesische Glogau.

Schleswig-Holstein-Gottorp

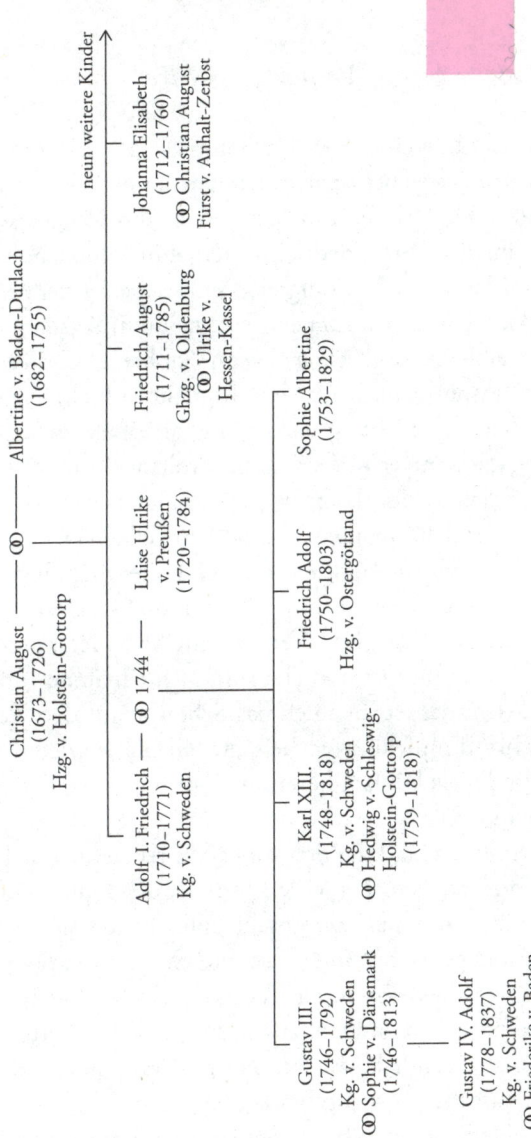

neun weitere Kinder

Christian August
(1673–1726)
Hzg. v. Holstein-Gottorp

⚭

Albertine v. Baden-Durlach
(1682–1755)

Johanna Elisabeth
(1712–1760)
⚭ Christian August
Fürst v. Anhalt-Zerbst

Friedrich August
(1711–1785)
Ghzg. v. Oldenburg
⚭ Ulrike v.
Hessen-Kassel

Luise Ulrike
v. Preußen
(1720–1784)

Adolf I. Friedrich
(1710–1771)
Kg. v. Schweden

⚭ 1744

Sophie Albertine
(1753–1829)

Friedrich Adolf
(1750–1803)
Hzg. v. Ostergötland

Karl XIII.
(1748–1818)
Kg. v. Schweden
⚭ Hedwig v. Schleswig-
Holstein-Gottorp
(1759–1818)

Gustav III.
(1746–1792)
Kg. v. Schweden
⚭ Sophie v. Dänemark
(1746–1813)

Gustav IV. Adolf
(1778–1837)
Kg. v. Schweden
⚭ Friederike v. Baden

Abschied von Ulrike

Natürlich besuchte Sophie Dorothea seit Eröffnung des Opernhauses gemeinsam mit ihrem königlichen Sohn die Aufführungen, doch ansonsten sah sie ihn weitaus seltener, als es ihr lieb war. Friedrich unternahm zahlreiche Inspektionsreisen, um sein Königreich immer besser kennenzulernen. Den Sommer verbrachte er ohnehin in Potsdam – ohne jede weibliche Begleitung. Wenn Sophie Dorothea Sehnsucht verspürte und mit ihm Kontakt aufnehmen wollte, dann blieb ihr nichts anderes übrig, als Briefe zu schreiben, Briefe, die weniger von einem liebevollen Mutter-Sohn-Verhältnis zeugen als vielmehr von der demütigen Unterwerfung unter den Preußenkönig: »Mein geliebter Herr Sohn«, schrieb sie am 24. August 1743, »ich hoffe, mein lieber Herr Sohn, dass ich Ihre Geduld nicht unnötig strapaziere, wenn ich Ihnen noch vor Ihrer Abreise schreibe ... Ich bin so stolz, dass Sie mir Ihre Freundschaft und Anteilnahme zuteilwerden lassen, das ist für mich das Schönste auf der Welt. Ich habe Ihre Empfehlungen befolgt. Ich bin spazieren gegangen, und viele können bezeugen, dass ich große Fortschritte gemacht habe.«

Vermutlich hat Friedrich seiner Mutter geraten, sich etwas mehr zu bewegen. Die vielen Pfunde, die Sophie Dorothea inzwischen mit sich herumschleppte, hatten sie matt und kurzatmig gemacht. Anders als ihre Großmutter Sophie von Hannover, die bis zu ihrem Tod noch Tag für Tag durch den Schlosspark von Herrenhausen spaziert war, hatte Sophie Dorothea eigentlich kein Vergnügen daran, merkte aber nun doch, dass ihr ein wenig Bewegung guttat.

In einem weiteren Brief, den die Königinmutter noch am

gleichen Tag abschickte, heißt es: »Ich habe soeben den Brief erhalten, den Sie mir noch geschrieben hatten und über den, mein lieber Sohn, ich mich sehr gefreut habe. Aber die Hoffnung, Sie in der nächsten Woche sehen zu dürfen, bereitet mir die allergrößte Freude. Momentan bin ich davon überzeugt, dass in Hinblick auf die Oper alles gut gehen wird; es haben sich so viele Sängerinnen und Ballettmeister vorgestellt, dass man die Auswahl hat. Wann immer das Wetter es zulässt, gehe ich spazieren, und zwar so weit, wie ich kann. Ansonsten gibt es hier keine Neuigkeiten …«

Friedrichs Antwort vom 25. August aus Potsdam klingt zwar freundlich, aber doch eher höflich-distanziert: »Madame, ich bin hocherfreut, dass es das schöne Wetter meiner lieben Mutter erlaubt, spazieren zu gehen. Das Mitgefühl, das ich für Ihre Gesundheit hege, wird hoffentlich zu Ihrem Wohlbefinden beitragen. Auch ich weiß meiner lieben Mama keine großen Neuigkeiten zu berichten. Gestern haben wir hier auf dem Berg gespeist, von wo aus man einen wundervollen Ausblick hat. Nächste Woche erwarte ich Voltaire am Hof, er kommt mit dem jungen Podewils* …«

Auf dem Wilden Berg in Potsdam, auf dem Friedrich II. gespeist und die schöne Aussicht genossen hat, entstand wenige Jahre später sein berühmtes Lustschloss Sanssouci, auf dem er »ohne Sorgen« leben wollte. Noch aber war daran nicht zu denken, auch wenn die Terrassenbauten bereits ausgeführt worden waren. Der nächste Krieg warf bereits seine Schatten voraus. Inzwischen war es Österreich mit ungarischer Hilfe gelungen, das verloren gegangene Böhmen zu-

---

* Vermutlich ist Otto Christoph von Podewils (1719–1781), preußischer Gesandter, gemeint, der von Friedrich II. auch persönlich hoch geschätzt wurde.

rückzuerobern. Und da Friedrich befürchten musste, auch Schlesien wieder zu verlieren, hielt er einen weiteren Krieg für unabwendbar. Im Sommer 1744 zog er erneut ins Feld.

Zuvor jedoch wurde im Berliner Hohenzollernschloss noch einmal ordentlich gefeiert, denn Ulrike, die inzwischen schon 23 Jahre alt war, kam nun endlich »unter die Haube«. Als lebensfrohe und eher weltlich orientierte junge Frau hatte sie ohnehin keine rechte Lust gehabt, ihr Leben als Leiterin eines protestantischen Damenstifts zu verbringen, so wie es der Vater ursprünglich für sie vorgesehen hatte. Nun bot sich ihr eine verlockende Alternative. Eine schwedische Gesandtschaft hatte bei Friedrich II. vorgesprochen und im Namen des 33-jährigen Thronfolgers Adolf Friedrich (1710 – 1771) aus dem Hause Holstein-Gottorp um die Hand einer seiner Schwestern angehalten. Dabei war es offenbar gleichgültig, ob er sich nun für Ulrike oder die drei Jahre jüngere Amalie entschied. Amalie, eine äußerst kapriziöse Prinzessin mit einer ausgeprägt sarkastischen Seite, schien dem König wohl kaum für eine Ehe geeignet, und so fiel die Wahl zwangsläufig auf Ulrike.

Da sich der schwedische Bräutigam nicht eigens nach Berlin bemühte, wurde am 17. Juli 1744 nur eine Hochzeit *per procurationem* abgehalten, bei der Ulrikes Bruder August Wilhelm den abwesenden Adolf Friedrich vertrat. Doch auch diesmal feierte man tagelang, zunächst im Berliner Stadtschloss, anschließend auf Charlottenburg, wo Friedrich zu Ehren seiner Schwester noch einmal die größtmögliche Pracht entfaltete. Nach einem tränenreichen Abschied reiste Ulrike kurz nach ihrem 24. Geburtstag am 26. Juli 1744 nach Stockholm ab, wo am 29. August noch einmal eine Trauung in Anwesenheit der zukünftigen Ehepartner stattfand. Ulrike wurde sieben Jahre später an der Seite ihres Gemahls zur

Königin von Schweden gekrönt. Sophie Dorothea aber hat ihre Tochter nicht mehr wiedergesehen.

Kriegskorrespondenz

Im folgenden Jahr kamen vom Kriegsschauplatz in der Oberlausitz immer mehr beunruhigende Nachrichten. England, Russland und Sachsen standen mehr oder weniger offen auf der Seite Habsburgs, und Friedrich II. musste befürchten, die Sachsen könnten möglicherweise in Berlin einmarschieren. Im Mai 1745 schrieb er der Königinmutter aus Kamenz: »Madame, die schwierigen Umstände, in denen ich mich befinde, und das allgemeine Kriegsgeschehen … veranlassen mich, meiner geliebten Mama den allerzärtlichsten Respekt zu beweisen und sie zu beschwören, Berlin in dieser unruhigen Zeit zu verlassen. Sie können zwischen Stettin und Magdeburg wählen, ganz nach Ihrem Wunsch. Weil Sie, meine geliebte Mama, über solch eine seelische Stärke verfügen, bin ich überzeugt, dass Sie trotz der widrigen Umstände Ihre Gesundheit bewahren werden, die mir genauso viel bedeutet wie mein eigenes Leben …«

Doch Sophie Dorothea konnte in ihrem geliebten Monbijou bleiben, weil sich die Lage schon nach kurzer Zeit wieder entspannte. Am 4. Juni 1745 errang das preußische Heer bei Hohenfriedberg einen überzeugenden Sieg über die verbündeten Österreicher und Sachsen. Noch am gleichen Tag schrieb Friedrich seiner Mutter: »Madame, wir haben einen großen Sieg über den Feind errungen. Meine Brüder und all meine Freunde sind wohlauf, und um Ihnen das zu beweisen, lasse ich sie diesen Brief unterzeichnen. Ich kann gar nicht beschreiben, welches Glück wir gehabt haben. 60 Fah-

nen, eine Menge Gefangene und ein grauenvolles Blutbad an
den Feinden, vor allem an den Sachsen. Der Ort der Schlacht
heißt Friedberg. Ich habe keine Zeit mehr zu schreiben.«

Sophie Dorothea war unendlich erleichtert, als sie den
Brief in ihren Händen hielt. Glücklich und stolz beantwor-
tete sie Friedrichs Schreiben am 7. Juni 1745: »Mein geliebter
Sohn, es gibt keine größere Freude als die meinige, mein lieber Sohn, als Eure Nachricht über den vollständigen Sieg
über die Feinde zu erhalten. Ich denke, der war so überwälti-
gend, dass er nun auch den Frieden bringen wird. Ich danke
dem Himmel, dass er mir das Liebste auf der Welt bewahrt
hat, Ihre Person, mein lieber Sohn, die mir wertvoller ist als
mein eigenes Leben. Im Moment bin ich die glücklichste
Mutter der Welt, weil meine Söhne alle am Leben sind. Mir
ist, als sei mir ein riesiger Stein vom Herzen gefallen.« Dann
drückt die Königinmutter noch einmal ihre große Bewunderung aus: »Nun hoffe ich, dass ich für diesen Feldzug
nichts mehr zu befürchten habe. Nach der Schlacht bei
Höchstädt* hat man nicht von so vielen Fahnen, Standarten,
Pauken und erbeuteten Kanonen gehört. Ich bezweifle auch,
dass man in Fontenoy [im Österreichischen Erbfolgekrieg]
das Gleiche sagen kann. Nichts bringt Ihnen mehr Ruhm
ein, mein lieber Sohn; ich beglückwünsche Sie dazu und
nehme gerne Anteil daran ... Ich beklage nur diejenigen, die
wir verloren haben, es waren Helden ... Morgen werden wir
Gott danken, dass er Ihre Waffen gesegnet hat, und am
Dienstag werde ich ein großes Freudenfest geben ...«

---

* 1704 hatten die Preußen aufseiten der alliierten Engländer, Österreicher
  und Niederländer im Spanischen Erbfolgekrieg in der zweiten Schlacht
  bei Höchstädt einen Sieg gegen die spanisch-kurbayerischen Truppen
  erzielt.

Zwei weitere Siege Preußens bei Soor und Kesselsdorf beendeten schließlich den Zweiten Schlesischen Krieg. Am 15. Dezember 1745 konnte Friedrich II. seiner Mutter melden: »Madame, ich habe die Ehre Ihnen mitzuteilen, dass der Fürst von Anhalt soeben die Sachsen bei Dresden vollständig besiegt hat.« Sophie Dorothea konnte sich über diese Nachricht nicht wirklich freuen. Trotzdem antwortete sie am 17. Dezember 1745: »Mein geliebter Herr Sohn, ich gratuliere Ihnen zu der Schlacht, die der alte Fürst von Anhalt gewonnen hat. Ich denke, mein lieber Sohn, dass dieses glückliche Ereignis die Sachsen zur Vernunft bringen wird und sie zum Rückzug veranlasst. Es ist zu wünschen, dass es jetzt Frieden gibt.«

Mit ihrem alten »Todfeind« Leopold von Anhalt-Dessau blieb Sophie Dorothea bis zum Schluss unversöhnt, auch wenn es seit Jahren keinen Anlass zu irgendwelchen Spannungen mehr gab. Als der »Alte Dessauer« 1747 starb, meinte sie bekanntlich nur eiskalt, wenn es nach ihr gegangen wäre, dann hätte er schon 20 Jahre früher sterben sollen.

Der Zweite Schlesische Krieg war beendet. Noch im Dezember 1745 wurde der Frieden von Dresden geschlossen und bestimmt, dass Schlesien jetzt endgültig bei Preußen bleiben solle.

In Wien konnte man sich nur damit trösten, dass das Haus Habsburg(-Lothringen) die Kaiserkrone zurückerhalten hatte. Nach dem Tod Karls VII. (20.1.1745), des bayerischen Kurfürsten*, der 1742 zum Kaiser gewählt worden war, war unterdessen Maria Theresias Gemahl als Franz I. zum neuen Kaiser des Heiligen Römischen Reiches worden.

---

* Karl Albrecht von Bayern war ab 1726 als Karl I. bayerischer Herzog und Kurfürst.

Verbotene Liebe – der Prinz und die Hofdame

Inzwischen lebten nur noch Amalie sowie ihre Brüder Heinrich und Ferdinand bei Sophie Dorothea in Berlin. Der mit Luise Amalie von Braunschweig-Wolfenbüttel verheiratete August Wilhelm verfügte über eine eigene Hofhaltung, nachdem ihm sein königlicher Bruder im Dezember 1742 Schloss Oranienburg nördlich von Berlin zum Geschenk gemacht hatte, den Lieblingssitz seiner Urgroßmutter Luise Henriette, Gemahlin des Großen Kurfürsten. Auch Preußens erster König Friedrich I. hatte den Sitz seiner früh verstorbenen Mutter sehr geliebt, doch nach dessen Tod 1713 wurde es nicht mehr bewohnt. Nach fast 30 Jahren Leerstand machte das ganze Anwesen wohl einen ziemlich heruntergekommenen Eindruck, doch nun wurde es aufwendig modernisiert. Die Hofdame Sophie Marie von Voß, geb. von Pannwitz (1729–1814) – von der gleich noch ausführlich die Rede sein wird –, schrieb später in ihren Erinnerungen: »Schloss Oranienburg, das viele Jahre lang leer gestanden hatte, entstand jetzt im neuen Glanz und wurde nach langer Vernachlässigung in eleganter Weise wiederhergestellt. Der große, nach Le Nôtres Plan angelegte Garten hatte sich durch die lange Verwilderung nur verschönt. Die seit 1713 nicht mehr geschnittenen Buchenhecken waren zu dichten, buschigen Alleen emporgewachsen und bildeten jetzt Laubgänge, deren üppiges Grün weder Sonne noch Wind durchdringen ließ.«

Hier lebte nun August Wilhelm zusammen mit Frau und Kind. 1744 hatte Luise Amalie den Prinzen Friedrich Wilhelm zur Welt gebracht, der später einmal Preußens zweiter König dieses Namens werden sollte. 1747 folgte ein zweiter

Sohn, Heinrich. Erst 1751 machte die Geburt von Friederike Sophie Wilhelmine die kleine Familie komplett.

Sophie Dorothea war gemeinsam mit ihren Hofdamen recht oft zu Besuch in Oranienburg, obwohl sie den Kontakt zu Luise Amalie ebenso wenig suchte wie den zu Elisabeth Christine, der preußischen Königin. Bei ihren regelmäßigen Aufenthalten dürfte ihr wohl nicht entgangen sein, dass die Ehe ihres zweitältesten Sohnes nicht minder unglücklich war als die Friedrichs II. Doch der Preußenkönig hatte sich gleich nach seiner Thronbesteigung 1740 von Elisabeth Christine zumindest räumlich getrennt und seither das Bett nicht mehr mit ihr geteilt. August Wilhelm hingegen lebte mit seiner Gemahlin unter einem Dach, gehorchte damit aber nur den Wünschen seines königlichen Bruders. Der aufgeweckte Preußenprinz und die zurückhaltende Braunschweigerin Luise Amalie hatten keinerlei Gemeinsamkeiten. August Wilhelm war unzweifelhaft der charmanteste der vier preußischen Brüder, was von zahllosen Zeitgenossen bestätigt wurde. So schrieb der Chronist Dieudonné Thiebault, der sich vorübergehend am preußischen Königshof aufhielt: »Voller Verstand, voller Talente und dabei von unwiderstehlicher Liebenswürdigkeit erhöhte der Prinz diese seltensten Eigenschaften noch durch seine ungemeine Bescheidenheit.« Und Baron Jakob Friedrich von Bielfeld (1717–1770) notierte in sein Tagebuch: »Der Prinz ist der schönste Mann, den ich je sah, er ist groß und vollkommen regelmäßig gebaut. Er hat braunes Haar, blaue Augen und sehr angenehme Züge.«

Sophie Dorothea hatte also allen Grund, auch auf diesen Sohn sehr stolz zu sein – hätte er sich nur nicht ausgerechnet in ihre junge Hofdame verliebt, die schöne Sophie von Pannwitz!

Als August Wilhelm Ende 1745 gemeinsam mit Friedrich II. aus dem Zweiten Schlesischen Krieg an die Spree zurückkehrte, traf er auf Schloss Monbijou die neue Hofdame seiner Mutter, die er bereits als Kind gekannt hatte. Die 1729 geborene Sophie von Pannwitz beschrieb später in ihren Memoiren, wie sie sich an diese Zeit erinnerte: »Jetzt war ich fünfzehn Jahre alt, aber ich war noch sehr unerfahren und kindlich in meinen Gedanken und in meinem Wesen … auch war mir das eigentliche Treiben in der Welt noch so fremd und unbekannt, dass ich alle Menschen für fromm und gut hielt.« Mit der Zeit jedoch scheint sie sich zu einer ausgezeichneten Menschenkennerin gemausert zu haben: »Volle sieben Jahre blieb ich am Hof der Königin Sophie Dorothea und war derselben mit großer Verehrung ergeben. Sie ist nie schön gewesen, sah aber stattlich und vornehm aus, und ihre Haltung blieb dieselbe bis in ihr Alter. Vielleicht hatte sie mehr *esprit aqui* als *esprit inné*, aber sie war sehr gut unterrichtet und sehr gut erzogen, wusste mit allen Menschen zu reden und machte eine sehr angenehme Konversation. Pracht und Geselligkeit liebte sie ungemein und saß besonders gern lange bei Tische, was uns Hofdamen zuweilen sehr langweilte. Es war schön zu sehen, welch große, achtungsvolle Zärtlichkeit ihr Sohn, der König, für sie hatte. Von ihren Töchtern lebte damals nur noch Amalie, die Jüngste, bei ihr.«

Da Sophies Vater Wolf Adolf (1679 – 1750) als Generalmajor in preußischen Diensten stand und ihre Mutter eine gute Bekannte von Königin Sophie Dorothea war, verbrachte die junge Pannwitz ihre Kindheit weitgehend am Berliner Königshof. Markgräfin Wilhelmine von Bayreuth glaubte sich daher an eine pikante Situation zu erinnern, von der sie in ihren Memoiren berichtet: »Die junge Pannwitz war schön wie ein Engel. Als ihr der König [Friedrich Wilhelm I.] auf der Wendeltreppe begegnete, die zu den Zimmern der Königin führt, und den Versuch wagte, sie zu küssen, erwehrte sie sich seiner mit einer herzhaften Ohrfeige.«

Entweder ist hier wieder die Phantasie mit der Markgräfin durchgegangen, oder es liegt eine Verwechslung vor. Als Wilhelmine 1731 nach Bayreuth ging, war Sophie von Pannwitz noch ein Kleinkind von zwei Jahren. Selbst wenn man den Vorfall später datieren würde: Dass sich der sittenstrenge Friedrich Wilhelm I. einem Kind auf diese Weise genähert haben soll, ist unvorstellbar. Als er 1740 starb, hatte Sophie schließlich erst gerade ihren elften Geburtstag gefeiert. Wahr scheint lediglich die Beobachtung zu sein, die junge Pannwitz sei »schön wie ein Engel« gewesen, zumindest wenn man das Porträt betrachtet, das der preußische Hofmaler Pesne um 1746 von der anmutigen Sophie gemalt hat. Ein etwas melancholischer Gesichtsausdruck ist freilich nicht zu übersehen.

August Wilhelm war jedenfalls sofort Feuer und Flamme, verliebte sich unsterblich in das anmutige Fräulein von Pannwitz – und verstrickte sich in eine äußerst unglückliche Liebesgeschichte. Sophie selbst schrieb darüber: »Und ehe ich noch ahnen konnte, dass er mich nur beachtete, hatte er eine Leidenschaft für mich gefasst, die für sein und mein ganzes Leben ein großes Unglück geworden ist. Diese Neigung, die fast vom ersten Augenblick an, wo er mich wiedersah, in ihm erwachte, ist nicht rasch vergangen, wie sie gekommen war. Nur zu treu und standhaft hat er sie mir bewahrt bis zuletzt. Mehr als fünf Jahre lebte ich von dieser Zeit noch am Hof mit ihm zusammen, und in Wahrheit, ich habe in dieser Zeit alles getan, was in meiner Macht stand, um diese Leidenschaft zu bekämpfen und ihn davon zu heilen. Aber mein

Widerstand und meine Kälte waren umsonst, nichts hat die
Treue seines Gefühls erschüttert, was ich auch tat, er blieb
für mich immer derselbe. Im Gegenteil, statt mit der Zeit
ruhiger zu werden, wurde er immer unglücklicher und heftiger. Am Anfang versuchte er, mir sein Gefühl zu verbergen,
aber nach einigen Monaten gab er dieses Bestreben plötzlich
auf und machte mir das leidenschaftliche Gefühl seiner
Liebe, und bald fing er an, mich mit Liebeserklärungen und
Beteuerungen wahrhaft zu verfolgen. Ich war ganz außer mir
und vertraute mich Fräulein von Kalkstein* an.« Die riet der
jungen Frau natürlich, standhaft zu bleiben. »Solange die
gute Kalkstein am Hof war, bin ich ihr immer gefolgt und
habe mich ganz von ihr leiten lassen.«

Doch dann verliebte sich auch Sophie von Pannwitz in
den attraktiven Prinzen August Wilhelm, wie sie zögernd
eingesteht: »Er war liebenswürdig, auch sein Gesicht war
schön, fein und geistvoll, dabei aber voller Sanftmut und
Zuvorkommenheit für mich und besonders voll der rüh-
rendsten Aufmerksamkeiten. War es nicht natürlich bei meiner großen Unerfahrenheit und Jugend und der Neuheit des
Gefühls, das ich noch nie gekannt hatte, dass ich ihm wohl
wollte, und nachdem ich lange widerstanden, endlich diese
Empfindung mehr Macht über mich gewann und ich mich
ihr hingab? – Von Natur aus anschmiegsam und zärtlich, zur
Freundschaft geneigt und gegen alle Menschen offen und
zutraulich, war ich vielleicht durch die Art meiner Erziehung
etwas verschüchtert … Immer von Neuem fasste ich den
Entschluss, das wachsende Gefühl für den Prinzen aus meinem Herzen zu reißen: Ich wollte mich um jeden Preis von
seinem Einfluss und seiner zunehmenden Macht über mich

---

* Auch sie war eine Hofdame von Königin Sophie Dorothea.

befreien ... Tage und Tage verbannte ich mich selbst in mein Zimmer, um ihn nicht zu sehen und mied, ja floh seine Nähe ... Es war alles umsonst. Er hat nie aufgehört, mich zu lieben bis an sein Ende. Von Natur aus stürmisch und unvorsichtig, war er gar nicht imstande, seine Gefühle zu verbergen, und ich glaube fast, dass es ihm Trost gewährte oder eine Art Reiz für ihn hatte, sie nicht zu verheimlichen. Es war, als setze er seinen Stolz darein, sie vor aller Welt zu bekennen, wenigstens verbarg er weder seinen Schmerz noch seine Liebe, und dieses Benehmen war leider dazu gemacht, ... den guten Ruf eines jungen Mädchens in die größte Gefahr zu bringen.«

Doch die Liebe hatte keine Chance, auch wenn August Wilhelms Umgebung durchaus Verständnis für die Neigung des Prinzen zu Sophie von Pannwitz zeigte. So schrieb der Chronist Dieudonné Thiebault: »Die Welt musste wenigstens zugestehen, dass sie es ganz wert war, der Gegenstand einer so leidenschaftlichen und unüberwindlichen Liebe zu sein. Groß und schlank gewachsen und zugleich schön und blond wie die Venus, war sie ebenso reizend, so unschuldig und liebenswürdig, wie sie schön war. Der Prinz wollte es mit Gewalt durchsetzen, von seiner Gemahlin geschieden zu werden, um ihr seine Hand anzubieten, und die höchste Autorität selbst war gezwungen, in dieser Sache einzuschreiten.«

Es ist also durchaus wahrscheinlich – wenn auch nicht offiziell schriftlich belegt –, dass August Wilhelm seinen königlichen Bruder inständig darum gebeten hat, sich von der ungeliebten Luise Amalie trennen und Sophie von Pannwitz heiraten zu dürfen. Die Ehe mit einer nicht standesgemäßen Partnerin, einer Gräfin, wäre natürlich eine Mesalliance gewesen, doch es hätte in der Macht Friedrichs II.

gestanden, sie zuzulassen. Der König hatte freilich seine
Gründe, es nicht zu tun. Zum einen konnte er die leidenschaftlichen Gefühle seines Bruders für Sophie von Pannwitz
in keiner Weise nachvollziehen, im Gegenteil, er fand sie
peinlich und unangemessen. Zum anderen wäre eine Scheidung des Prinzen vom verbündeten Haus Braunschweig-
Wolfenbüttel als unverzeihlicher Affront aufgefasst worden –
und das nicht zu Unrecht.

So aber zog sich der Liebesroman dahin: »Im Sommer
1746 gingen wir zum ersten Mal mit der hochseligen Königin (Sophie Dorothea) nach Oranienburg, was der Prinz
vom König zum Geschenk erhalten hatte, und von dort aus
nach Rheinsberg.« Das idyllisch gelegene Schloss Rheinsberg, wo Friedrich II. nach eigenem Bekunden die glücklichste Zeit seines Lebens verbracht hatte, hatte er 1744
seinem Bruder Heinrich geschenkt. Doch ganz gleich, ob in
Oranienburg oder Rheinsberg – »wo wir auch waren, der
Prinz folgte und war überall derselbe. Jeder Morgen brachte
mir einen Brief oder Billet [eine Briefnotiz] von ihm, und
nichts konnte ihn von dem einzigen Gedanken zerstreuen,
der ihn beherrschte und ihn unglücklich machte … Ich
konnte es damals nicht übers Herz bringen, den Hof zu verlassen, wo meine Stellung so eine angenehme war, und doch
musste ich es. Ach, die unselige Leidenschaft des Prinzen
hat mein ganzes Leben verdorben und hat es mit Kummer
erfüllt.«

Die Contenance der Königinmutter

Was hat Sophie Dorothea von der unglücklichen Liebe ihres Sohnes gewusst? Mit Sicherheit eine ganze Menge. Es konnte ihr kaum entgehen, wie gerne August Wilhelm Sophie von Pannwitz mochte, wie sehr er bis über beide Ohren in die hübsche junge Frau verliebt war. Das war schließlich eine Zeit lang auch das beliebteste Thema am Hohenzollernhof, wo Klatsch und Tratsch natürlich bestens gediehen. Doch mochte auch ganz Berlin darüber sprechen – Sophie Dorothea verhielt sich so, als würde die Romanze überhaupt nicht existieren. Die Königinmutter war eine wahre Meisterin darin, das auszublenden, was sie nicht sehen wollte und was der höfischen Etikette zuwiderlief.

Man kann aber auch davon ausgehen, dass Sophie Dorothea selbst im kleinen Kreis oder auch nur im Vieraugengespräch mit ihrem Sohn das Thema niemals berührt hat. Sie war gewiss keine Mutter, der ein unglücklicher Sohn sein Herz ausschütten konnte, sondern blieb stets die »Olympia«, die strenge Herrin, die mit Argusaugen darüber wachte, dass die Fassade gewahrt blieb. So etwas wie Liebeskummer – den sie selbst ja niemals kennengelernt hat – hatte man gefälligst mit sich selbst auszumachen.

Genauso undenkbar ist auch, dass sich Sophie von Pannwitz der Königinmutter anvertraut hat. Das verhinderte allein schon der große Respekt, den sie Sophie Dorothea entgegenbrachte, ebenso die gesellschaftliche Distanz, die sich zwischen beiden Frauen auftat. Zudem hätte sie ein solches Gespräch gewiss in ihren Memoiren erwähnt, die sie lange nach dem Tod der Preußenkönigin verfasst hat.

Die Leidensgeschichte ging also weiter: »Die beiden letzten Jahre, 1749 und 1750, die ich am Hof verbrachte, vergingen in derselben Weise. Im Sommer wohnte die Königin [mutter] in Monbijou, und von dort aus ging es bald für einige Tage nach Potsdam, bald nach Charlottenburg oder zum Prinzen nach Oranienburg … Der Prinz verlangte immer stürmischer von mir das Versprechen, denselben nicht zu verlassen, und wiederholte mir fort und fort seine Anträge. Er wollte alles auf der Welt für mich tun, aber konnte und durfte ich das annehmen? Meine eigene Bedrängnis, vor allem aber der Wunsch des Königs zwangen mich, gewaltsam einen Entschluss zu fassen.« Dass Friedrich II. ein Machtwort sprach, bestätigt auch der Chronist Thiebault: »So gelang es dann zuletzt durch getrennte Wege, welche nur die entschlossenste Tätigkeit und rücksichtsloseste Politik sich nicht scheut einzuschlagen, dem Unglücklichen seine Geliebte zu entreißen.«

1751 heiratete Sophie von Pannwitz ihren drei Jahre älteren Cousin Johann Ernst von Voß und verließ zusammen mit ihm die Hauptstadt für mehrere Jahre: »Nicht ohne Wehmut schied ich vom Hof, an dem ich einstmals so glücklich gewesen war.« Erst 1763 kehrte das Paar zurück an die Spree, wo Voß die Stellung des Oberhofmarschalls bei Königin Elisabeth Christine bekleidete. Sophie zog derweil ihre Kinder groß und trat erst nach dem Tod ihres Mannes 1793 wieder in höfische Dienste. Bekannt wurde sie als strenge Oberhofmeisterin der jungen Königin Luise, der sie zuletzt jedoch eine fürsorgliche mütterliche Freundin geworden war. Sophie von Voß starb 1814 im Alter von 85 Jahren.

Die Einweihung von Schloss Sanssouci

Viel mehr als an der unglücklichen Liebe von August Wilhelm war Sophie Dorothea an den Bauplänen ihres ältesten Sohnes interessiert, die nun allmählich konkrete Gestalt annahmen. Bekanntlich hatte sich Friedrich II. schon 1744 entschlossen, von Knobelsdorff auf dem »Wüsten Berg« ein kleines Schloss errichten zu lassen, und dieses Vorhaben nach Ende des Zweiten Schlesischen Krieges zügig in die Tat umgesetzt. Hoch oben auf dem Weinberg mit reizvollem Blick auf die Havellandschaft wollte er künftig seine Freizeit verbringen, auf Schloss Sanssouci. Am 1. Mai 1747 konnte das »Lusthaus auf dem Weinberg« mit einer großen Familienfeier und 200 Gästen endlich eingeweiht werden.

Voller Bewunderung durchschritt Sophie Dorothea die Räume des vergleichsweise kleinen Schlosses, begutachtete die umfangreiche Bibliothek ihres Sohnes, rätselte vielleicht, warum in Friedrichs Schlaf- und Arbeitszimmer nur ein gewöhnliches Feldbett stand, lobte die Ausstattung des Musikzimmers und vor allem den ovalen Marmorsaal, in dem Friedrich in den nächsten Jahren seine berühmten Tafelrunden mit allerlei illustren Gästen veranstaltete.

Sollte Sophie Dorothea jedoch geglaubt haben, als Königinmutter ganz selbstverständlich zu Friedrichs Konzerten und Festessen eingeladen zu werden, so sah sie sich getäuscht. Das heitere Rokokoschloss Sanssouci war eine reine Männerdomäne, zu der Frauen nur in Ausnahmefällen Zutritt hatten.

Dafür erhielt Sophie Dorothea regelmäßig Briefe von ihrem königlichen Sohn, die freilich meist nur Belanglosigkeiten enthielten, nette Komplimente und kleine Begebenheiten, in denen er aber keine politischen Informationen oder Pläne preisgab. Am 10. Juni 1747 kündigte Friedrich an, er werde seiner Mutter ein paar Früchte zukommen lassen, und informierte sie gleichzeitig über einen unglücklichen Zwischenfall, der sich auf Schloss Sanssouci ereignet hatte: »Gestern hat mir mein Bruder Heinrich einen großen Schrecken verursacht. Wir waren auf meinem Weinberg, und am Abend, als wir uns zu Tisch setzen wollten, löste sich plötzlich ein Stück eines Bilderrahmens und traf ihn am Kopf. Zum Glück hat er nur eine leichte Kratzwunde, aber Sie, meine liebe Mama, können sich vorstellen, welche Angst ich ausgestanden habe. Morgen Abend reise ich nach Brandenburg und am Dienstag nach Magdeburg, um mich dort kurz umzuschauen, bevor ich mich meiner lieben Mama wieder zu Füßen werfen kann.« Sophie Dorothea bedankte sich überschwänglich für die köstlichen Früchte, die ihr Friedrich hatte zukommen lassen, vielleicht ein paar Orangen, die auf dem sonnigen Weinberg prächtig gediehen. In ihrem Schreiben von 12. Juni 1747 heißt es: »Sie haben mir, mein lieber Sohn, die schönsten Früchte der Welt geschickt, zudem von vorzüglichem Geschmack. Ich danke Ihnen tausendmal, auch dafür, dass Sie mich über den Unfall meines Sohnes Heinrich informiert haben. Ein Glück, dass es so gut abgelaufen ist. Aber, mein lieber Sohn, ich kenne ja Ihr gutes Herz und Ihre Güte für ihn, und ich zweifle nicht daran, dass Sie in diesem Moment wie ein Vater für ihn gesorgt haben ... Ich wünsche mir, mein lieber Sohn, dass Sie von Ihrer Expeditionsreise bei guter Gesundheit zurückkehren und dass ich dann das Glück habe, Sie bei mir zu sehen. Das Wetter spielt mit, besser könnten Sie es nicht wünschen ...«

Himmlisch oder teuflisch – Prinzessin Amalie

Während Sophie Dorothea ihren ältesten Sohn nur selten zu Gesicht bekam, war die 1723 geborene Prinzessin Amalie ihre ständige Begleiterin, denn sie hat nie geheiratet. Nachdem sich Ulrike mit dem schwedischen Thronfolger vermählt hatte, blieb für Amalie das Amt der Äbtissin von Quedlinburg übrig, das der Vater ursprünglich ihrer älteren Schwester zugedacht hatte.

Gerne wird behauptet, Amalie sei wegen ihrer angeblich unglücklichen Liebe zu dem 1727 geborenen Friedrich von der Trenck (1727–1794) »ins Kloster« gegangen. Abgesehen davon, dass sich diese Liebesgeschichte nur in der Phantasie des Kavaliers abgespielt haben dürfte, handelte es sich bei Quedlinburg nicht um ein Kloster, sondern um ein protestantisches Damenstift. Im Gegensatz zu den katholischen Nonnen waren die Stiftsdamen keiner Regel unterworfen, legten kein Gelübde ab und mussten auch nicht in Armut leben, im Gegenteil. Sie durften ihr meist stattliches Vermögen behalten, und selbst eine spätere Heirat war keineswegs ausgeschlossen. Überdies genossen sie zahlreiche Freiheiten, konnten Reisen unternehmen und nach Belieben Gäste empfangen. Alle Annehmlichkeiten galten selbstverständlich auch für die Äbtissinnen, ausschließlich weibliche Mitglieder eines protestantischen Herrscherhauses. Bis zu ihrem Tod war zwar Maria Elisabeth von Holstein-Gottorp (1678–1755) die amtierende Äbtissin von Quedlinburg, doch schon 1744 wurde Amalie zur Coadjutorin, also zu ihrer Stellvertreterin, gewählt. Da aber ihre persönliche Anwesenheit im Harzer Damenstift nicht zwingend erforderlich war, lebte Amalie auch weiterhin in Berlin.

Amalie war eine intelligente junge Frau, die leidenschaftlich gerne las und musizierte. Mit Begeisterung spielte sie Spinett, Laute und Flöte, auch einige Kompositionen gehen auf die Preußenprinzessin zurück. Die gut aussehende, stets nach der neuesten Mode gekleidete Amalie war der unumstrittene Mittelpunkt des Berliner Hofes, auch wenn Sophie Dorothea, protokollarisch gesehen, die Rolle der Ersten Dame einnahm. Trotzdem empfand die Prinzessin offenbar eine große innere Leere, die erhebliche Gefühlsschwankungen zur Folge hatte. Graf Lehndorff, Kammerherr der Königin Elisabeth Christine, schrieb über Amalie: »Nichts ist mittelmäßig an ihr, entweder ist sie himmlisch oder teuflisch.« Manchmal gab sie sich leutselig und charmant, dann wieder sarkastisch und verletzend: »Damals war sie noch recht jung«, verrät uns Sophie von Voß in ihren Erinnerungen, »aber trotz ihrer Jugend war sie boshaft und sehr gefürchtet und machte uns allen viel Not und Unannehmlichkeiten.« Vor allem Königin Elisabeth Christine und ihre Schwester waren die bevorzugten Opfer von Amalies Kränkungen, denn sie konnten sich nicht wehren und waren so ihren sarkastischen Spitzen hilflos ausgesetzt.

Sophie Dorothea hingegen, die auch nicht gerade mit Eigenschaften wie Sanftmut und Verständnis ausgestattet war, verstand sich lange Zeit sehr gut mit ihrer jüngsten Tochter. Getrübt wurde das gute Einvernehmen jedoch, als Prinz Heinrich 1752 die 26-jährige Wilhelmine von Hessen-Kassel heiratete.

Wie das Lamm zum Opferaltar –
die Hochzeit des Prinzen Heinrich

Mit Sophie Dorotheas Sohn Heinrich hatte es das Schicksal nicht besonders gut gemeint, zumindest, was sein äußeres Erscheinungsbild betraf. Ende 1745 erkrankte er an den Pocken, die hässliche Narben in seinem Gesicht zurückließen. Ein zeitgenössischer Chronist beschrieb den Preußenprinzen folgendermaßen: »Prinz Heinrich war sehr klein und unproportioniert gebaut, sein Gesicht war nicht nur hässlich, sondern auf den ersten Blick abstoßend. Große blaue, sehr lebendige, aber harte und schielende Augen trugen dazu bei, ihm diesen erschreckenden Ausdruck zu geben. Sobald man ihn aber reden hörte, schwanden diese Ausdrücke, und das Feuer, der Geist, ja, man möchte sagen das Graziöse seines Gesichtsausdrucks sprachen zur Seele …«

Heinrichs ganze Liebe galt dem Militär, den Reizen des weiblichen Geschlechts konnte er kaum etwas abgewinnen. Trotzdem musste er nun mit Wilhelmine von Hessen-Kassel vor den Traualtar treten: »Am 25. Juni 1752 wurde in der Kapelle des königlichen Schlosses Charlottenburg die Trauung feierlich vor einer glänzenden Versammlung von Mitgliedern der königlich-preußischen Familie und vor Vertretern der anderen herrschenden Häuser Norddeutschlands vollzogen«, heißt es in einem Bericht des Chronisten Chester V. Easum (1894–1979). »Der König hatte keine Unkosten gescheut, alles war aufs Eleganteste ausgerichtet, die Gewänder waren prächtig und die Braut lieblich. Der Bräutigam machte den Eindruck eines Lammes, das zum Opferaltar geführt wurde. Alle Beobachter waren betroffen von der düsteren Miene, die er zur Schau stellte, als er seine

Braut bei der Ankunft empfing und die er auch bei der Hochzeit trug.«

Dabei war an der jungen Wilhelmine eigentlich nichts auszusetzen. Thiebault schwärmte von ihr in den höchsten Tönen: »Sie war in der Tat von großer Schönheit und erfrischender Jugendlichkeit. Nicht nur ihre Züge waren reizend, auch ihre Gestalt, schlank und voll zugleich, war unvergleichlich, und die angeborene Würde ihrer Haltung erhöhte noch den Eindruck ihrer Erscheinung.« Kein Wunder, dass die ebenso hübsche wie liebenswürdige Prinzessin bald zum Liebling der gesamten Hofgesellschaft avancierte und mit Attributen wie »die Göttliche« bedacht wurde.

Doch Heinrich konnte seiner jungen Gemahlin nicht das Geringste abgewinnen, es ist sogar wahrscheinlich, dass diese Ehe niemals vollzogen wurde, denn allem Anschein nach war der Prinz homosexuell veranlagt.

Das Thema Homosexualität – auch wenn es diesen Ausdruck damals noch gar nicht gab – wurde am Hohenzollernhof mit Sicherheit totgeschwiegen. Zwar gab es auch in der preußischen Armee zweifellos homosexuelle Männer, doch wenn ein Fall von »Unzucht« ruchbar wurde, dann drohte noch unter Friedrich Wilhelm I. der Galgen. Nach wie vor galt in Preußen die Peinliche Gerichtsordnung von 1533, die *Constitutio Criminalis Carolina*, die für das »Verbrechen« der Männerliebe, damals noch als »Sodomie« bezeichnet, die Todesstrafe vorsah. Friedrich II. ging mit Sexualdelikten in der Armee bekanntlich wesentlich entspannter um, vielleicht als Herrscher eines aufgeklärten Absolutismus, vielleicht auch aus anderen Gründen. An Heinrich schrieb er 1746: »Mein lieber Bruder! Wir haben uns gegenseitig nichts vorzuwerfen und stehen einander gleich kühl gegenüber. Wir haben es nun einmal so gewollt, mag es denn so sein. Das Einzige, was

Sie zuweilen zu veranlassen scheint, mildere Saiten gegen mich aufzuziehen, ist der Umstand, dass Sie meiner guten Dienste bei Ihren Liebeshändeln bedürfen …« Ob es jedoch immer »gute Dienste« waren, die Friedrich seinem Bruder geleistet hat, sei dahingestellt. Offenbar mischte er sich immer wieder in die Affären des zweitjüngsten Hohenzollernprinzen ein. So sorgte er 1774 für die Versetzung von Heinrichs Adjutanten Christian Ludwig von Kaphengst (1740–1800). Zum Abschied schenkte Heinrich seinem Liebhaber Schloss Meseberg, das heutige Gästehaus der Bundesregierung.

Prinz Ferdinands Hochzeit

Während Heinrich die Zeit überwiegend auf Schloss Rheinsberg verbrachte, lebte seine Gemahlin Wilhelmine meist getrennt von ihm in Berlin. Nachdem sie festgestellt hatte, dass der Prinz die Gesellschaft von gut aussehenden Männern der ihrigen vorzog, bewohnte sie das 1748 errichtete Prinz-Heinrich-Palais Unter den Linden und wurde als »schöne Fee« zum Schmuckstück der Berliner Gesellschaft. Häufig war Wilhelmine auch zu Gast auf Monbijou oder im Berliner Stadtschloss.

Anlass zum Feiern gab es reichlich. Im Mai 1755 beispielsweise schrieb Heinrich Graf von Lehndorff, Kammerherr der Königin, in sein Tagebuch: »Die Vermählung des Prinzen Ferdinand mit der zweiten Prinzessin von Schwedt wird proklamiert. Man verspricht sich Gutes von dieser Heirat, da beide Teile sich kennen und der Prinz unter mehreren Prinzessinnen sich diese erwählt hat.« Natürlich kannten sich die beiden: Es waren schließlich Onkel und Nichte! Bei der Aus-

erwählten von Sophie Dorotheas jüngstem Sohn handelte es
sich um ihre Enkelin, die 1738 geborene Luise, eine Tochter
von Sophie von Brandenburg-Schwedt. Am 27. September
1755 heirateten Ferdinand und Luise auf Schloss Charlottenburg. Nach den Feierlichkeiten kehrte Ferdinand, der schon
1747 das Infanterieregiment in Ruppin übernommen hatte,
zunächst allein dorthin zurück, holte seine junge Gemahlin
jedoch nach, sobald die Umbauarbeiten des Palais, das sie
beziehen wollten, beendet waren.

Fünf Jahre später zogen die beiden wieder nach Berlin, wo
sie zunächst auf Schloss Friedrichsfelde, später dann auf
Schloss Bellevue lebten, dem heutigen Amtssitz des deutschen Bundespräsidenten. Erst nach sechsjähriger Ehe
brachte Luise das erste von sieben Kindern zur Welt, von
denen aber nur vier das Erwachsenenalter erreichten. Große
Berühmtheit erlangte später der Sohn Louis Ferdinand
(1772–1806), der nach seinem frühen Tod in der Schlacht
bei Saalfeld schließlich als preußischer Mythos in die Geschichte einging.

Zur Hochzeit von Ferdinand und Luise kam auch Sophie
Dorotheas älteste Tochter, die inzwischen 46-jährige Wilhelmine von Bayreuth, nach Berlin. Viel ist über ihren Besuch
nicht bekannt, doch an dem frostigen Verhältnis zu Sophie
Dorothea scheint sich nichts verändert zu haben. Allem Anschein nach versuchte Wilhelmine wieder einmal, alle Aufmerksamkeit auf ihre Person zu lenken, indem sie über ihre
rege Bayreuther Bautätigkeit berichtete. Um hinsichtlich
fürstlicher Prachtentfaltung nicht hinter ihrem königlichen
Bruder zurückzustehen, hatte sie Friedrich II. noch 1743 gebeten, ihr die Pläne des Berliner Opernhauses zu schicken.
Nach diesen Vorlagen ließ Wilhelmine auch in Bayreuth
ein kleines Musiktheater errichten, das noch heute ein Besu-

cher- und Touristenmagnet ist. Eingeweiht wurde das
Opernhaus anlässlich der Hochzeit ihrer 16-jährigen Tochter
Friederike, die 1748 mit Herzog Karl II. Eugen von Württemberg (1728–1793) verheiratet wurde. Doch auch ansonsten bemühte sich Wilhelmine nach Kräften, aus dem
früheren Provinznest Bayreuth ein »fränkisches Kleinod«
zu machen. Ein weiteres Bauwerk, das auf die Markgräfin
zurückgeht, ist das ab 1749 errichtete Neue Schloss Eremitage, dem das Schloss Sanssouci Friedrichs II. Modell gestanden haben dürfte. Aber auch was ihr äußeres Erscheinungsbild betraf, versuchte Wilhelmine die preußischen Damen zu
übertrumpfen. Elisabeth Christines Kammerherr Graf Lehndorff notierte jedenfalls am 6. Oktober 1753 in sein Tagebuch: »Die Markgräfin sehe ich um zwölf Uhr. Ich finde sie
mit viel aufgelegtem Weiß und Rot, viel Steinen und sehr
geputzt, ihrem Aussehen nach eine Person von 26 Jahren …
Es ist eine ganz eigen veranlagte Prinzessin. Ich glaube, dass
sie auf einem Throne eine berühmte Frau geworden sein
würde, ihr ganzes Denken wäre auf das Große, auf eine tüchtige Wirksamkeit gerichtet gewesen, während sie jetzt nichts
Großes findet, womit sie sich beschäftigen könnte. Sie gibt
sich einer Pracht hin, die für ihr Land zu groß ist und es
ruiniert. Sie liebt das Außerordentliche, und damit ist alles
gesagt.«

Nach wie vor übernahm Sophie Dorothea den Haupt-
anteil der höfischen Repräsentation – Couren, Diners, Empfänge, Bälle und anderes mehr. Allein im Jahr 1755 waren es
150 Veranstaltungen insgesamt, die höchste Zahl in der gesamten Regierungszeit Friedrichs II. Selbstverständlich nahm
auch ihre Schwiegertochter Wilhelmine an sämtlichen Festlichkeiten teil, sehr zum Ärger von Amalie.

Jetzt, da alle Herzen der »schönen Fee« zuflogen, reagierte

Amalie mit unverhohlener Eifersucht. Nur zu gern hätte sie auch diese Schwägerin mit spitzen Bemerkungen verunsichert, doch an der kultivierten Wilhelmine prallten sämtliche Boshaftigkeiten ab. Am schlimmsten war es für Amalie, dass auch ihre eigene Mutter zum Kreis der Bewunderer zählte und sich prächtig mit Heinrichs vernachlässigter Frau verstand.

Vermutlich war diese Eifersucht auch Anlass zu einem heftigen Streit zwischen Mutter und Tochter. Leider kennen wir keine Einzelheiten, fest steht jedoch, dass sich Amalie monatelang nicht auf Monbijou blicken lassen durfte, bis sich die Wogen schließlich wieder glätteten. Es passte der Prinzessin ebenso wenig, dass sich Sophie Dorothea in den letzten Jahren auch mit Königin Elisabeth Christine bedeutend besser verstand als früher. Der alte Hass, den sie gegen Friedrichs Gemahlin gehegt hatte, war längst vergessen, und auch sie merkte, dass ihre Schwiegertochter eigentlich ein lieber Mensch war. Elisabeth Christine selbst zeigte sich darüber sehr glücklich: Im Dezember 1756 schrieb sie an ihren Bruder Ferdinand: »Sie [Sophie Dorothea] bezeugt mir so viel Freundschaft und Güte und scheint ein wahres Vertrauen zu mir gefasst zu haben, was viele Leute in Wut versetzt, aber ich hoffe, dass dies uns nicht mehr entzweien wird, da wir eine wahre Freundschaft zueinander gefasst haben und immer gleich denken ...«

Beginn des Siebenjährigen Krieges

Vereint waren Sophie Dorothea und Elisabeth Christine jetzt auch in der Sorge um Friedrich II. und seine Brüder. Inzwischen war seit dem Ende des Zweiten Schlesischen Krieges mehr als ein Jahrzehnt vergangen, ein Jahrzehnt, in dem sich Friedrich zunehmend in der Rolle des »Philosophen von Sanssouci« gefiel. Zwar hatte er 1745 erklärt, er werde »keine Katze mehr angreifen«, doch jetzt kam es trotzdem anders.

Maria Theresia, die österreichische Kaiserin, hatte sich mit dem Verlust Schlesiens nie richtig abgefunden. Vor allem aber war ihr engagierter Außenminister Graf Wenzel von Kaunitz (1711–1794) fest entschlossen, es noch einmal mit Preußen aufzunehmen. Bereits 1746 hatte er ein Verteidigungsbündnis mit Russland geschlossen, Sachsen auf seine Seite gezogen und sich sogar mit dem alten »Erbfeind« Frankreich versöhnt. Im Gegenzug verbündete sich Friedrich im 1756 geschlossenen Vertrag von Westminster mit England, das noch immer von seinem Onkel Georg II. regiert wurde. Daraufhin aber schmiedete Kaunitz noch im gleichen Jahr eine österreichisch-französische Allianz.

Jetzt sah sich Preußen plötzlich von Russland, Sachsen, Frankreich und Österreich eingekreist.

Auch diesmal entschied sich Friedrich II., seinen Gegnern zuvorzukommen. Ende 1756 fielen preußische Truppen in Sachsen ein und eröffneten damit den Siebenjährigen Krieg, der Preußen beinahe in den Abgrund gerissen hätte. Sein unverhofft glückliches Ende hat Sophie Dorothea nicht mehr erlebt.

Vorerst ging das Leben in Berlin wie gewohnt weiter, auch wenn die Zahl der höfischen Empfänge jetzt drastisch abnahm. Es wurde ziemlich still im Stadtschloss. Die Königinmutter war allerdings aus gesundheitlichen Gründen kaum mehr in der Lage, ihre repräsentativen Pflichten zu erfüllen. Anfang 1757 muss es wieder einmal zu einem heftigen Streit zwischen Sophie Dorothea und ihrer Tochter Amalie gekommen sein, wie uns Lehndorffs Tagebucheintrag vom

18. Januar 1757 verrät: »Ihre Majestät, die Königin-Mutter, ist sehr unwohl. Man sagt, dass viel an ihrem Kummer die Prinzessin Amalie trägt, die oft in der Nacht den Zufall verwünscht, dass sie als Prinzessin geboren wurde, und am Tage ihre Umgebung ihren ganzen Hochmut und ihre Launen spüren lässt, dass sie eine königliche Prinzessin ist … All dies erhöht das Übelbefinden der Königin-Mutter und ihren Hang zur Zurückgezogenheit.«

Doch es war wohl nicht nur der Streit mit Amalie, der Sophie Dorothea belastete. Sie hatte sich offenbar eine schwere Lungenentzündung zugezogen, und ihr Zustand war schließlich so ernst, dass Friedrich und seine Brüder vom Schlachtfeld ans Krankenbett der Mutter eilten. Am 26. Januar 1757 notiert Lehndorff: »Ihr übler Zustand erregt allgemeine Trauer. Man sagt, dass die Hauptursache ihrer Krankheit ein heftiger Ärger gewesen sei, den ihr die Prinzessin Amalie bereitet hat. Die verehrungswürdige Königin ist so erregt gewesen, dass sie der Prinzessin verboten hat, vor ihr zu erscheinen. Alle Welt ist über deren Bosheit entrüstet.«

»Wir haben keine Mutter mehr« – Sophie Dorotheas Tod

Zwar erholte sich Sophie Dorothea bald wieder ein wenig, doch richtig gesund wurde sie nicht mehr. Der hartnäckige Husten dauerte an und verstärkte die ohnehin schon quälende Kurzatmigkeit der Königinmutter. Auch die Sorge um ihre Söhne machte ihr zu schaffen, vor allem natürlich um Friedrich. Es tröstete sie vielleicht, dass sich das Kriegsgeschehen zugunsten Preußens zu entwickeln schien. Nach dem Sieg bei Prag erhielt sie im Mai 1757 von Friedrich die beruhigende Nachricht: »Meinen Brüdern und mir geht es immer noch gut.« Dass sich das bald grundlegend änderte, hat Sophie Dorothea nicht mehr erfahren.

Am 18. Juni 1757 musste das preußische Heer bei Kolin eine empfindliche Niederlage einstecken, die Friedrich II. allein seinem Bruder August Wilhelm anlastete, mit entsprechenden Konsequenzen: »Ich werde dir, solange ich lebe, kein Kommando über eine Armee geben, es sei denn, dass ich eine zu viel hätte«, schrieb er erbost. August Wilhelm nahm daraufhin seinen Abschied vom Militär und zog sich verbittert nach Oranienburg zurück, wo er im Juni 1758 im Alter von nur 35 Jahren möglicherweise an den Folgen eines Schlaganfalls starb.

Zehn Tage nach der Niederlage von Kolin, am 28. Juni 1757, starb Königinmutter Sophie Dorothea im Alter von 70 Jahren. Für den Berliner Hof kam ihr Tod offenbar völlig überraschend: »Die Königin ist tot!«, schrieb Lehndorff noch am gleichen Tag in sein Tagebuch. »Gestern Abend speiste sie noch mit dem Fräulein Knesebeck und dem Fräulein von Bredow, scherzte viel mit der Letzteren und lud sie für den folgenden Tag zum Souper ein. Um zwei Uhr nachts lässt sie die Knesebeck rufen, weil sie nicht einschlafen kann, und um vier Uhr entlässt sie sie und schläft bis acht. Dann fühlt sie ein Bedürfnis und lässt sich aus dem Bett tragen, nimmt Tee und will ins Bett zurück. In dem Augenblick, da ihre Frauen sie ins Bett legen, sagt sie: ›Nun ist es aus!‹ und verscheidet.«

Friedrich II. wurde unverzüglich über Sophie Dorotheas Tod informiert. Noch ganz unter dem Eindruck der Niederlage von Kolin schrieb er am 5. Juli 1757 an Wilhelmine nach Bayreuth: »Ein neuer Kummer, der uns niederdrückt! Wir haben keine Mutter mehr. Dieser Verlust setzt meinem Schmerz die Krone auf!«

Kammerherr Lehndorff hingegen reagierte weniger emotional und notierte lakonisch: »Diese große Königin, Tochter, Gemahlin, Mutter und Schwester von Königen, die nur zu wünschen brauchte, und alle Schätze Indiens, Frankreich und Englands schmückten ihren Palast, diese so bewunderte, so verehrte, so beliebte Fürstin, da liegt sie nun auf einem kleinen Ruhebett, bedeckt mit einem Tuch, und schon beginnt man davon zu sprechen, dass man den Sarg wird schließen müssen, weil sie bald übel riechen wird, sodass niemand herangehen mag. Das ist das Ende dieser viel beneideten und bewunderten Größen.«

Während Friedrich Wilhelm I. in der Potsdamer Garnisonkirche seine letzte Ruhe gefunden hatte, wurde Sophie Dorothea in aller Stille in der Hohenzollerngruft des Berliner Doms beigesetzt.

Ob sie gegen Ende ihres Lebens noch einmal Bilanz gezogen hat? Mehr als ein halbes Jahrhundert hatte die Welfin am Hohenzollernhof gelebt, doch glücklich war sie in dieser Zeit nur selten gewesen. Der Verlust von vier kleinen Kindern, die sie früh zu Grabe tragen musste, die turbulente Ehe mit Friedrich Wilhelm, der geplatzte Traum von der englischen Doppelhochzeit – all das muss Sophie Dorothea enorm belastet und unendlich viel Kraft gekostet haben. Und doch ließ sich die stolze Welfin ihren Kummer nie anmerken. Sie fand sich damit ab, dass sie selbst als »Bettelkönigin« im »Sparta des Nordens« lebte, doch zumindest für ihre beiden ältesten Kinder wollte sie ein glamouröseres Leben, das auch ihrer fürstlichen Stellung entsprach. Kann man ihr das als Mutter wirklich verdenken? Auf jeden Fall hat ihr die Aussicht auf die englische Doppelhochzeit viele Jahre lang die Kraft gegeben, die Stürme ihrer Ehe und die Unzufriedenheit mit ihrer persönlichen Situation zu überstehen. Dass sie mit List, Lügen und Intrigen nicht immer die richtigen Mittel wählte und so am Ende fast eine Familientragödie ausgelöst hätte, ist ihr erst viel zu spät bewusst geworden.

Sophie Dorotheas großer Stolz und einziges Glück war ihr Sohn Friedrich, auf den sie all ihre Wünsche und Hoffnungen projizierte. Vermutlich wünschte sie sich nichts so sehr, wie die engste Vertraute und Beraterin des Königs zu sein. Doch das wurde sie nie. Zum einen pflegte Friedrich II. seine Entscheidungen selbst zu treffen, und an sein Innerstes ließ er ohnehin niemanden heran – was er übrigens mit Sophie Dorothea gemeinsam hatte. Zum anderen aber – und das war die eigentliche Tragik – misstraute er seiner Mutter, die er so viele Jahre lang als Lügnerin und Intrigantin erlebt hatte. Vordergründig blieb das Verhältnis der beiden harmonisch – in Wirklichkeit wurde es hauptsächlich durch das Korsett der höfischen Etikette zusammengehalten. Freundliche Briefe, Höflichkeitsbesuche zum Souper, ein wenig »Small Talk« – mehr durfte Sophie Dorothea nicht erwarten. Doch auch damit hat sie sich arrangiert, die stolze »Olympia« des Hohenzollernhofs.

Nachwort

Der Tod hat Königinmutter Sophie Dorothea eine Menge Kummer und Leid erspart. So musste sie nicht mehr miterleben, wie die Hofgesellschaft noch im Herbst des gleichen Jahres auf der Flucht vor den Franzosen Berlin verließ. Zunächst fand man in der Spandauer Zitadelle eine höchst unkomfortable Unterkunft, später mussten sich die Herrschaften in Magdeburg einrichten, zunächst nur vorübergehend für wenige Monate, nach dem Einmarsch der Russen und Österreicher in Berlin im März 1760 jedoch bis zum Ende des Siebenjährigen Krieges.

Auch dass zwei ihrer Kinder – August Wilhelm und wenig später auch Wilhelmine – 1758 frühzeitig starben, hat Sophie Dorothea nicht mehr erlebt, ebenso wie das Zerwürfnis Friedrichs II. mit seinen Brüdern, die ihn für den Tod von August Wilhelm verantwortlich machten. Gewiss wäre es für sie auch besonders schmerzlich gewesen, hätte sie mitansehen müssen, wie die Erlebnisse des Siebenjährigen Krieges ihren geliebten Sohn vom »Philosophen von Sanssouci« in einen erbitterten Misanthropen verwandelten, der sich immer mehr von seiner Umgebung zurückzog.

Dieser Krieg hätte Preußen fast in den Abgrund gerissen. Nach anfangs wechselndem Schlachtenglück war die Situation Friedrichs II. zuletzt hoffnungslos gewesen. Viele seiner fähigen Offiziere waren gefallen, die Regimenter zusammengeschmolzen, Preußens Wirtschaftskraft erschöpft, und selbst unter seinen Soldaten machte sich Mutlosigkeit breit. Wie es aussah, konnte nur noch ein Wunder Preußen retten.

Dieses »Wunder« geschah. Nach dem Tod der russischen Zarin Elisabeth im Januar 1762 bestieg Peter III. den Thron, ein glühender Verehrer des Preußenkönigs. Er schloss nicht nur Frieden mit Preußen, sondern gab auch alle russischen Eroberungen zurück. Zwar wurde Peter III. wenig später ermordet, doch auch unter seiner Gemahlin Katharina II. trat Russland nicht mehr in den Krieg ein. Vom »Mirakel des Hauses Brandenburg« war die Rede, tatsächlich aber waren alle kriegsführenden Parteien inzwischen völlig erschöpft.

Da auch Österreich am Ende seiner Kräfte angelangt war, begannen nun Verhandlungen um einen Frieden, der 1763 auf Schloss Hubertusburg (bei Grimma) unterzeichnet wurde. Preußen konnte Schlesien behalten, Sachsen wurde wiederhergestellt, und Friedrich II. versprach Maria Theresia, ihrem Sohn Joseph bei der Kaiserwahl seine Stimme zu geben. Mit dem Hubertusburger Frieden sicherte Friedrich II. Preußen die Stellung einer europäischen Großmacht. Sophie Dorothea war zu diesem Zeitpunkt schon fast sieben Jahre tot. Sie wäre gewiss ungemein stolz gewesen, hätte sie diesen Triumph ihres geliebten Sohnes noch miterleben dürfen, einen Triumph, von dem die ehrgeizige Königin immer geträumt haben dürfte.

Zeittafel

1687	26. März: Geburt von Sophie Dorothea im alten Leineschloss Hannover. Eltern: Georg Ludwig von Braunschweig-Lüneburg und Sophie Dorothea von Celle (∞ 1682)
1688	15. August: Geburt des preußischen Kronprinzen Friedrich Wilhelm in Berlin
1692	Dezember: Sophie Dorotheas Großvater Ernst August wird Kurfürst von Hannover.
1694	»Königsmarck-Affäre«
1695	7. Januar: Die Ehe der Eltern Sophie Dorotheas wird geschieden, die Mutter wegen »böswilligen Verlassens« auf die Wasserburg Ahlden verbannt. Sophie Dorothea und ihr 1683 geborener Bruder Georg August kommen in die Obhut ihrer Großmutter Sophie von Hannover.
1698	2. Februar: Tod Ernst Augusts von Hannover – Georg Ludwig wird neuer Kurfürst.
1700–1720	Nordischer Krieg
1701–1714	Spanischer Erbfolgekrieg
1701	18. Januar: Kurfürst Friedrich III. von Brandenburg krönt sich selbst zum ersten König »in« Preußen. *Act of Settlement:* Das englische Parlament ernennt Kurfürstinwitwe Sophie von Hannover (bzw. ihren ältesten Sohn Georg Ludwig) zur »Erbin Englands«.
1703–1706	Unter der Bauleitung von Eosander von Göthe entsteht das Berliner Schloss Monbijou.

1705	1. Februar: Tod der preußischen Königin Sophie Charlotte in Hannover
	2. September: Hochzeit des Kurprinzen August Ludwig von Hannover mit Caroline von Ansbach
1706	18. Juni: Verlobung Sophie Dorotheas mit Friedrich Wilhelm von Brandenburg-Preußen
	28. November: Hochzeit Sophie Dorotheas und Friedrich Wilhelms in Berlin
1707	6. Januar: Geburt des Prinzen Friedrich Ludwig von Hannover, des späteren Königs Georg II. von England und Wilhelmines »Bräutigam«
	23. November: Geburt des ersten Sohnes Friedrich Ludwig, »Prinz von Oranien«
1708	12. Mai: Tod des »Prinzen von Oranien«
	28. November: Hochzeit des Preußenkönigs Friedrich I. mit Sophie Luise von Mecklenburg-Schwerin
1709	3. Juli: Geburt der Prinzessin Wilhelmine, der nachmaligen Markgräfin von Bayreuth
1710	16. August: Geburt des Prinzen Friedrich Wilhelm
1711	Friedrich I. macht Sophie Dorothea Schloss Monbijou zum Geschenk.
	Juli: Tod des Prinzen Friedrich Wilhelm
1712	24. Januar: Geburt des Kronprinzen und späteren Preußenkönigs Friedrich II.
1713	25. Februar: Tod Friedrichs I. – Friedrich Wilhelm I. wird neuer König »in« Preußen, Sophie Dorothea Königin.
	5. Mai: Geburt der Prinzessin Charlotte
1714	8. Juni: Tod der Kurfürstinwitwe Sophie von Hannover in Herrenhausen
	10. Juni: Tod der Prinzessin Charlotte

	18. September: Kurfürst Georg Ludwig zieht als neuer englischer König Georg I. in London ein. Beginn der 123-jährigen Personalunion England/Hannover
	28. September: Geburt der Prinzessin Friederike
1715	1. Mai: Friedrich Wilhelm I. beteiligt sich am Nordischen Krieg.
1716	Der russische Zar Peter der Große besucht Berlin.
	13. März: Geburt der Prinzessin Philippine Charlotte
1717	2. Mai: Geburt des Prinzen Karl
1718	»Affäre Clement von Rosenau«
1719	25. Januar: Geburt der Prinzessin Sophie
	31. August: Tod des Prinzen Karl
1720	24. Juni: Geburt der Prinzessin Ulrike
1722	9. August: Geburt des Prinzen August Wilhelm
1723	Juli: Sophie Dorothea trifft ihren Vater Georg I. in Herrenhausen.
	10. Oktober: Charlottenburger Vertrag. Bündnis zwischen England und Brandenburg-Preußen
	8. November: Geburt der Prinzessin Amalie
1725	30. April: Wiener Vertrag zwischen dem Kaiser und Spanien
	3. September: Vertrag von Herrenhausen zwischen England, Preußen und Frankreich
1726–1734	Graf von Seckendorff als kaiserlicher Gesandter in Berlin
1726	18. Januar: Geburt des Prinzen Heinrich
	Oktober: Friedrich Wilhelm I. verlässt das Bündnis von Herrenhausen und schließt sich dem Kaiser an.

	13. November: Tod der »Prinzessin von Ahlden«, Sophie Dorotheas Mutter
1727	12. Juni: Sophie Dorotheas Vater Georg I. stirbt in Osnabrück.
1728	29. Mai: August der Starke kommt nach Berlin.
1729	30. Mai: Hochzeit von Prinzessin Friederike mit dem Markgrafen von Ansbach
1730	25. Mai: Geburt des Prinzen Ferdinand
	5. August: Fluchtversuch des Kronprinzen während einer Reise durch Süddeutschland
	6. November: Friedrichs Freund und »Fluchthelfer« Katte wird hingerichtet.
1731	20. November: Hochzeit von Prinzessin Wilhelmine mit dem Erbprinzen von Bayreuth
1732	31. August: Geburt der Prinzessin Friederike von Bayreuth – Sophie Dorothea wird zum ersten Mal Großmutter.
1733	12. Juni: Hochzeit des Kronprinzen Friedrich mit Elisabeth Christine von Braunschweig-Wolfenbüttel-Bevern auf Schloss Salzdahlum
	2. Juli: Hochzeit der Prinzessin Charlotte mit dem Erbprinzen von Braunschweig-Wolfenbüttel-Bevern in Berlin
1733–1735	Sächsischer Erbfolgekrieg
1734	20. November: Hochzeit der Prinzessin Sophie mit dem Markgrafen von Brandenburg-Schwedt
1740	31. Mai: Tod des Preußenkönigs Friedrich Wilhelm I. in Potsdam – Thronbesteigung Friedrichs II. Sophie Dorothea wird Königinmutter.
1740–1742	Erster Schlesischer Krieg – Erweiterung von Schloss Monbijou

1742	6. Januar: Hochzeit des Prinzen August Wilhelm mit Luise Amalie von Braunschweig-Wolfenbüttel
	7. Dezember: Eröffnung des Berliner Opernhauses
1744	17. Juli: Hochzeit der Prinzessin Ulrike mit dem schwedischen Thronfolger
	Prinzessin Amalie wird Coadjutorin des Harzer Frauenstifts Quedlinburg
1744/45	Zweiter Schlesischer Krieg
1746	1. Mai: Einweihung des Potsdamer Lustschlosses Sanssouci
1751	31. März: Friedrich Ludwig, Prinz von Wales und ehemaliger »Bräutigam« Wilhelmines, stirbt mit 44 Jahren.
1752	25. Juli: Hochzeit des Prinzen Heinrich mit Wilhelmine von Hessen-Kassel
1753	27. September: Hochzeit des Prinzen Ferdinand mit seiner Nichte Luise von Brandenburg-Schwedt
1756–1763	Siebenjähriger Krieg
1757	28. Juni: Königinmutter Sophie Dorothea stirbt in Berlin

Quellen- und Literaturverzeichnis

Geheimes Staatsarchiv Preußischer Kulturbesitz Berlin
Bestände des Brandenburg-Preußischen Hausarchivs
    Rep. 46
Rep. 46 Nr. 2   Sophie Dorotheas Brief an Friedrich Wilhelm
                    vom 7. Februar 1719
Rep. 46 T 25   verschiedene Briefe Sophie Dorotheas an Fried-
                    rich Wilhelm, meist undatiert
Rep. 46 T 27   Briefe Sophie Dorotheas an Friedrich II.

Aretz, Gertrude, Die Frauen der Hohenzollern, Berlin 1913
Beck, Friedrich/Schoeps, Julius H. (Hg.), Der Soldatenkönig
    Friedrich Wilhelm I. und seine Zeit, Potsdam 2003
Berner, Ernst, Aus dem Briefwechsel Friedrichs I. von Preußen
    mit seiner Familie, Berlin 1901
Beuys, Barbara, Der Große Kurfürst. Der Mann, der Preußen
    schuf, Reinbek bei Hamburg 1979
Boehn, Max von, Die Mode. Eine Kulturgeschichte vom Barock
    bis zum Jugendstil, München 1976
Bornhak, Friederike, Die Fürstinnen auf dem Thron der Hohen-
    zollern in Brandenburg-Preußen, Berlin 1889
Clark, Christopher, Preußen. Aufstieg und Niedergang
    1600–1947, München 2007
Debuch, Tobias, Anna Amalia von Preußen (1723–1787).
    Prinzessin und Musikerin, Berlin 2001
Doebner, Richard (Hg.), Briefe der Königin Sophie
    Charlotte von Preußen an hannoveranische Diplomaten,
    Leipzig 1905

Droysen, Hans, Aus den Briefen der Königin Sophie Dorothea, in: Hohenzollernjahrbuch 17/1913

Ders., Die Briefe der Königin Sophie Dorothea von Preußen, in: Hohenzollernjahrbuch 18/1914

Feuerstein-Praßer, Karin, Friedrich der Große und seine Schwestern, Regensburg 2006

Dies., »Ich bleibe zurück wie eine Gefangene«. Elisabeth Christine und Friedrich der Große, Regensburg 2011

Dies., Die preußischen Königinnen, München 2008

Dies., Sophie von Hannover – »Wenn es die Frau Kurfürstin nicht gäbe«, Regensburg 2004

Friedrich Wilhelm Prinz von Preußen u. a., »… solange wir zu zweit sind«. Friedrich der Große und Wilhelmine Markgräfin von Bayreuth in Briefen, München 2003

Geerds, Robert, Die Mutter der Könige von Preußen und England. Memoiren und Briefe der Kurfürstin Sophie von Hannover, Leipzig 1913

Haffner, Sebastian, Preußen ohne Legende, Hamburg 1979

Hatton, Regnhild, Georg I. Ein deutscher Kurfürst auf Englands Thron, Frankfurt 1982

Havemann, Wilhelm, Geschichte der Lande Braunschweig und Lüneburg, Göttingen 1857

Hinrichs, Carl, Friedrich Wilhelm I. König von Preußen, Hamburg 1941

Ders., Preußentum und Pietismus, Göttingen 1971

Hintze, Otto, Die Hohenzollern und ihr Werk, Berlin 1915

Klepper, Jochen (Hg.), In tormentis pinxit. Bilder und Briefe des Soldatenkönigs, Stuttgart 1938

Ders., Der Vater. Roman des Soldatenkönigs, Stuttgart 1937

Knoop, Mathilde, Sophie von Hannover, Hildesheim 1999

Koser, Reinhold, Aus den letzten Tagen Friedrich Wilhelms I., in: Hohenzollernjahrbuch 8/1904

Krauske, Otto, Königin Sophie Charlotte, Berlin 1905

Ders. (Hg.), Die Briefe König Friedrich Wilhelms I. an den Fürsten Leopold zu Anhalt-Dessau, Berlin 1905

Krockow, Christian Graf von, Die preußischen Brüder. Prinz Heinrich und Friedrich der Große. Ein Doppelporträt, Stuttgart 1996

Kunisch, Johannes, Friedrich der Große, München 2004

Lehndorff, Ernst Ahasverus Reichsgraf von, Des Reichsgrafen Ernst Ahasverus von Lehndorff Tagebücher nach seiner Kammerherrenzeit, Bd. 1, Gotha 1921

Massie, Robert, Peter der Große. Sein Leben und seine Zeit, Königstein 1982

Meier, Brigitte, Friedrich Wilhelm II. König von Preußen 1744–1797. Ein Leben zwischen Rokoko und Revolution, Regensburg 2007

Milynek, Klaus/Röhrbein, Waldemar, Die Geschichte der Stadt Hannover, 2 Bde., Hannover 1992 und 1994

Nelson, Walter Henry, Die Hohenzollern, Biografie eines königlichen Hauses, München 1970

Neugebauer, Wolfgang, Geschichte Preußens, Hildesheim 2004

Neumann, Hans Joachim, Friedrich Wilhelm I. Leben und Leiden des Soldatenkönigs, Berlin 1993

Ders., Die Erbkrankheiten in europäischen Fürstenhäusern. Habsburg, Hohenzollern, Romanow, Welfen, Wettiner, Bourbonen, Berlin 2002

Oestreich, Gerhard, Friedrich Wilhelm I. Preußischer Absolutismus, Merkantilismus, Militarismus, Göttingen 1977

Oppeln-Bronikowsi, Friedrich von, Leben und Wirken des Soldatenkönigs Friedrich Wilhelm I., Jena 1934

Oster, Uwe A., Wilhelmine von Bayreuth, München 2005

Ders., Sein Leben war das traurigste der Welt. Friedrich II. und der Kampf mit seinem Vater, München 2011

Palmer, Alan, Gekrönte Vettern. Deutscher Adel auf Englands
    Thron, Düsseldorf 1989
Pangels, Charlotte, Königskinder im Rokoko, München 1976
Panzer, Marita A., Englands Königinnen. Von den Tudors zu den
    Windsors, Regensburg 2001
Poseck, Ernst, Die Kronprinzessin, Berlin 1940
Rave, Paul Ortwin, Berlin in der Geschichte seiner Bauten, Berlin
    1987
Reck-Malleczewen, Friedrich, Sophie Dorothea. Mutter Friedrichs
    des Großen, Berlin 1936
Salentin, Ursula, Anna Amalia. Wegbereiterin der Weimarer
    Klassik, Köln/Weimar/Wien 2001
Schieder, Theodor, Friedrich der Große. Ein Königtum der
    Widersprüche, Frankfurt a. M./Berlin/Wien 1987
Schmidt, Werner, Friedrich I. Kurfürst von Brandenburg, König
    von Preußen, München 1996
Schnath, Georg (Hg.), Briefwechsel der Kurfürstin Sophie von
    Hannover mit dem preußischen Königshause, Berlin/Leipzig
    1927
Ders., Sophie Dorothea und Königsmarck. Die Ehetragödie der
    Kurprinzessin von Hannover, Hildesheim 1976
Ders., Der Königsmarck-Briefwechsel, bearbeitet in Regesten-
    form, Hildesheim 1952
Schreiber, Hermann, Die Stuarts, München 1999
Schwark, Thomas (Hg.), Ehrgeiz, Luxus & Fortune. Hannovers
    Weg zu Englands Krone, Ausstellungskatalog Hannover 2001
Senn, Rolf Thomas, Sophie Charlotte von Preußen, Weimar 2000
Stamm-Kuhlmann, Thomas, Die Hohenzollern, Berlin 1995
Thiebault, Dieudonné, Friedrich der Große und sein Hof,
    Stuttgart 1901
Thies, Heinrich, Ein König aus Hannover. Georg I. – Der erste
    Welfe auf dem englischen Thron, Göttingen 2011

Vehse, Carl Eduard, Die Höfe zu Preußen, 3 Bde., Leipzig 1993

Venohr, Wolfgang, Der Soldatenkönig, Berlin 1988

Vinage, Renate du, Ein vortreffliches Frauenzimmer. Das Schicksal von Eleonore d'Olbreuse, der letzten Herzogin von Braunschweig-Lüneburg-Celle, Berlin 2000

Voß, Sophie Marie Gräfin von, Neunundsechzig Jahre am preußischen Hofe, Leipzig 1900

Wende, Peter (Hg.), Englische Könige und Königinnen. Von Heinrich II. bis Elisabeth II., München 1998

Wilhelmine von Bayreuth, Memoiren, Leipzig 1923

Ziebura, Eva, August Wilhelm Prinz von Preußen, Berlin 2006

Dies., Prinz Heinrich von Preußen, Berlin 2008

Dies., Kein Mitleid mit den Frauen. Das Leben der Königin Elisabeth Christine, ihrer Schwester Luise Amalie und der »Prinzessin Heinrich«, Berlin 2011